I0288389

www.ingramcontent.com/pod-product-compliance
Lightning Source LLC
Chambersburg PA
CBHW031847220426
43663CB00006B/523
* 9 7 8 1 7 3 8 2 8 5 5 2 5 *

انتشارات آسمانا

شبِ سیاه و مرغانِ خاکسترنشین

شعرِ نیما در دهه‌ی دوم: ۱۳۲۱-۱۳۱۱

رامین احمدی

نشر آسمانا، تورنتو، کانادا

۱۴۰۳/۲۰۲۴

شبِ سیاه و مرغانِ خاکسترنشین: شعرِ نیما در دهه‌ی دوم: ۱۳۲۱-۱۳۱۱

نویسنده: رامین احمدی

ناشر: آسمانا، تورنتو، کانادا

ویراستار: محمد قائد

طرح جلد: محمد قائمی

صفحه‌آرا: ایلیا اشرف

نوبت چاپ: اول، ۱۴۰۳/۲۰۲۴

شماره آی‌اس‌بی‌ان: ۹۷۸۱۷۳۸۲۸۵۵۲۵

حق چاپ برای ناشر محفوظ است.

شبِ سیاه و مرغانِ خاکسترنشین

شعرِ نیما در دهه‌ی دوم: ۱۳۲۱-۱۳۱۱

رامین احمدی

به یاد پدرم، محمودرضا احمدی، که پدری مهربان و شاعری همیشه عاشق بود:
«تندخیزی که، رَه شد پس از او
جای خالی نمای سواری
طعمهٔ این بیابانِ موحش»
و به پیشگاه مادرم، پروین مرشدی کرمانی، تقدیم می‌کنم که زندگی و عشق من به شعر، مدیون اوست:
«چون ز گهواره بیرونم آورد
مادرم، سرگذشت تو می‌گفت
بر من از رنگ و روی تو می‌زد
دیده از جذبه‌های تو می‌خفت.
می‌شدم بیهش و مست و مفتون»

در آغاز باید از حمایت و یاری خانواده و دوستانم در نوشتن جلد دوم نقد و بررسی نیما تشکر کنم.

حضور مهربان همسر و فرزندانم همیشه برایم دلگرم‌کننده بوده است. خواهرم یاسمین با دلسوزی و دقت سرپرستی تصحیح و انتشار کتاب را بر عهده داشت.

دوستان دانشمند و عزیزم آقای محمد قائد و خانم حورا یاوری متن را با دقت خواندند و بسیاری از لغزش‌ها و اشتباهات مرا اصلاح کردند. از نکته‌ها و پیشنهادهای رضا فرخ‌فال، علی سجادی و آرش جودکی نیز استفادهٔ بسیار بردم.

انتخاب و خطاطی روی جلد را مدیون دوست هنرمندم ایمان راد هستم. بدون کمک‌های این عزیزان چاپ این کتاب ناممکن بود. امیدوارم روزی بتوانم محبت‌های بی‌پایانشان را جبران کنم.

فهرست مطالب

مقدمه ۱۱
فصل اول ـ عناصر فکری نیمای دههٔ دوم ۲۷
۱. شیطان فکر و تکنیک و صنعت ۲۹
۲. لادبن و عشق‌های گمشده ۳۲
۳. زندگی در خلوت خویشتن ۳۴
۴. دیدگاه تراژیک ۳۶
۵. از تبعید و اسارت تا آوارگی ۳۹
۶.طبیعت و رومانتیسم ۴۷
فصل دوم ـ پدران و پسران ده سال بعد (۱۳۱۱-۱۳۲۱) ۵۱
فصل سوم ـ مرغان نیما ۷۵
مرغ آتش ۷۷
ققنوس ۸۱
غراب ۸۴
مرغ غم ۸۶
مرغ مجسمه ۸۸
خواب زمستانی ۸۹
جغدی پیر ۹۱
فصل چهارم ـ مرغان خاکسترنشین ۹۳
۱. «او زبان همهٔ مرغان را می‌داند» ۹۴
۲. شاعران و پرندگان ۱۰۴
۳. از قو تا ققنوس ۱۱۷
۴. از ققنوس تا ققنوس ۱۲۷
فصل پنجم ـ شب و صبح ۱۴۵
اندوهناک شب ۱۴۷
شکسته‌پر ۱۵۱
خندهٔ سرد ۱۵۳

فصل ششم _ شام غریبان	۱۵۵
همه شب	۱۶۹
فصل هفتم _ شمع های سوخته	۲۲۷
فصل هشتم _ سیمای اروپایی رومانتیسم	۲۴۵
فصل نهم _ سیمای ایرانی رومانتیسم	۲۶۹
فصل دهم _ جدال با مدعی	۳۰۵
وای بر من	۳۰۷
آی آدمها	۳۰۸
بوجهل من	۳۱۰
بازگردان تن سرگشته	۳۱۰
من لبخند	۳۱۲
فصل یازدهم _ نظریه‌های ادبی نیما در دههٔ دوم (۱۳۲۱-۱۳۱۱)	۳۱۵
۱. نیما در بستر تاریخ تحول‌طلبی	۳۱۶
۲. پیشاهنگی با کلاه سرخ ویکتور هوگو	۳۲۰
۳. معماران و ساختمان کلنگی	۳۲۲
۴. نیما و «ماتریالیسم تاریخی»	۳۳۱
کتابنامه	۳۴۵

مقدمه

این کتاب به بررسی و نقد اشعار نیما در سال‌های ۱۳۱۱-۱۳۲۱ می‌پردازد. به دههٔ اول این حضور بی‌سابقه و یگانه، یعنی سال‌های ۱۳۰۱-۱۳۱۱، در کتاب *افسانه و نیمای جوان* پرداخته‌ام. این دوره‌بندی تنها به دلیل تاریخ سرودن شعر افسانه در سال ۱۳۰۱ نیست که موجه به‌نظر می‌رسد. بسیاری از نویسندگان و منتقدان اشعار نیما در این دهه را متفاوت از دههٔ پیش می‌دانند و شعر *ققنوس* (سرودهٔ ۱۳۱۶) را آغاز واقعی «شعر نیمایی» به‌شمار می‌آورند. اگرچه به‌نظر می‌آید تمرکز بر شعر *ققنوس* نیازمند پنهان کردن اشعار دیگر نیمای این دهه هم بوده است. سیروس طاهباز که سال‌ها به مجموعهٔ اشعار و نامه‌های نیما دسترسی و انحصار کامل اصلاح و انتشار آنها را داشته، می‌نویسد:

«در فاصلهٔ سال‌های ۱۳۱۳، زمان ساخته شدن *قلعهٔ سقریم*، تا سال ۱۳۱۶ زمان بال گشودن *ققنوس*، جز یکی دو شعر سنتی، از جمله شعری در رثای میرزا یوسف‌خان اعتصام‌الملک، پدر پروین اعتصامی، نویسنده، مترجم و مدیر مجلهٔ ادبی *بهار*، که نیما برای او ارزشی خاص قائل بود، شعری از نیما یوشیج در دست نیست.»[1]

امروز با چاپ اشعار چاپ نشدهٔ نیما به نادرستی گفتهٔ بالا پی برده‌ایم. حداقل هشت شعر در فاصلهٔ سال ۱۳۱۱ تا سال سرودن *ققنوس* سروده شده‌اند و یکی از آنها *مرغ آتش*، چه از نظر محتوا و چه فرم، رابطه‌ای مهم با *ققنوس* دارد. پس این دوران، دوران سکوت نیما نیست اما شاید یکی از

۱. سیروس طاهباز، *کماندار بزرگ کوهساران*، ص ۱۷۵.

دوران «کم‌کاری» و کاویدن خویش باشد. در مورد دههٔ اول و شعر *افسانه* هم نشان داده بودم که پس از دوران کم‌کاری، نیما، چنان‌که گویی دوران «بارداری» از سر گذرانده باشد، ناگهان زایندهٔ اثری تازه و شگفت است. اثری که مانند *افسانه* در دههٔ اول و *ققنوس* در دههٔ دوم، تمام دهه را تحت تأثیر خود قرار می‌دهد.

اغلب نویسندگان و منتقدان ما ادعا می‌کنند شعر نیما در دههٔ اول همچنان شعر مشروطه است ولی عناصری مانند طبیعت‌گرایی و رومانتیسم پس از ۱۳۱۰ از شعر نیما یکسره ناپدید می‌شوند.[۱] در این کتاب اما نشان داده‌ام که آرمان‌خواهی، طبیعت‌گرایی و رومانتیسم از شعر نیمای این دهه ناپدید نمی‌شوند. از این گذشته با تجزیه و تحلیل شعر نیما در بستر تحول سیاست، اقتصاد و فرهنگ این دهه نمای پدیدهٔ «رومانتیسم ایرانی» را در فصل «سیمای ایرانی رومانتیسم» ترسیم کرده‌ام.

این دهه را نیز می‌توان دههٔ پرندگان شعری نیما دانست. اینکه *مرغ آتش*، *غراب* یا *ققنوس* کدام‌یک بر دیگری قدمت تاریخی دارد از نظر من ارزشی حاشیه‌ای دارد.[۲] اگر دههٔ اول شاعری نیما با *افسانه* مشخص می‌شود و همه از آن به‌عنوان شاخص شعر نو و یا «مانیفست شعر نو» یاد می‌کنند، دههٔ دوم شاعری او را پرندگانش: *مرغ آتش*، *غراب*، *ققنوس*، *مرغ غم* و بخصوص شعر *ققنوس* متمایز می‌کند. از همین رو در این کتاب

---

۱. فرج سرکوهی، *نقشی از روزگار*، ص ۱۶.
۲. محمدرضا شفیعی کدکنی، در *ادوار شعر فارسی* می‌نویسد: «*غراب* پیش از *ققنوس* سروده شده است.» صص ۱۱۸-۱۱۹. به هر حال تاریخ سرودن *مرغ آتش* پیش از هر دوی آنهاست.

فصلی به «مرغان نیما» و ققنوس اختصاص یافته است.

شاید قرار دادن دوره‌های ده ساله برای نگاه به تحول و تکامل شاعری که در حال آزمایش و تغییر دائم است اندکی مصنوعی جلوه کند. اعتراف می‌کنم که پایان این دورۀ دوم به روشنی آغاز آن و پیشاهنگی ققنوس نیست. اما واقعیت این است که در سال ۱۳۲۰ در ایران تحولی بزرگ به‌وقوع می‌پیوندد. زمین لرزۀ سیاسی جدیدی که از جهاتی بی‌شباهت به حوادث آغاز دهۀ اول نیست و نیما نمی‌تواند به آن بی‌اعتنا باشد. با شهریور ۱۳۲۰ و ورود متفقین به ایران، برکناری رضا شاه و تبعید او، علاوه بر ناامنی، کمبود مواد غذایی، اعتراضات محلی، اشغال نظامی کشور توسط قوای بیگانه و آشفتگی وضع سیاسی، نوعی آزادی سیاسی و اجتماعی نیز شکل می‌گیرد، که از دل آن احزاب و روزنامه‌های مستقل سر برمی‌کشند. مهمترین این احزاب، با توجه به گذشتۀ نیما و علاقه‌اش به «انقلابیون جنگل»، فعالیت‌های انقلابی برادرش و نیز از منظر تاریخ اندیشۀ سیاسی در ایران، حزب توده است که در هفتم مهر ماه ۱۳۲۰ در پی نشستی در منزل سلیمان میرزا اسکندری اعلام موجودیت کرد. تأثیر این وقایع را می‌توان در شعرهای سال ۱۳۲۰ و دهۀ بعد در شعر نیما نشان داد. در این کتاب به شعرهای سال ۱۳۲۰ هم می‌پردازم اما چهرۀ کامل این شعر در دهۀ بعد پدیدار خواهد شد که در جلد سوم به تفصیل به آن خواهم پرداخت.

در اینکه نیمای دهۀ دوم که در این کتاب مورد بحث ماست با نیمای جوان دهۀ اول تفاوت‌هایی اساسی و آشکار دارد نمی‌توان تردید داشت.

بسیاری در نگاه به آثار نیما اغلب بین نوشته‌ها و سروده‌های این دو دهه تمایزی قائل نمی‌شوند و با شلختگی بسیار رایجی از مقدمهٔ کوتاه *افسانه* به *ارزش احساسات* و از *ارزش احساسات* به *حرف‌های همسایه* و نوشته‌های سال‌های واپسین او چنان حرکت می‌کنند که گویی نویسندهٔ این مطالب در تمامی این سال‌ها دچار تغییر و تحولی نشده است. چنین خوانش «غیرتاریخی» از شاعری که دائم وخستگی‌ناپذیر درجست‌وجوی راه‌های تازهٔ بیان شعری و تحول شعر خود بود باعث می‌شود که گاه «محققان» ما به نتایج عجیب و یا متضادی دست یابند و به جای روشن‌تر کردن افکار و اشعار نیما (که گاه به اندازهٔ کافی دشوار و غیرقابل دسترسی هست)، درک نیما و شعرش را دشوارتر کنند. نقد شعر او که دیگر جای خود دارد و به ندرت به‌چشم می‌خورد چرا که او تبدیل به یکی از «بت»های فرهنگی ما شده است. اما خود نیما به این تحولات درونی اعتراف دارد. در همان آغاز دهه (در سال ۱۳۱۱) می‌نویسد:

«من خیلی از افکار خود را باخته‌ام و در عوض احساسات دیگر گرفته‌ام.»[۱]

یا در بازگشت از آستارا به تهران، در نامه‌ای به تاریخ ۱۰ اردیبهشت ۱۳۱۲ می‌نویسد:

«۵ سال است که من تهران را آن‌طور که باید ببینم ندیده‌ام. این ۵

۱. نیما یوشیج، *نامه‌ها*، ص ۵۱۸.

سال معلوم است که تهران هم مثل من عوض شده است.»[۱]

در دی ماه همین سال به خواهرش می‌نویسد:

«سال گذشته من یک رمان کوچک غمگین و مالیخولیایی را که تقریباً ۱۱ سال قبل نوشته بودم، سوزاندم.»[۲]

و تا پایان این دهه، وقتی از نیمای جوان دهۀ پیش سخن می‌گوید انگار از کس دیگری حکایت می‌کند. در نامه‌ای که به مناسبت چاپ جدید *افسانه* به ناشرش می‌نویسد، تذکر می‌دهد:

«خوب یا بدی که در این منظومه می‌یابید، نیمایی است که در بیست و سه چهار سال پیش بوده، از پشت کوه‌های روبه‌رو به این شهر آمده و زندگی آشفته پر از عشقِ به ناکامی رسیده‌ای را در این شهر می‌گذرانیده است.»[۳]

در ادامۀ این نامه اصرار دارد که اگر مقدمۀ *افسانه* را بدون تغییر به دست چاپ می‌سپارد تنها به دلیل آن است که نمی‌خواهد از نظر تاریخی آن نوشته را که «خامی و جوانی» او را می‌رسانیده تغییر داده باشد. به عبارت دیگر نیما از اهمیت تاریخ سروده‌ها و نیز تغییر و تحولات درونی خود آگاه است و از خواننده و منتقد خود انتظار دارد که اشعار و نوشته‌های او را در بستر تاریخی مناسب آن ارزیابی کند تا آنجا که حاضر نیست مقدمۀ «بچگانه» *افسانه* را ۲۳ سال بعد کمترین تغییری بدهد: «آن مقدمه را هم ضمیمه کرده، سعی می‌کنم چیزی چندان بر اصل و مقدمه اضافه نشود که

۱. همان اثر، ص ۵۳۴.
۲. همان‌جا.
۳. *نامه‌ها*، ص ۶۴۴.

سواد و پختگی مرا در این ساعت بیشتر برساند اما حالت اصلی را بهم بزند. بخصوص در مقدمه به تحریف و تصحیفهای خیلی زیاد مطبعه از روی نسخه بدل‌های مغشوش خود من، دست انداخته باقی را به همان حالت سادگی و از جا دررفتگی بچگانه می‌گذارم که برای خود من یادگار باشد از طرز فکری که آن‌وقت داشتم و خیال می‌کردم کشف و اختراعی کرده‌ام.»[1]

پس در نگاه به نیمای سال‌های ۱۳۱۱-۱۳۲۱، این سؤال مطرح می‌شود که کدام‌یک از عناصر مهم جهان‌بینی «نیمای جوان» دستخوش تغییر شده است؟ از همین رو قبل از نقد «اشعار نیمایی» این دهه به بررسی حضور یا غیبت عناصر فکری نیمای جوان در اشعار و نوشته‌های این دهه پرداخته‌ام. اما اینجا باید به چند نکته دربارهٔ متدلوژی نقد و نحوهٔ انتخاب اشعار این دهه اشاره کنم:

۱. منظومه‌های بلند این دوره را مانند *قلعهٔ سقریم*، *خانهٔ سریویلی*، *دانیال و پریان* از این مجموعه کنار گذاشته‌ام. این منظومه‌ها که شاید پیشنهادی بتوان آنها را «قصاید نیمایی» خواند، قصیده نه به لحاظ فرم سنتی بلکه محتوای قصیده‌ای، نیازمند بحث و کتابی جداگانه است.

۲. اشعار سنتی نیما را نیز از این مجموعه کنار گذاشته‌ام. چرا که هم خود نیما و هم دیگران، از جمله شاملو و آتشی، به درستی آنها را در حکم طنز یا تنفس دانسته‌اند.

۱. همان‌جا.

۳. «اشعار نیمایی» این دوره را بر اساس درونمایه و تصویر مرکزی شعر به سه دسته‌بندی کرده‌ام که عبارتند از: مرغان ، شب و صبح، در جدال با مدعی.[1]

«مرغان» نیما، اشعار *مرغ آتش*، *ققنوس*، *غراب*، *مرغ غم*، *مرغ مجسمه*، *خواب زمستانی*، *جغدی پیر* و *نیما* هستند . در این ۸ شعر تصویر اصلی پرنده‌ای است و پرنده نماد شاعر است.

در «شب و صبح» اشعاری مانند: *شب*، *اندوهناک شب*، *صبح*، *خندهٔ سرد*، *گم‌شدگان*، *وقت است*، *می‌خندد*، *امید پلید*، *لکه‌دار صبح*، *شکسته‌پر و گل مهتاب*، شب نیمایی حاکم است و تصویر مرکزی آن رویارویی شب و صبح و سیاهی و روشنی است. صبح در این اشعار حضوری کم‌رنگ و بی‌رمق دارد. اما شاعر اغلب امید فرارسیدن آن را در دل زنده نگه می‌دارد اگرچه این امید فرار و پر از تردید نیز هست.

در «جدال با مدعی» به اشعاری پرداخته‌ام که ناظر مقابلهٔ نیما با منتقدان او، رویارویی شعر نیمایی با شعر سنتی است. نیما در این اشعار اغلب دل‌آزردگی خود را از منتقدان سنتی‌اش آشکار می‌کند. گاه از طرفداران شعر سنتی انتقاد و یا با نطق و خطابه از حقانیت و مظلومیت خود دفاع می‌کند. این بخش را ۸ شعرِ *وای بر من*، *لاشخورها*، *بوجهل من*، *من لبخند*، *آی آدمها*، *بازگردان تن سرگشته*، *خرمن‌ها* و *همسایگان آتش*، تشکیل می‌دهند.

---

۱. عبارت از سعدی است.

۴. اشعار سال ۱۳۲۰ را نگاهی جداگانه می‌کنم. مهمترین نقطهٔ عطف تاریخی این دهه، شهریور ۱۳۲۰ است. نیما گاه مصمم است که تحولات سیاسی و هیجانات روز بر شعرش تأثیر بلافصل نداشته باشد. آیا این تحولات از برق تندتر، او را «روشن می‌کنند» یا «سوخته و متحیر» برجا باقی می‌گذارند؟ آیا شاعر ما قادر است روحیهٔ « رومانتیک» خود را هنگام یکی از بزرگ‌ترین زمین‌لرزه‌های تاریخی و سیاسی کشورش حفظ کند؟ به نظر من پاسخ دادن به این سؤالات آنقدر اهمیت دارد که در کتابی جداگانه به نقد و بررسی اشعار سال ۱۳۲۰ او به‌خصوص شهریور ۱۳۲۰ بپردازم.

۵. مانند کتاب *افسانه و نیمای جوان*، اساس نقد شعر و نظریه‌های ادبی نیما در این کتاب نوشته‌های خود اوست. به ندرت از نوشته‌های آل‌احمد یا گلشیری سود جسته‌ام تا بحث نقد و تحلیل شعر نیما را در بستر نظریات رایج و بستر فرهنگی روزگارش نشان دهم. اگر چه در انتخاب اشعار نیما از سال ۱۳۲۱ فراتر نرفته‌ام، در نثرهای او گاه اشاراتی به نوشته‌هایی دارم که تاریخ سال‌های ۱۳۲۲-۱۳۲۴ را بر خود دارند. این استفاده تنها به این دلیل بوده که آن نوشته‌ها با اشعار و نظریات این دهه همخوانی داشته‌اند. واقعیت این است که تحول فکر و ذوق آدمی تابع مطلق ساعت و تقویم نیست. ما در این دهه بدون تردید تحولی بزرگ را در شعر و نوشتهٔ نیما تشخیص می‌دهیم. نطفهٔ برخی از این تحولات را می‌توان در نوشته‌ها و افکار «نیمای جوان» یافت. از یک‌سو نیما همواره در کوشش

و جست‌وجوی مدام برای یافتن راه‌های بیانی تازه و افق‌های جدید ادبی است و از سویی در کنار این تجربه‌ها و آزمایش‌ها نیز بازگشت‌هایی به شیوه‌های قدیمی دارد برای اینکه گاه در آن شیوه و ساختار ایده‌ای جدید را بیازماید. هرگونه دسته‌بندی و ساختار نقد ادبی نباید آنقدر مصنوعی و مطلق باشد که ریشه‌های تحول شعر و فکر او را به فراموشی بسپارد و یا از بستر تاریخی خاص و فرهنگ این دهه به‌کلی جدا شود.

۶. متن‌های کلیدی این دوره به‌جز اشعار، کتاب *ارزش احساسات و پنج مقاله در شعر و نمایش*، *تعریف و تبصره* و یادداشت‌های دیگر، بخش‌هایی از *حرف‌های همسایه* و *نامه‌های نیما* بوده‌اند. از دو مقالهٔ آخر کتاب *ارزش احساسات* که تاریخ ۱۳۳۱ و ۱۳۳۳ را بر خود دارند و نیز از مقالات سال‌های ۱۳۲۹ و ۱۳۳۲ در کتاب *تعریف و تبصره* استفاده نکردم. به این مقالات در نقد نیمای دهۀ بعد بازخواهیم گشت. آن دسته از نوشته‌های کوتاه *حرف‌های همسایه* که در حدود ۱۳۲۰-۱۳۲۴ نوشته شده‌اند را به دلیلی که در بالا توضیح دادم از این بررسی کنار نگذاشتم.

۷. بخش نقد نیمای این دهه را به پنج بخش اصلی تقسیم کرده‌ام: در «پدران و پسران- ده سال بعد» سعی کرده‌ام تحول فکری نیمای این دهه را در رویارویی با شعر «پدران» نشان دهم. این تحلیل چون فصل «پدران و پسران» در کتاب *افسانه و نیمای جوان* بر اساس تئوری ادبی «اضطراب تأثیر» منتقد ادبی نامدار غرب «هارولد بلوم» بنا شده است. در *مرغان خاکسترنشین* به نقد اشعار «مرغان نیما» پرداخته‌ام و محدودیت‌های

ساختاری و محتوایی این اشعار را در مقایسه با پیشینیان و معاصران ادبی این نوع شعر ارزیابی کرده‌ام. در فصل «شام غریبان» به نقد اشعار «شب و صبح» در بستر فرهنگی ناسیونالیسم مدرن‌گرای حاکم می‌پردازم تا شعر نیما را در بستر سیاسی، اقتصادی و فرهنگی آن دهه بررسی کرده باشم و در ادامهٔ این ارزیابی در فصل «سیمای ایرانی رومانتیسم» چارچوب نظری تازه‌ای را برای تجزیه و تحلیل و درک شعرنیمایی پیشنهاد می‌کنم. اهمیت این نگاه تازه به نظر من تداوم عناصر مهم فرهنگی رومانتیسم در اندیشه و ادبیات روشنفکری معاصر ماست. در تعریف و نقد رومانتیسم ایرانی پس‌زمینه‌ای برای نقد فرهنگی دهه‌های بعد نیز به‌دست می‌دهم. اگر چه برای نوشتن این بخش مجبور بودم اول تاریخ و تعریف رومانتیسم اروپایی را برای خوانندهٔ ایرانی مأنوس سازم تا تأثیرش را بر نیما و نسل او و نیز تفاوت‌هایش را با «شبه رومانتیسم» یا رومانتیسم ایرانی به بحث بگذارم.

بررسی تاریخی رومانتیسم اروپایی و تعریف آن بحثی پیچیده و حتی برای محققانی که عمر خود را وقف آن کرده‌اند جدل برانگیز و دشوار بوده است. در این بحث تلاش کردم خواننده را با جدیدترین نظریه‌ها آشنا کنم و نیز بیشترین بهره را از نظریات آیزایا برلین[1] و توماس ویزکل[2] برده‌ام و در تاریخ‌نگاری جنبش رومانتیسم اساس را نوشته‌های

1. Isaiah Berlin.
2. Thomas Weiskel.

کاسالیگی[1] و بلانینگ[2] قرار دادم. طبیعی است که این فصل به چشم روشنفکران «بومی‌گرا» چون رساله‌های دانشگاهی و ترجمه‌ای و یا تلاشی برای چسباندن غربی‌ها به «فرهنگ بومی» و یا نگاه کردن با عینک «غربی» به پدیدهٔ فرهنگی ایرانی، جلوه کند. اما خوانندهٔ باحوصله بعد از خواندن تمامی بحث خواهد دید که من هم تأثیرات مستقیم رومانتیسم اروپایی و هم محصول این تأثیرات یعنی «رومانتیسم ایرانی» را دقیق‌تر و هدفمندتر از آن پیش‌داوری ساده توضیح داده‌ام. کمترین سود این بحث می‌تواند دیدن تأثیر رومانتیسم روشنفکری ما و نقد تبعات فرهنگی آن باشد. تبعاتی که بابتش مردم ما بهایی گران پرداخته‌اند. و سرانجام در بخش پایانی نقد جدال با مدعی، نظریه‌های ادبی نیما در دههٔ دوم را در بسترتاریخی روشنفکری ایران ارزیابی کرده‌ام.

۸. ممکن است بعضی به من خرده بگیرند که با اصرار بر «خواندن دقیق»[3] شعر نیما و تمرکز بر درونمایه اشعار او در این دهه، از نوآوری‌های ساختاری و تکنیکی او غفلت کرده‌ام. در نوآوری ساختاری نیما و ارزش تاریخی و فرهنگی و ادبی این بدعت تردیدی نیست و اغلب روشنفکران ما نیز تاکنون برهمین بدعت ساختاری تمرکز کرده‌اند. اما نگاه کردن به درونمایه شعر و عناصر ایدئولوژیک آن به منتقد اجازه می‌دهد به شعر نه تنها در چارچوب زبان و ساختار ادبی بلکه به عنوان یک فرآوردهٔ فرهنگی

1. Casaliggi.
2. Blanning.
3. close reading.

نگاه کند. در این حال نقد شعر با همهٔ منابع دیگری که به آن فراوردهٔ فرهنگی، شکل و امکان بروز داده‌اند مانند شرایط تاریخی، اقتصادی، سیاسی، ایدئولوژی‌های حاکم در عرصه‌های گوناگون سیاسی و اجتماعی آن عصر و متون دیگری که همزمان و یا در همان محدودهٔ زمانی نوشته شده‌اند و یا در آن تأثیرگذار بوده‌اند، تحولات سیاسی، اقتصادی و حتی تحولات فرهنگی جامعه در زمینه‌های هنری دیگر مانند موسیقی، تئاتر، داستان و سینما، ارتباط می‌یابد. در چنین حالی نقد شعر می‌تواند از گستردگی و عمق بیشتری برخوردار گردد. تکیه بر محتوای شعر و افکار نیما بدان معنی نیست که ما دیگر به نوآوری‌های او در زمینهٔ زبان یا ساختار شعر بی‌اعتنا هستیم، بلکه به ما این امکان را می‌دهد که همهٔ آن نوآوری‌ها و دست و پنجه نرم کردن با ساختار و زبان شعر را در چارچوب فرهنگی و اجتماعی آن و عناصری که ما را کامل‌تر و دقیق‌تر به اثر و خواندن آن مربوط می‌کند، قرار دهیم.

۹. نکتهٔ آخر این مقدمه را به توضیحی دربارهٔ یکی از متون کلیدی این دوره، یعنی *ارزش احساسات* اختصاص می‌دهم. نیما این مقاله را عجولانه نوشته و از آن چندان راضی نبوده است. می‌نویسد:

«این مقاله را من به حساب کاری که بر عهده داشتم در چند شب متوالی با وضعیتی ناراحت که در یک اتاق محقر می‌گذراندم تهیه کرده بودم. در زمان سرگرد «مین‌باشیان» که من و بعضی از دوستان من مجلهٔ موسیقی را به راه می‌انداختیم. اگر نمونه‌ای از استعداد من در آن

باشد مربوط به امر نیست. حساب گذشته‌ها را گذشته‌ها بی‌غل و غش‌تر می‌دانند. مقاله نه پر خوب است و نه پر بد. شباهت به زندگانی خودمان دارد. اگر در پاره‌ای از عبارات افتاده‌هایی باشد یا جای بعضی اسم‌ها را عمداً خالی گذاشته‌ام یا از کلمه‌ای به کلمه دیگر عدول کرده‌ام، چاره دارد. از من خواهید پرسید. اما اگر «پیچیدگی‌هایی در بعضی از جملات باشد و ناشی از نقل عقاید بدون تفسیر ماندهٔ بعضی از اهل علم و اصطلاح تشخیص داده شود، علتش معلوم است. مقالهٔ آدمی مثل من هم برادر بعضی از شعرهای من خواهد بود.»[1]

به روشنی از این جملات نیما می‌توان دریافت که از نتیجهٔ کارش چندان راضی نبوده است. دربارهٔ سرگرد مین‌باشیان، مجلهٔ موسیقی و ربط نیما با آن تلاش‌ها در فصل «سیمای ایرانی رومانتیسم» به تفصیل نوشته‌ام. اما متن *ارزش احساسات* هم به‌خاطر شتابزدگی و اشتباهات متعدد نویسنده‌اش و هم کار ضعیف ویراستاری گردآوران و ناشران بعدی، طاهباز و جنتی عطایی، متنی «دشوار» از آب درآمده است. محقق تیزبین

و دوست جوان من، امیر حکیمی، که دربارهٔ «هم‌سنجی» نسخه‌های *ارزش احساسات* مفصل نوشته است به برخی از مشکلات این نسخه‌ها اشاره دارد و هم او متن چاپ شده در مجلهٔ موسیقی را در اختیار من قرار داد. مطمئن هستم با تلاش‌های او روزی در آیندهٔ نزدیک این متن

---

۱. نیما، *ارزش احساسات*، توضیحات و حواشی، ابوالقاسم جنتی عطایی، تهران، صفی‌علیشاه، ۱۳۳۵، ص ۵.

درست‌تر و «قابل فهم»تر در اختیار خوانندگان علاقه‌مند به نیما قرار خواهد گرفت. اما تا آنجا که در کتاب حاضر به این متن نیاز بوده، من علی‌رغم اصرار نیما به برادری نثر و شعرش، به نثر او مانند هر اثر منثور در زمینهٔ نقد ادبیات و فرهنگ نگریسته‌ام. زبان ضعیف و «ترجمه‌ای» *ارزش احساسات* نمی‌تواند ما را مجذوب یا مرعوب کند. شعر نیما در دنیای شعر، دنیای ابهام و ایهام باقی می‌ماند و هر کس می‌تواند از آن معنایی متفاوت از دیگران استنباط کند و همچنان از شعر او لذت ببرد. اما کار نثر و نقد روشن ساختن تاریکی‌ها، بررسی موضوع مورد بحث و انتقال مفاهیم پیچیده به مؤثرترین صورت به خواننده است. وظیفهٔ نقد تاباندن نور به تاریکی‌هاست و نه ایجاد ابهام بیشتر.

در پایان تأکید می‌کنم که ادعا ندارم دربارهٔ نیمای این دهه حرف آخر را زده‌ام. امیدوارم در نقد و بررسی‌های آینده نسل جوان و با دسترسی به منابع تازه‌تری از نیما در این باره بیشتر بیاموزم و کوتاهی‌ها و نقائص این کتاب را برطرف کنم. چرا که معتقدم نسل جوان ما منصفانه‌تر با این گذشته روبه‌رو خواهد شد. چنین امیدی را از نسل خودم نداشته‌ام. «شبه رومانتیسم» در نسل من ایمانی آهنین و ستایش‌برانگیز ساخته بود. ایمانی که در دو انقلاب و فاصله بین آن دو ارادهٔ حاکم بر تحولات جامعهٔ ایران بود. تلاش من در این کتاب چون کتاب *افسانه و نیمای جوان* همه این بوده که به نیما و نسل او منصفانه نگاه کنم. پس با نقلی از خود نیما این مقدمه را به پایان می‌رسانم:

«دیدن در حال ایمان فرق دارد با عدم ایمان. دیدن برای این که حتماً در آن بمانی یا دیدن برای اینکه از آن بگذری. دیدن در حال غرور، دیدن به حال انصاف.»[1]

نیوهیون، مارچ ۲۰۲۰

۱. نیما، *حرف‌های همسایه*، به کوشش سیروس طاهباز، تهران، انتشارات دنیا، ۱۳۵۱، ص ۳.

فصل اول

عناصر فکری نیمای دههٔ دوم

«من خیلی از افکار خود را باخته‌ام و در عوض احساسات دیگر گرفته‌ام.»[1]

(۲۶آذر ۱۳۱۱)

«۵ سال است که من تهران را آن‌طور که باید ببینم، ندیده‌ام. این ۵ سال معلوم است که تهران هم مثل من عوض شده است.»[2]

(۱۰ اردیبهشت ۱۳۱۲)

«برای اینکه من حالا به کلی عوض شده‌ام. به‌طوری‌که اگر معاینه روح من برای شما ممکن بود مرا نمی‌شناختید.»[3]

(۲۲ دی ۱۳۱۲)

«هر روز به سرعت می‌گذرد و برای اشخاص حساس خاطره و برای دیگران تقویم محسوب می‌شود. برگشت می‌کنم به طرف زندگی‌های گذشته. خیالات اساسی من تفاوت نکرده است.»[4]

(۴ اسفند ۱۳۱۵)

---

۱. نیما، *نامه‌ها*، ص ۵۱۸.
۲. همان اثر، ص ۵۴۴.
۳. همان اثر، ص ۵۵۷.
۴. همان اثر، ص ۵۸۰.

شعر نیمای این دهه با دههٔ پیش متفاوت است و از سویی شعر نیما همیشه بازتاب درون او، احساسات و اندیشه‌های اوست. پس طبیعی است که اگر شعر او چنین تغییراتِ محسوس و مهمی کرده، افکار و جهان‌بینی او نیز دچار تحول اساسی و قابل توجهی شده باشد. با مشخص کردن این تحولات خوانش دقیق شعرهای «نیمایی» این دهه آسان‌تر می‌شوند پس قبل از پرداختن به شعر این دههٔ او به جهان‌بینی او می‌پردازیم و عناصر فکری او را در این دهه با جهان‌بینی و عناصر فکری «نیمای جوان» که در کتاب *افسانه و نیمای جوان* به تفصیل شرح داده‌ام، مقایسه می‌کنیم.

اگر از نیما بپذیریم که «خیلی از افکار خود را باخته و در عوض احساسات دیگر» گرفته است و نیز بر این سخن او تأمل کنیم که «خیالات اساسی من تفاوت نکرده است»، بدون اینکه این دو سخن را متناقض هم بدانیم، می‌توانیم فرض کنیم که هم بسیاری از دیدگاه‌های نیما با گذشت زمان و مطالعه، تجربه و کندوکاو خویشتن و آموختن از روزگار و دیگران به تدریج تغییر کرده‌اند و هم هستهٔ اصلی شخصیت و اعتقاداتش تفاوت چشمگیری نداشته است. پس سؤال اینجاست که کدام بخش از فکر و بینش او تغییر کرده و کدام هنوز همان است که در «نیمای جوان» بود. از «عناصر اصلی جهان‌بینی نیمای جوان»[1] آغاز می‌کنیم و بعد افکار و احساسات تازهٔ او را از زبان خودش تشریح می‌کنیم.

---

۱. نگاه کنید به: «عناصر اصلی جهان‌بینی نیمای جوان»، *افسانه و نیمای جوان*، ص ۳۳.

۱. شیطان فکر و تکنیک و صنعت

«دیوار یک بنای خیالی می‌سازد»

برای نیمای جوان، شاعر چون پیامبری است که در انتظار وحی نشسته است. باید صبر کند تا الههٔ الهام‌بخش شعر، «افسانه»، به سراغش بیاید. معتقد بود به جای اینکه سعی کنید شعر بگویید: «بگذارید آن مرموز خودش روزی رنگ باز کرده به سروقت شما بیاید.»[۱] اگر چه نیما در پایان این دهه هنوز به این روند جادویی اعتقاد دارد و هنگام یاد کردن از گذشته و منظومهٔ *افسانه* می‌گوید: «برای خود من در این تاریخ ساختن منظومه‌ای شبیه *افسانه* چندان آسان نیست. دست به آن آفتاب انداختن که روزی خانه تاریک مرا روشن کرد و پس از غمناکی لذت‌بخش و شیرین نفسی تازه کشیدم. این در حالی بود که گذشت و توفیقی که در زندگانی باید چشم به راه رسیدن آن بود.»[۲]، اما نظر او دربارهٔ این مدت انتظار، این «چشم به‌راهی» تغییر کرده است. نیمای جوان تصور می‌کرد انسان‌های والا کسانی هستند که در رنج و غم به سر می‌برند. اگر از او آسودگی و خوشی فاصله بگیرد و وجودش را از غم و غصه لبریز کند، آن وقت الههٔ شعر به سراغش می‌آید و می‌گوید: «بگیر، ای آدم. این دستمزد کاوش و ریاضت تو»[۳] اما در این دهه و پس از تجربهٔ دوره‌ای از نگرانی‌های مالی، دربه‌دری و بیکاری به این نتیجه رسیده است که رنج و غم انسان حاصل دست‌تنگی‌ها و فقر و مشکلات مالی زندگی است و شاعر نباید اجازه دهد شدت غم و غصه او را فلج کند. نیمای این دوره به صنعت شعری و تکنیک می‌پردازد تا برای سبک و مکتب ادبی خود بنیاد نظری و تئوریک ساخته باشد. وقتی خواهرش از او می‌خواهد اشعار تازهٔ غم‌انگیز

---

۱. نامه‌ها، ص ۶۴۲.
۲. همان جا.
۳. همان اثر، ص ۶۴۳.

خود را بفرستد جواب می‌دهد:

«شاید از شعرهای من هم، که خواسته بودید، برای برخوردن به یک همچو مهارت صنعتی باشد که غمگینی‌های بی‌جهت را بپرورانید. هر وقت به چاپ برسد چیزی نیست که از شما مضایقه شود. من در پیش خودم خیلی چیزهای چاپ نشده دارم. ولی خواهید دید که این خاصیت در آنها بسیار نادر است. آن‌هم راجع به شعرهای چندین سال قبل است. برای اینکه من حالا به‌کلی عوض شده‌ام. به‌طوری‌که اگر معاینه روح من برای شما ممکن بود مرا نمی‌شناختید و در مغز من به یک جانور درنده برمی‌خورید. به علاوه به **یک شیطان فکر و تکنیک و صنعت**. یعنی من حالا هرگز خودم را فلج نمی‌کنم برای اینکه دیگران را فلج کرده باشم.»[1]

عبارت **شیطان فکر و تکنیک و صنعت** مبالغه نیست چرا که وقتی به شعرهای این دهه نگاه می‌کنیم شعرهای *ققنوس*، *غراب*، *مرغ غم*، *گل مهتاب*، *آی آدم‌ها* همه از بهترین نمونه‌های شعر نیمایی این دهه و نشان دهندهٔ سبک تازهٔ او هستند. اما نیمای این دهه هنوز برای «کشف و شهود»، برای کندوکاو در خود و از خود آغاز کردن اهمیت و اولویت قائل است. در نامهٔ طولانی خود به احسان طبری می‌نویسد:

«... آنچه حقیقتی دارد مقدمهٔ کار از روی «خود» است. خودی نیرومند و حاصل از همهٔ شئون هستی. خودی که می‌تواند ما را «بی‌خود» بدارد و نشان بدهد بهار در کجا گل‌های نهفته‌اش را می‌خنداند و کجا شمعی بر بالین سحر مرموزتر از هر مرموزی می‌سوزد. خودی که با آن می‌شناسیم پیش از آنکه بجوییم و می‌جوییم بر اثر شناسایی بدون دلیل. و این خواهد بود و دور از قبول نیست، هنگامی که صفا یافته‌ایم و وجود ما سرشته

۱. همان اثر، صص ۵۵۷ - ۵۵۸.

شده است با «خود» و با خود «همۀ» هستی را سرشته و هستی خاص خود را یافته‌ایم.»[۱]

در نیمای این دهه «نگاه به خود» وجه غالب اشعار اوست و از جمله در اشعار «پرندگان» او که اشعار شاخص این دوره هستند مانند *ققنوس*، *مرغ غم*، و *غراب* ما تصویر شاعر و تعریف شاعر را از خود در مقابل چشم داریم. نیمای این دهه به وجود «الهام» آن وجود مرموزی که باید به سراغ شاعر بیاید هنوز معتقد است اما شاعر باید غرق در «خود» باشد تا آن «زلف آشفته، خوی کرده، خندان لب» به سراغش بیاید:

«هنگامی که غرق در رؤیاهای شگفت‌انگیز خود می‌باشیم، او به ما حکم می‌کند ... در آن هنگام مثل این است که فرمانفرمایی غیبی در پشت سر ما ایستاده و به ما فرمان می‌دهد که بگو. راجع به آنچه هست و راجع به آنچه می‌آید و هنوز نیامده.»[۲]

ولی برای اینکه ما گیرندۀ شایستۀ این فرمان باشیم باید به خود بپردازیم، خود را بشناسیم و از خود آغاز کنیم: «در صورتی‌که خود را مطیع نباشیم هیچ چیز را مطیع نخواهیم بود و هیچ جلوه‌ای را چنان که باید نمی‌پذیریم.»[۳] نیمای این دهه اما اهمیت فکر و تکنیک را می‌داند و بر خلاف دهۀ پیش که فکر می‌کرد پرداختن به صنعت و تکنیک، کاری مصنوعی، ناخالصانه و مزورانه است حالا نه تنها به اهمیت تکنیک معترف است بلکه خود را شیطان تکنیک می‌خواند و یادآوری می‌کند:

«نباید پنداشت که هیچ هنرمندی برای ساختن تکنیک خود نیازمند نیست.»[۴] ولی برای «بی‌خود» نشدن، برای بازیچۀ سلیقۀ مردم نشدن،

---

۱. همان اثر، ص ۶۲۱.
۲. همان جا.
۳. همان اثر، ص ۶۲۱.
۴. همان جا.

شاعر باید به «خود» و «نیرومندی خود» اطمینان داشته باشد. گام بعدی شاعر از درون خود به درون چیزهای دیگر و رسیدن به «کنه» آنهاست. از نظر نیمای این دهه اوج خلاقیت شعری در همین است و تکنیک اگرچه لازم است برای رسیدن به «شعر واقعی» کافی نیست:

«در این هنگام با کمال وضوح می‌بینید قطعهٔ شعری که به دست شما ساخته و پرداخته آمده است، با وجود همهٔ تصحیحات بعدی و گاهی بی‌آن، در نهایت «آسانی» بوده. در حالتی که دیگران عاجز بوده‌اند از ساختن مثل آن. عاجزتر از این هنگامی که نمی‌توانند خود را با درون آن چیزها که شما می‌یابید پیوستگی و آشنایی داده به کنه آنها رسیده باشند، و به همین جهت آن را بی‌اثر و مبهم و چه بسا بی‌معنی می‌یابند.»[۱]

۲. لادبن و عشق‌های گمشده

«قرمز به چشم شعلهٔ خردی»

نیما پس از ده سال دوری از برادرش لادبن، در سال ۱۳۰۹ موفق به دیدار او می‌شود. می‌نویسد: «برادر عزیزم! بعد از ده سال، دورهٔ ملاقات خیلی کوتاه بود ... هرگز نمی‌خواستم مثل سابق فقط با تو از دور مکاتبه داشته باشم.»[۲] این ملاقات کوتاه چند روزی به طول انجامیده است و دو برادر امکان گفت‌وگو و شناخت تازهٔ یکدیگر را داشته‌اند. عالیه، همسر نیما، می‌نویسد: «یک شب سرد کلهٔ لادبن پیدا شد. با یک لباس دهاتی از یوش آمده بود. چند روزی در خانهٔ ما در آستارا مخفی بود و بالاخره یک شب بعد از خوردن شام، من و نیما و لادبن به نزدیک رودخانهٔ مرز ایران و شوروی رفتیم. نیما و لادبن یکدیگر را بغل کردند و بوسیدند ...

۱. همان اثر، ص ۶۲۵.
۲. همان اثر، ص ۴۰۹.

لادبن کفش‌هایش را در آورد و از رودخانه گذشت. در آن طرف آب ما سایه سیاه‌اش را در تاریکی می‌دیدیم که کفش‌هایش را پوشید و در لابه‌لای درختان انبوه و در دل سیاه شب ناپدید شد ...»[۱] پس از این دیدار نامه‌نگاری نیما با لادبن تا سال ۱۳۱۰ ادامه می‌یابد. لحن نامه‌ها اما چون سال‌های آغاز جدایی (۱۳۰۱-۱۳۰۵) سرشار از بی‌تابی و شرح هجران و گریه‌های مادر و خواهران نیست، اگرچه همواره تلخی دوری از برادر را می‌توان در لابه‌لای جملات نیما احساس کرد. در سال‌های این دهه (۱۳۱۱-۱۳۲۱) نامه و نشانه‌ای از حضور مستقیم لادبن در زندگی نیما در دست نیست. احتمال کشته شدن لادبن در سال ۱۳۱۰ در جریان تصفیه‌های استالینی و نیز احتمال آگاهی نیما به از دست دادن برادر بسیار است. اما حضور «عشق گمشده» و «برادر از دست رفته» در شعر نیما همچنان ادامه می‌یابد:

خواب دیدم لادبن را در ته دالان مشکی ایستاده
روی زرد و لاغر اندام و لباسش زشت و ساده
صورت غم می‌نماید
پرده‌ای را می‌گشاید
من در این وادی اسیر و او در آن عالم اسیر
او اقلاً می‌نویسد من پریشان و فقیر

شاید شاعر از مرگ برادر مطلع است آن‌گاه که از این خواب برمی‌خیزد:

بعد جستم از ره خواب و شبی دیدم میان شب
...
باد می‌آمد به پشت شیشه دست نرم می‌مالید
یک ستاره از شکاف شاخ‌ها از دور می‌تابید

۱. شراگیم یوشیج، *یادداشت‌های روزانهٔ نیما یوشیج*، تهران، انتشارات مروارید، ۱۳۸۵، ص ۳۰۷.

مثل اینکه در کنار قبرهای مردگانم من
و حتی در شعرهای پایان این دهه هنوز سراغ برادر گمشده را می‌گیرد:
آی آدم‌ها
کی از او دارد خبر
ناشناسی کرد آیا بر سر اسب سفید خود
در سراشیب کنار سنگلاخ پر ز آب ده گذر؟
...
با تکاور تیزتاکش او از این راه آمد و بگذشت
بعد گم شد از من آیا سوی هامون شد؟
یا بسوی کوه‌ها آندم که می‌شد دور از این دشت
آی کی از او و به‌قدر روزن ابری خبر دارد؟
این خبر نداشتن از برادر گمشده بر تنهایی وتلخی شاعر می‌افزاید.

۳. زندگی در خلوت خویشتن
«بنشسته است فرد»

علاقهٔ نیما در این دهه به انزوا با دههٔ قبل تغییر چندانی نکرده است. اگرچه تعداد دوستانش به نسبت دههٔ پیش بیشتر شده است. اغلب خود را در کنج عزلت توصیف می‌کند: «من امروز با افکار و تألمات خود که در اطراف من وضعیات دنیای خیالی آتیه را به‌وجود می‌آورم، مثل کرم پیله به خودم می‌تنم»[1]

اما نیما انزوای این دههٔ خود را با نگاهی تعدیل یافته‌تر می‌بیند. این انزوا را گاه کنار گذاشته، شعر خود را به میان جمع آورده و برای جمع خوانده و با مردمی که شعرش را نمی‌فهمیده‌اند به بحث و مجادله نشسته

---
۱. *نامه‌ها*، ص ۵۴۵.

است. اگرچه این همه را اتلاف وقت می‌داند، در این دهه نیما چون نیمای جوان، بیمارگونه و «فلج» (اصطلاحی که خودش به‌کار برده) در گوشه عزلت به گریه و زاری نمی‌نشیند. اما «گوشۀ خلوت» او همچنان مکانی برای «درونگرایی»، برای جست‌وجوی در خود و برای «مرمت» و مرهم گذاشتن بر زخم‌هایی که بر او وارد کرده‌اند و «ملامت» خود که چرا به این حرف‌ها گوش کرده است.

«ساعات از دست رفته را هم که به ملامت و شنیدن حرف‌های بی‌فایده با مردمان لاابالی و جر و بحث با آنها گذشته است با استغفار و شرمساری باید تلافی کرد. البته برای هرکس ضعفی در زندگی هست. باید آن را دریافت و به‌گوشۀ خلوت خود آمده با صدای بلند خود را به‌باد ملامت گرفت و خجل شد از اینکه همیشه با انسان و در درون انسان بسر می‌برد تا آنکه او هم شکوه و متانت خود را از سخن انسان دریغ ندارد.»[1]

دربارۀ این «او» در بالا و تحت عنوان درک نیما از خلاقیت شعری توضیح داده‌ام. این «او»یی که در «نیمای جوان» از بیرون از نیما، از عالم بالا، همچون وحی بر نیما نازل می‌شد و نیما در شعر *افسانه* با «او» گفت‌وگویی بلند داشت و او را «افسانه» خوانده بود حالا در دنیای این دهه، در درون شاعر است و شاعر به خلوت می‌آید تا در این خلوت خود با «او»، سخنش شکوه و متانت یابد. به چشم نیما، غافل ماندن از درون، بیگانگی با خود و از دست دادن مهمترین دستمایۀ هنر و شعر انسان است. خلوت این دهه، برای گریه و زاری و اجتناب از دیدار با دیگران نیست بلکه برای خلق شعر، و برای پیوستن با «درون»، یگانگی با خویشتن است: «برادر جوان که در اندیشۀ کار خوب کردن هستی! شاعر باید تنها باشد و خیال او با دیگران. در یک تنهایی مدام، در یک تنهایی

۱. همان جا و نیز همین نامه در *تعریف و تبصره*، ص ۴۴.

موذی و گیج کننده باید به سر برد.»[۱]

این خلوت که برای نیمای جوان پناهگاهی بود برای فرار از رویارویی با شهر و مردمی که شعر او را مسخره می‌کردند و یا نمی‌فهمیدند، حالا وسیله‌ای (مکانی) است برای بالا بردن کیفیت شعر خویش، برای تمرکز بر خلاقیت و تقویت روند خلاقیت است. این خلوت حالا شعر نیما را از «ناخالصی»هایی که در اثر معاشرت با دیگران و یا «سلیقه» و پسند اجتماع پدید می‌آید حفظ می‌کند:

«بدون خلوت با خود شعر شما تطهیر نمی‌یابد و آنچه را که باید باشد نخواهد بود. به هر اندازه در خودتان خلوت داشته باشید به همان اندازه این کیفیت بیشتر حاصل آمده است.»[۲]

۴. دیدگاه تراژیک

«خود را به روی هیبت آتش می‌افکند»

صادق هدایت می‌نویسد: «حس می‌کردم که این دنیا برای من نبود. برای یک دسته آدم‌های بی‌حیا، پررو، گدامنش، معلومات فروش، چاروادار و چشم و دل گرسنه بود. برای کسانی که به فراخور دنیا آفریده شده بودند و از زورمندان زمین و آسمان مثل سگ گرسنه جلو دکان قصابی که برای یک تکه لثه دم می‌جنباند، گدایی می‌کردند و تملق می‌گفتند.»[۳]

این جهان هدایت، جهان رجاله‌ها، محیط زیست نیماست.[۴] بحث فلسفی «جهان‌بینی تراژیک» را اینجا تکرار نمی‌کنیم. این عنصر فلسفی در نیمای این دهه پررنگ‌تر از دههٔ قبل حضور دارد، اما با یک تغییر مهم خود را در

۱. *حرف‌های همسایه*، ص ۳۰.
۲. همان اثر، ص ۵.
۳. صادق هدایت، *بوف کور*، ص ۱۳۷.
۴. برای توضیح فلسفی این دیدگاه نگاه کنید به *افسانه و نیمای جوان* صص ۴۲-۴۴ و نیز عباس میلانی، *تجدد و تجدد ستیزی در ایران*، ص ۲۱۳.

نوشته‌ها و شعرهای این دوره نشان می‌دهد. نیمای این دهه نیمای جوان و گمنام دههٔ قبل نیست. نیمای جوان از تنهایی و دوری از جوان‌های دیگر و گمنامی خود خشنود نبود: «همه جا جلوهٔ جوان‌های به سن من و دخترهای قشنگ است. من در این شهر، به این گمنامی به نفس افتاده‌ام.»[۱] اما نیمای این دهه به‌عنوان «شاعر افسانه» مشهور شده است. نام و شعر او را حالا بسیاری می‌شناسند. در این دهه و در دههٔ بعد نیما راه و روش شعری خود را قوام یافته می‌بیند. حتی تا پایان دهه به این احساس می‌رسد که نیازی ندارد به میل و سلیقهٔ دیگران کمترین توجهی کند و یا به انتقادهای مخالفانش جوابی بدهد، (آن‌گونه که در بعضی از شعرهای این دهه جواب می‌دهد)، درختی که او کاشته حالا به بار نشسته است:

«من دیگر به کار این می‌خورم که میوه بدهم. اگر بتوانم. نه اینکه قامت لخت و سقط خود را راست بدارم به‌طوری‌که همه کس بپسندد.»[۲]

به مردمی که او را احاطه کرده‌اند و به ذوق و سلیقهٔ آنها کمترین اطمینانی ندارد: «هیچ چیز از من دل نمی‌برد، مگر آنچه در اشعار من است ... هر کس این‌طور بشود و همهٔ ساعات زندگی‌اش مصرف هنرش برسد حتی در ضمن انجام کار خانه هم فکر کند که چه چیز خواهم نوشت، می‌تواند پوزخند بزند به مردم که چند دقیقه می‌خواهند در خصوص کار چندین سال یک نفر ذوق و سلیقه کنند. دربارهٔ هوش خفته و طبع مردهٔ این شهری‌ها به‌خصوص دقت کنید. خواهید یافت که من چرا به مردم حق انتقاد نمی‌دهم.»[۳]

برای نویسنده و شاعری که چنین تنها و قدرناشناس مانده است چه راهی باقی می‌ماند؟ برای کسی که در «قبرستانی» زندگی می‌کند و در

۱. *نامه‌ها*، ص ۸۹.
۲. همان اثر، ص ۶۱۰.
۳. همان اثر، ص ۶۳۰.

حالی که «همه چیز بوی استخوان و کفن گرفته است» و در محاصرهٔ رجاله‌هاست، تنها در برابر این همه ایستاده است. برای نیما این راه به «شهادت» منجر می‌شود. او باید خود را فدای شعر و هنر خویش کند. این «مقام شهادت» را هم خود و هم روشنفکران دیگر به‌خوبی تصویر می‌کنند. آل‌احمد می‌نویسد: «سنگینی بار شعر خارق عادت معاصر را او یک تنه به دوش کشید. هر خطایی که از هر پالاندوزی سر زد - به گمان اینکه اهل این بخیه است- چوبش را به گردهٔ او زدند. و چوبی که در این همه سال نیما را با آن زدند حکم غلطکی را پیدا کرد برای کوبیدن راه شعر معاصر. و باری که تازه به دوران رسیده‌ها و از مدرسه گریخته‌ها و غوره نشده مویز شده‌ها به‌عنوان پیروی از او بر سر بار اصلی او نهادند، پشت هر دیگری را خم می‌کرد. نیما فدایی شعر معاصر شد. پیشمرگ جوانهٔ شعر جوانان شد.»[1]

و چه تراژدی بزرگ‌تر از اینکه شاعری قربانی شعر خود بشود. زیبایی و هنری که از درونش برمی‌خیزد عامل و باعث از بین رفتن او باشد. این موقعیت، که به نوبهٔ خود شاعرانه است، شاعر را به مقام و منزلت شهید می‌رساند:

«ولی نیما در آغاز، یک‌تنه و با فداکاری تمام و گوشه‌نشینی در کنج خانه، توانست اساس شعر جدید ایران را پی‌ریزی کند. خودش در این مورد گفته است: 'کسی که دست به‌کار تازه می‌زند، باید مقامی شبیه به مقام شهادت را بپذیرد'»[2]

شعر گفتن نیمای این دهه شهادت است. خود را شهید می‌کند تا پیامش (شعرش) در تاریخ از او باقی بماند:

«از همهٔ اینها گذشته من یک کار دیگر کرده‌ام. به قول شما این

---

۱. جلال آل‌احمد، ارزیابی شتابزده، صص ۳۰-۳۱.
۲. رضا براهنی، طلا در مس، ص ۲۷۵-۲۷۶.

شهادتی است. گوینده این قسم اشعار هدف دورتر داشته و چقدر شهرت خود را فدا ساخته است. به‌علاوه شهادت است و خود من به زبان می‌آورم.»[۱]

این از جان گذشتگی و شهادت‌طلبی در اشعار این دوره به‌وفور یافت می‌شود. نمونه در *مرغ آتش* (۱۳۱۵):

آن نماینده جنون کز جان خود می‌بگذرد
در خلال آتش سوزندهٔ خود می‌پرد
آتش او را می‌خورد. او نیز آتش می‌خورد.

و یا در *ققنوس* (۱۳۱۶):

آنگه ز رنج‌های درونیش مست،
خود را به روی هیبت آتش می‌افکند
باد شدید می‌دمد و سوخته است مرغ
خاکستر تنش را اندوخته است مرغ

این شهادت‌طلبی را آتش قرین است. آتش آن‌گاه که می‌سوزد سوزانندهٔ مرداب‌های شعر باستانی و مقابله با تاریکی و جادوگرهاست و آن‌گاه که شاعر خود را در آن می‌افکند به جاودانگی دست می‌یابد.

۵. از تبعید و اسارت تا آوارگی

«آواره مانده از وزش بادهای سرد»

عنصر «ضد شهر» و علاقه و عشق مفرط به ده و کوهستان را در نیمای جوان به تفصیل شرح داده‌ام. نیمای جوان خود را در شهر در تبعید و اسارت می‌دید. این عنصر اما در نیمای دههٔ بعد تا حدودی تعدیل می‌شود. در آغاز این دهه اقامت کوتاهش در آستارا (۱۳۰۹-۱۳۱۱) و معلمی‌اش در این شهر با تلخی به اتمام می‌رسد. دعوایی که با مدیر مدرسه، به قول

۱. *نامه‌ها*، ص ۱۳۹.

خودش با «آقازاده»، دارد و این امکان پیش می‌آید که او را از آستارا به زور به اردبیل بفرستند:

«قضاوت موعود از روی حقانیت عبارت از این بود: یعنی ما با رضای خاطر به اردبیل برویم. همان اردبیل که صابر شاعر ترک آن را معرفی می‌کند می‌گوید: «ای داد و بیداد اردبیل، یا اگر راضی به این انتقال نبوده باشیم جبراً ما را به «ای داد و بیداد اردبیل» بفرستند یعنی با یک حکم اداری»[1]

او از رفتن به اردبیل خودداری می‌کند ولی به این نتیجه می‌رسد که:

«ایران آب و هوای متفاوت دارد ولی در وصفیات آن چندان تفاوتی نیست. در هر کجا لقمه نانی می‌توان به دست آورد، در ضمن به خدمات اجتماعی خود ادامه داد.»[2] و حالا که حواس شاعر به درون خویش است محیط برای او اهمیت چندانی ندارد:

«به هر حال نهایت خوشحالی من این است که آن‌طور که می‌خواهم بوده باشم، هستم. به تهران یا اردبیل هم که بروم همین خواهم بود. مایهٔ حقیق در دنیا فقط همین را می‌دانم که با من سرشته است.»[3]

و نامهٔ بعدی او به دوستش از تهران است و اولین باری است که می‌بینیم نیما با شهر تهران، علی‌رغم عشق و علاقه به وطنش «یوش» از سر آشتی و علاقه حرف می‌زند:

«بی میل نیستم که با حاصل جمع حقوق خودم و خانم بسازم و یک سال در تهران بمانم که کاملاً به زیر و بم این شهر دست بزنم. بلکه از تماشا به عمل بپردازم و اظهار حیاتی کنم.»[4]

و این روزهایی است که کم‌کم از بعضی گوشه و کنارهای تهران لذت

---

۱. همان اثر، ص ۵۳۰.
۲. همان اثر، ص ۵۳۱.
۳. همان اثر، ص ۵۳۲.
۴. همان اثر، ص ۵۳۵.

می‌برد حتی وقتی که فرصت او کوتاه است:

«در این ساعت آخرین فرصت خود را با کمال عجله دارم به مصرف گشت و سیاحت در شمیران، ییلاق تهرانی‌ها، می‌گذرانم.»[۱]

نیما حالا به زندگی در تهران علاقه نشان می‌دهد:

«شاید اقامت من هم در تهران خالی از فایده نباشد. قبل از هر استفاده اولاً ۵ سال است که من تهران را آن‌طور که باید ببینم، ندیده‌ام. این ۵ سال معلوم است که تهران هم مثل من عوض شده است. جز اینکه در افکار و احساسات مردم، به اندازهٔ لازم، تفاوت دیده نمی‌شود.»[۲]

اما نکتهٔ مهم دیگر دربارهٔ نیمای این دهه آن است که وقتی به ده و کوهستان باز می‌گردد دیگر لزوماً احساس در خانه بودن و آشنا بودن ندارد. اگرچه او همچنان یوش را وطن خود می‌خواند، همیشه با «هموطنان» خود احساس نزدیکی نمی‌کند. سال‌های زندگی در شهر حالا او را به چشم دهاتیان «بیگانه» کرده است. از اقامتش در جنگل مورد علاقه‌اش «کلارزی» می‌نویسد:

«من همه روزه مرتباً وقتم [به] هیزم آوردن از کوه برای مطبخ و به شکار حیوانات می‌گذشت. وقتی که کار نداشتم چیز می‌خواندم و چیزی می‌نوشتم. آدم‌هایی که با من هم‌صحبت بودند باور نمی‌کردند که در دنیا جعبه‌ای هم هست که صدای انسان را ضبط می‌کند و در موقعی که انسان می‌خواهد برای انسان آواز می‌خواند. هر وقت صدای گرامافون من در جنگل می‌پیچید، دور من جمع می‌شدند. من یک وجود خیلی با هنر در بین آنها بودم. با تعجب به من نگاه می‌کردند. من صفحه می‌گذاشتم. آنها هم نی می‌زدند و لخت شده جلوی آتش می‌رقصیدند.»[۳]

۱. همان اثر، ص ۵۳۹.
۲. همان اثر، ص ۵۳۴.
۳. همان اثر، ص ۵۴۸.

و یا در نامه‌ای هنگام اقامت در یوش به دوست خود می‌نویسد:

«اگر در این دهکده بودید می‌دانستید که من چقدر برای دهاتی‌ها تازه‌ام. روزی دست گوسفندی را با تخته چوب گز بستم. همه از زن و مرد دور من جمع شده بودند، می‌گفتند: 'ببین چه می‌کند.'»[۱]

و نیز خطاب به دوستش، اما انگار در گفت‌وگوی با خود است که می‌نویسد:

«من در اینجا با چوپانی به سن و سال تو دوست هستم که همیشه یکی دو بار به کومهٔ من می‌آید. شب‌هایی که قصیرهاشان را بالای کوه می‌آورند خیلی از شب می‌گذرد. او ساعاتی را که می‌گذرد از روی گردش ستاره‌ها می‌شمارد و همین‌طور در پهلوی آتش نشسته برای من از نزاع خود با درندگان صحبت می‌کند. من بارها که نامهٔ ترا مقابل داشتم از تو برای او صحبت کرده‌ام اما یک دفعه نخواسته است فکر کند چه وقت ترا خواهد دید. چرا؟ برای آنکه می‌داند تو هم‌نسخ او نیستی.»[۲]

و البته حالا این اهالی کوه و ده به نظر نیما عجیب می‌آیند. دیگر هیبت ایده‌آل و بی‌نقص خود را از دست داده‌اند. هم‌نسخ خود او هم نیستند. می‌نویسد:

«نشد جواب شما را در شهر بنویسم. با زنم، سگم و شیرخوارم به این دهکدهٔ کوچک آمدم. این است که از اینجا به شما جواب می‌دهم. در اینجا هم آنچه که می‌جویید نیست. دهاتی از لحاظ نظری سالم است اما در اصل یک زندگی حیوانی است که ادامه دارد. در همه جا، شهر و ده؛ زیرا همه‌جا خورد و خواب و شهوت است.»[۳]

و چنین است که «نیمای جوان» که در فراق وطن گریه و زاری

۱. همان اثر، ص۶۰۷
۲. همان اثر، ص۶۰۶.
۳. *حرف‌های همسایه*، ص۷.

می‌کرد و خود را در تبعید و در اسارت شهر می‌دید جای خود را به نیمای «آواره» می‌دهد. او حالا هم با ده و هم با شهر بیگانه است. وقتی به ده و جنگل می‌رود در چشم دهاتیان عجیب و بیگانه جلوه می‌کند و نیز زندگی آنها را دیگر جذاب‌تر از زندگی شهری نمی‌یابد. او حالا به لزوم و یا احتیاج حضور خود در شهر واقف است. اما در شهر نیز خود را غریبه می‌بیند. تعدیل این احساس را خودش برای خواهرش چنین شرح می‌دهد:

«من خودم هم یک وقت همین‌طور بودم. فکر من برای بسط دادن بعضی حساسیت‌های بی‌مورد، در آن زمان‌هایی که حالا تلخی‌های آن را نمی‌خواهم به یاد بیاورم، این قدرت را داشت که به سرعت دوری را «ایام فراق» عنوان بدهد. به عبارت آخری می‌توانستم از یک نقطه سیاه، یک دنیای تاریک بسازم.»[1]

او حالا دربارهٔ زندگی در زادگاه و خاطرات گذشته معتدل‌تر فکر می‌کند. نوستالژی شدید او حالا «ملایم» و «متین» شده است:

«اگر بعضی خاطرات راجع به منشأ و کسانم که امروز زنده نیستند و راجع به گذشته‌های شیرین و قشنگ کوهستان اسباب دلتنگی من بشود، آن موضوع دیگری است و جز یک دلتنگی متین چیز دیگری نیست. می‌دانم گریه و زاری در مقابل بدی‌های حیات مادی، که رفع آن با عقل و تجربه ممکن می‌شود فایده ندارد؛ نه اینکه بر حسب سن عوض شده و حالا این را می‌گویم. بلکه بر حسب فکر و تجربه و کار و مطالعه به مرور زمان این را فهمیده‌ام.»[2]

و نیز بر اثر فکر و تجربه و کار فهمیده است که باید به هر قیمتی شده به شهر نزدیک باشد ولو اینکه از نظر اقتصادی برایش دشوار باشد:

---

۱. نامه‌ها، ص۵۵۷.
۲. همان اثر، ص۵۵۸.

«اگر این مقدار ممر معاش هم قطع شود برای اینکه به شهر دست داشته باشم به دهات اطراف شهر مثل تجریش و دربند، که خانه در آنجاها نسبتاً ارزان‌تر است پناه ببرم.»[1]

اگر نیمای جوان نوستالژی کوه و ده را داشت و دائم از خاطرات خوش کودکی در جنگل و روستا و بر فراز کوه‌ها می‌نوشت، نیمای این دهه از شهر نیز خاطرات خوش دارد و حالا می‌تواند با دوستان نسبت به گذشتهٔ در شهر سپری شده نیز نوستالژیک شود:

«یاد آن روزهایی که در آن بالاخانه با هم صحبت می‌کردیم و «عارف» با کمال بی‌حوصلگی می‌نشست که از او مجسمه بسازید و شب‌ها اغلب یک خیابان دور و دراز را که به یک میخانه منتهی می‌شد با هم طی می‌کردیم.»[2]

نیمای این دهه اما مجذوب و شیفتهٔ شهر نیست. هنوز خود را در شهر «غریبه» می‌داند:

«در تهران حتی در جریان فکری یک مجله همفکر خود مثل مجلهٔ *دنیا* هم نخواسته‌ام که شرکت داشته باشم. شبیه به آدم‌های غریب یا جاسوس که در یک شهر هستند، همه‌جا را بلدم اما مثل اینکه تازه هر جا پا می‌گذارم و این قیافه‌های بینوا و چیزهای پوچ را می‌بینم و می‌شنوم و باید هر چه را که می‌بینم چنان پندارم که ندیده‌ام.»[3]

این «غریبگی» نیما، نیمایی که نمی‌تواند با حقوق «ماهی ۳۷۰ ریال» در «عصر ترقی به دلخوشی زندگی کند»،[4] حالا تنها غربت در شهر و دلباختگی به کوه و روستا نیست بلکه در روستا هم غریبه است. «تبعید»

---

۱. همان اثر، ص۵۵۵.
۲. همان اثر، ص۵۶۴.
۳. همان‌جا.
۴. همان‌جا.

نیمای این دهه تبعیدی وسیع‌تر و از نظر خلاقیت و ادبیات با اهمیت‌تر از تبعید و اسارت نیمای جوان است. غریبه بودن در هر دو، حالا در «آواره» بودن نیما متجلی می‌شود و این موقعیت خلاقه و از نظر ادبی گران‌بهایی است که شاعر می‌تواند هم به وطن سابقش و هم به محل مسکونی فعلی‌اش از بیرون و با چشمان یک «غریب» نگاه کند.

وطن او نیز چون سابق نیست. آن دهات زیبا و طبیعت و مردم آن را تحولات اقتصادی و توسعهٔ شهری دگرگون کرده است:

«بالاخره این محل آسایش و جلوهٔ طبیعت که من حالا دارم نقل می‌کنم یک‌مرتبه قطع شد. برای تحصیل معاش مثل همهٔ کارگرها که از ده ما بیرون رفتند و با حسرت چاره‌ناپذیر آن سرزمین قشنگ را وداع گفتند، من هم از منشاء خود جدا شده به شهر کثیف تهران آمدم. نمی‌دانید چقدر اهالی کوهپایه وقتی که محل خودشان را ترک می‌کنند دلتنگ می‌شوند. بار همهٔ این دلتنگی‌ها را متحمل شدم.»[1]

اما چنان‌که خود نیما اشاره می‌کند این تنها یک «دلتنگی متین» است. «گریه و زاری» بی‌خود در برابر تحولات زندگی مادی نیست و چاره‌ناپذیر بودن وداع با سرزمین قشنگش را درک می‌کند.

حالا وقتی از تهران دور است آرزو می‌کند که دوباره به شهر برگردد و به زیر و بم آن دست بزند و از زندگی بین دهاتی‌هایی که به او به چشم یک آدم عجیب و یا بیگانه نگاه می‌کنند خلاص شود. ولی در شهر هم به یاد بازگشت به دامن طبیعت است، هرچند در آن اقامت می‌گزیند:

«پنج ماه روزگار است که در گوشهٔ این تهران کثیف این‌طور اسیر هستم. استفادهٔ من نه از آفتاب است نه از زمین ... با وصف همهٔ اینها، اگر مانعی نبود این زنجیر پوسیده را پاره می‌کردم. یک جفت

---

۱. همان اثر، ص۵۴۸.

چارق و یک چوبدست، مخلص شما را رسانده بود آن طرف کوه‌ها، که سرکشیده‌اند به آسمان و از وسطش یک خط باریک آب روشن جاری است.»[۱]

آوارگی نیما در این سال‌ها فقط ذهنی نیست. از سال‌های پایانی دهۀ قبل از تهران به بابل و از بابل به رشت و لاهیجان (در این اسباب‌کشی‌ها ظاهراً رمان *آیدین* را گم می‌کند)، بعد به آستارا، بعد درگیری با مدیر مدرسۀ حکیم نظامی آستارا و احتمال تبعیدش به اردبیل و بازگشتش به تهران و رفت و آمدش بین یوش و تهران، نداشتن شغل ثابت و اطمینان خاطر از حقوق و درآمد کافی (و تکیه بر درآمد عالیه خانم) همه پایه‌های این «آوارگی» دهۀ دوم را می‌سازند. تا سال ۱۳۱۸ که باز به سال‌های پایانی دهۀ دوم نزدیک می‌شویم و نیما با شروع همکاری با مجلۀ موسیقی و یافتن حلقۀ کوچکی از دوستان همفکر در تهران به اندک ثباتی می‌رسد، ما بازتاب این آوارگی از «بادهای سرد» را در شعر و نوشتۀ او می‌بینیم. در این آوارگی نیما از هر دو جا، بریده و درمانده است. برای خواهرش درددل می‌کند:

«زندگی من بسیار تلخ است. من شرح گزارش آن را نمی‌دهم. به هیچ‌وجه تو قادر نیستی که تصور آن را بکنی ... می‌روم سر کوه‌ها برای پیدا کردن چیزی که به دست نمی‌آید. می‌آیم به تهران که برای آن چیز یک محوطۀ تنها را بیت‌الاحزان ساخته باشم. قبر می‌سازم برای مردن، نه لانه برای زندگی. قطع آرزو در آن خصوص‌ها کرده، تصویر خوفناک شده است برای این زندگی. همه چیزها که می‌گذرد سیاه و بی معنی.»[۲]

۱. همان اثر، ص۵۶۷.
۲. همان اثر، ص۶۰۱ (تاریخ ۱۳۱۶).

۶.طبیعت و رومانتیسم

«که معنی‌اش نداند، هر مرغ رهگذر»

در این دهه نیما به‌شدت تحت تأثیر مکتب رومانتیسم قرار دارد. گرایش او به شعر گفتن برای خواص، شکستن قواعد ادبی سنتی برای نزدیک شدن به کلام طبیعی و طبیعت، و تلاش آگاهانه برای رسیدن به «عالی»[۱] در شعر خود از عناصر این رومانتیسم نیمایی هستند. او به این نتیجه رسیده است:

«اگر در موضوع‌های بسیار جدی و خواص‌پسند، عامیانه بنویسد، بسیار لوس است. با کلمات عوام شما خودتان را در این موقع جزو عوام قرار داده‌اید.»[۲]

شاعر واقعی از نظر نیما، نمی‌تواند و نباید مجذوب و یا مفتون عوام باشد و خود را برای آنها قابل فهم کند:

«کسی که به زبان اراذل و اوباش می‌چسبد و با اصرار تمام فقط سعی دارد که ساده و عوام‌پسند کلمات را مرتب کند مثل اینکه افسون‌فریبی او را سراندرپا انداخته است، به عالم فکر عوام نزول کرده است.»[۳]

شاعر برای برگذشتن از عوام باید «عصارهٔ بینایی» باشد. باید به «بینایی فوق دانش، بینایی فوق بینایی‌ها»[۴] دست پیدا کند. و هر کسی نمی‌تواند به این «عالی» دست پیدا کند. همت و شخصیتی عالی لازم است تا شاعر به چنین «بینایی» دست پیدا کند:

«عده‌ای دیگر دارای همت عالی‌ترند ... آنها دست به کاری می‌زنند که انسان عالی‌مرتبه می‌زند. در واقع لذت‌هایی را می‌یابند که با مقارنهٔ دایمی

---

۱. معادل "sublime" و ترجمه‌های دیگرش: امر برین، علو و کمال برتر و شکوه.
۲. *حرف‌های همسایه*، ص۵۶.
۳. همان اثر، ص۵۵.
۴. همان اثر، ص۳.

آن با لذت‌های حیوانی تجدید می‌شود. منتها از راه حس و درک عالی‌تر ... انسان عالی‌مرتبه به این کمال می‌رسد. تمام لذت‌ها در این است.»[۱] «یک قدرت حسی و ادراکی که توسط آن معانی و صور گوناگون در بروز خود قوت پیدا می‌کنند.»[۲]

اما این «عالی» از آن رو باشکوه است، کمال برتر است که دست نیافتنی است. شاعر می‌داند که برای دست یافتن و بیان کردن چیزی تلاش می‌کند که به دست و بیان نمی‌آید:

«فکری که برای مردم عالی است برای شاعر عادی است ... در خلال این احوال، شعر عالی بیان کردنی نیست و آن چیزیست که باز بالقوه هست و بالفعل به همان اندازه که آیین شعرگویی رو به کمال می‌رود به وجود می‌آید.»[۳]

شاعر معترف است که «شعر در درجهٔ اعلا، انسانی هم در درجهٔ اعلا می‌خواهد» و این آدم و عالم نو هنوز تحقق نیافته‌اند. پس حتی اگر شاعر به‌طور استثنایی به این حد اعلا دست پیدا کند خوانندهٔ بسیاری نخواهد داشت:

«من مطمئن نیستم آنچه در حد اعلاتر می‌خواهم بنویسم آیا کسی خواهد فهمید و جز چند نفری بیش درخواهند یافت و برای آن چند نفر هم آیا ابهامی در کار پیدا می‌شود یا نه؟»[۴]

این رویکرد به «عالی»، چون رومانتیک‌های قبل از نیما، در خود دو عنصر مهم دارد: رها کردن زبان (و هنر) از قوانین سنتی و نزدیک شدن به طبیعت (یا بازگشت به طبیعت). نیما می‌خواهد شعر را از قواعد سنتی،

۱. همان اثر، ص۷.
۲. همان اثر، ص۱۰۱.
۳. همان اثر، ص۷۲.
۴. همان اثر، ص۹۶.

از «تکلفی» که شعر را مصنوعی جلوه می‌دهد، از وزن و قافیۀ سنتی رها و آن را به «زبان طبیعی» نزدیک کند:

«شعر شما باید طبیعی و منطبق با دکلاماسیون باشد. طبیعی مثل این حرف که می‌زنید یا خطابه‌ای را به حال طبیعی می‌خوانید ... اگر به حال طبیعی زمزمه داشته باشید حتماً شعر شما طبیعی می‌شود، چون در این حال با احساسات و حالات انسان برداشت می‌شود.»[1]

برای رسیدن به چنین بیان «عالی»، شاعر می‌تواند همه قواعد دستور زبانی را (اگر لازم دید) زیر پا بگذارد و آنچه که همۀ این سرکشی از قوانین را موجه می‌کند، طبیعت است:

«در اشعار خارجی، مالارمه یکی از آنهاست. برای تبیین معنی جدید، تلفیق صرفی و نحوی به هم خورده است. در واقع صرف و نحو را زبان تکمیل می‌کند و شاعر استاد زبان است ... این شأن و مقام را طبیعت به او داده است.»[2]

برای نیما طبیعت حالا همان اهمیت و مرکزیتی را دارد که طبیعت در دیدگاه رومانتیک‌ها دارد. طبیعت دست نخورده، نامنظم و درهم، سرشار از تحرک، ارگانیک، رعب‌آور و باشکوه. به این طبیعت رومانتیک در بخش نقد نیما بازخواهیم گشت. اینجا فقط به توصیف او از جنگل محبوبش، جنگل «کلارزمی» اکتفا می‌کنیم:

«اسم این جنگل را در کاغذهای من خوانده‌اید. اطراف منزل من پر بود از زرشک و بوته‌های انگور وحشی. مشرف بود به تکه چمن‌های طبیعی که از دور و نزدیک و در جنگل و در سر کوه‌ها پهن شده بودند و چشمه‌های سرد و گوارا که از لای سنگلاخ‌های سفید بیرون می‌جستند.

۱. همان اثر، ص۶۳.
۲. همان اثر، ص۵۵.

بعد در روی زمین‌های مستور از کاج و سرو جاری می‌شدند و پرتگاه‌های هولناک که به نظر می‌آمدند الان در روی دره‌ها خراب می‌شوند. در زیر درخت‌ها دهلیزهایی که قلوه‌سنگ‌ها از خزه در آنجا سبز شده بودند. سارهای سیاه که فرار می‌کردند و می‌رفتند در این دهلیزها می‌خواندند.»[1]

این شأن و مقام طبیعی با شکوه است که پایه و مبنای آن حس «عالی» و شعر «عالی» را فراهم می‌کنی. این طبیعت نیز منعکس کنندهٔ درون شاعر است. درون شاعر با آن درآمیخته است و از همین رو شبی تیره و پرندگانی خاکسترنشین آیینهٔ درون شاعرند. این عنصر در اشعار این دههٔ نیما بسیار غالب است. شاعر «دوست دارد در نشیب کوه‌های سبزی که جنگل در آنجا تمام می‌شود نشسته یا در کنار رودخانه که با ناله‌های دائمی از کوه‌ها و گندمزارهای دور می‌آید.»[2] درون خود را با این «طبیعت- انسانی» پیوند دهد. بنشیند تا «اینکه چیزی سایه‌وار از برابر چشم او بگذرد و او به خیال پندارد و کوه‌ها را از دور ببیند که چطور به هم فشار می‌آورند و چگونه حساب تاریکی‌ها و سرگذشت‌هایی را که در آنها گذشته است دارند.»[3] شاعر این «زندگی وحشی» و طبیعی را ارج می‌دهد و با آن احساس یگانگی می‌کند:

«او زبان همهٔ مرغان را می‌داند. مثل اینکه وقتی به او آموخته‌اند. می‌داند برای چه هنگام پاییز کلاغ‌ها از سر کوه‌های بلند و سردسیر او به صحرا می‌آیند و برای چه کبوترها دسته دسته می‌شوند یا توکای در هنگام ییلاق قشلاق کردن تنها به روی شاخه می‌نشیند.»[4]

---

۱. *نامه‌ها*، ص۵۴۷.
۲. همان اثر، ص۶۳۳.
۳. همان‌جا.
۴. همان اثر، ص۶۳۳-۶۳۴.

فصل دوم

پدران و پسران
ده سال بعد (۱۳۱۱-۱۳۲۱)

«طبیعی است که تهران امروز باید یک فکر مخصوص به تهران امروز داشته باشد.»

«نامه‌ها»

«شعر و موسیقی و نقاشی در دورهٔ ما به این مرحلهٔ باریک و عمیق رسیده‌اند. پا به پای همه چیز، همه چیز تکامل پیدا کرد. نمی‌توان منکر بود. امروز شعر آسان، شعر هومر، فردوسی و بوستان سعدی‌ست»

«حرف‌های همسایه»

از اولین سال‌های آغاز این دهه خوانندهٔ نامه‌های نیما می‌تواند نگاه پراضطراب او را به سنت ادبی و نیرومندی که بر شانه‌های او سنگینی می‌کند، تشخیص دهد. می‌نویسد:

«شخص حریص من مثل یک قراول مجروح در شب پایان جنگ در پشت **سنگر** جا گرفته است. اگر همه شفا بیابند من باید بالای همین سنگر که به دست خودم درست شده است به خواب ابدی بروم! این سنگر به منزلهٔ مدفن من است. چه چیز جز **عصر سیاه** من روپوش من خواهد بود؟ در ایران شاید هیچ‌کس از همکارهای من این ورطه را نمی‌بینند. ولی من می‌بینم. هیئت این **عفریت سیاه** برای شکستن امثال من دندان تیز می‌کند. من او را به هر چه تعبیر کنم **او مرا به دلخواه خود تعبیر خواهد کرد.**»[۱]

سنگر نیما شعر اوست. «عصر سیاه» او عصری است که هنوز اسیر سنت ادبی گذشتگان است. «عفریت سیاه» شاعر نیرومند پیشین است و نیز شاعری که در آینده می‌آید. نیما می‌فهمد که کار او «بدخوانی» (تعبیر دلخواه) این عفریت است و نیز می‌داند که خود مشمول این «بدخوانی» خواهد شد. همکاران او «شاعران ضعیف» این اضطراب را ندارند. «این ورطه را نمی‌بینند». «این ورطه» تسلیم شدن به تأثیر شاعران پیشین است. شعر ضعیف شعری است که هرگز از زیر بار سنگین تأثیر شاعران درخشان گذشته رها نمی‌شود. اما «شعر نیرومند

۱. *نامه‌ها*، ص۴۴۳. (۱۳۱۰) (تأکیدها از من است).

به اضطراب نائل می‌شود.»[۱]

چنین موفقیتی ازکجا می‌آید؟ اضطراب تأثیر استعاره‌ای از شبکه‌ای از روابط زمانی، تصویری (ایماژی)، روحی و معنوی است. روابطی که همه طبیعتی دفاعی دارند. دفاع در برابر «عفریت سیاهی» که برای شکستن شاعر نیرومند «دندان تیز کرده» است. این اضطراب، این توفیق در دفاع از خود، از «بدخوانی» می‌آید. «بدخوانی» تفسیر خلاقی از شعر گذشتگان است: «تعبیر دلخواه.»[۲]

آنچه «شاعر نیرومند» تجربه می‌کند و در شعرش بروز می‌دهد پیامد این تعبیر دلخواه است و نه به‌وجودآورندهٔ آن. یعنی ابتدا «بدخوانی» شکل می‌گیرد: مانند عاشق یک اثر ادبی شدن. بدخوانی رابطه‌ای است که شاعرخواننده با شعر گذشتگان دارد. اما این رابطه عاشقانه نیست. در آن عشق و نفرت توأمان حضور دارند. خوانش شاعر نیرومند از شعر گذشتگان همیشه «مهراکین»[۳] است. درک نیمای جوان از «شعر» و «شاعری» در شعر *افسانه* به‌خوبی نشان می‌دهد که نیما آگاهانه بدین توفیق (اضطراب تأثیر) رسیده است. در *افسانه* او در تعریف شعر، از جمله آن را زادهٔ اضطراب می‌داند:

«قصهٔ عاشقی پر ز بیمم
گر مهیبم چو دیو صحاری
ور مرا پیرزن روستایی
غول خواند ز آدم فراری
زادهٔ اضطراب جهانم!»

اما برای درک توفیق نیما و نقد او باید در مفهوم «تأثیر» و «اضطراب

1. Harold, Bloom, Harold, *The Anxiety of Influence*, p. 23.
۲. بلوم آن را «misprision» می‌نامد. ما برای آن اینجا از «تعبیر به دلخواه» استفاده می‌کنیم.
۳. مهراکین را معادل ambivalence برگزیده‌ام.

تأثیر» دقیق‌تر شویم. اگرچه اینجا کلمهٔ «تأثیر» را معادل «influence» انتخاب کرده‌ایم، بدون توضیح و دقت بیشتر چون همهٔ برابرنهاده‌های فلسفی و تئوریک رایج، ما را به درک مفهوم اصلی نمی‌رساند. ترجمهٔ ساده و یا انتخاب برابرنهاده‌های محصول عملیات محیرالعقول مترجمانی که در زبان‌های قدیمی ایران به دنبال کلمات معادل کلمات فلسفی و تئوریک در غرب امروز می‌گردند، ما را چنان‌که دوستدار در کتاب شبه زبان، شبه فرهنگ نشان می‌دهد به بیراهه می‌برد و به ما این احساس دروغین را می‌دهد که حالا که معادلی یافته‌ایم پس آن مفهوم و ایده را فتح کرده‌ایم در حالی‌که فقط به دور خود شبکه‌ای از سرگشتگی و کلمات ناآشنا تنیده‌ایم. پس تنها به انتخاب معادل «تأثیر» قناعت نکنیم. منظور «بلوم» از «تأثیر» تنها قدرت و جذبهٔ یک شاعر بر دیگری نیست. او به ریشهٔ لاتینی کلمهٔ «influence» از دورهٔ اکویناس (Aquinas) برمی‌گردد تا نشان دهد ریشهٔ کلمه در «in-flow» بوده است یعنی جریانی که از بیرون به درون رسوخ پیدا می‌کند و به نیرویی مرموز و جادویی اشاره داشته که از سوی ستارگان به طرف انسان جاری می‌شده است. نوعی مایع یا گاز سیال که چون به انسان می‌رسیده و در او رسوخ می‌کرده شخصیت و سرنوشتش را تغییر می‌داده است. تحت «تأثیر» قرار گرفتن یعنی گرفتن این جریان نامرئی، آسمانی، مرموز (و در بعضی متون این جریان را مقدس دانسته‌اند). جریانی که در برابر آنچه در انسان «ارادی» می‌دانیم، ظاهر می‌شود. شاید اگر کلمهٔ «تأثیر» را با کلمهٔ «اثیر» پیوند دهیم مفهوم مورد نظر «بلوم» روشن‌تر شود. «تأثیر ـ اثیر» ما را به مفهومی که از تأثیر شعری در نظر داریم نزدیک‌تر می‌کند:

رسوخ «اثیری تأثیر» در شاعر مانع ظهور خلاقیت اوست. شیفتگی به گذشتگان مقدس، پیشینیان بی‌عیب و نقص، مانع از ظهور نیروی خلاقهٔ

او برای ساختن اثری جدید و منحصر به فرد و کاملاً متفاوت با گذشته می‌شود. به‌قول «بلیک»، پیشینیان ما را به اسارت خود می‌گیرند. ماندن در این اسارت با جلوگیری از خلاقیت به‌وسیلهٔ وسواس در استدلال و مقایسه امکان‌پذیر می‌شود. مقایسهٔ دائمی شعر شاعر با پیشینیانش،«تأثیر-اثیر» شعری، بیماری خودآگاهی شاعر است.[1] «امرسون» این بیماری را با دقت خاص خود چنین توصیف می‌کند که پیشینیان «توجه ما را در خود متمرکز می‌کنند و مانع کندوکاو درونی ما می‌شوند. آنها قضاوت ما را به نفع توانایی‌های خود دچار تعصب می‌کنند و به همین اندازه احساس توانایی‌های ما را می‌کاهند و ما را با زیبایی خیره‌کنندهٔ شهرتشان مرعوب می‌کنند.»[2]

ما نمی‌دانیم آیا نیما مقالهٔ «اتکا بر خویش» امرسون را که در سال ۱۸۴۱ /۱۲۲۰ منتشر شده ، در دوران تحصیل و یا در سال‌های دههٔ ۱۳۱۱-۱۳۲۱ خوانده یا نه؟ اما درک نیما از این «تأثیر» بدون تردید مانند امرسون و بلیک و مطابق نظریهٔ بلوم است. او از این تأثیر با عنوان «دخالت وضعیت» یاد می‌کند و می‌نویسد:

«این امر یعنی دخالت وضعیت، به قدری قطعی و حتمی‌الاثر است که نه فقط در تأسیس عادات اجتماعی و سلیقه و عقیده، بلکه در حیث قریحهٔ صنعتی و غریزهٔ تقلید هر شخص هم مؤثر است. حتی نویسندگان و شعرای فوق‌العاده را هم در موارد غیر وارد تابع جریان خود می‌کند و قوهٔ ایجاد را در آنها معطل می‌گذارد... بنابراین چه بسا می‌شود وقتی که یک نفر مدت‌ها پرداخت به مطالعهٔ *شاهنامهٔ* فردوسی، میل کند که عیناً فردوسی شعر بگوید. حال اگر خیلی ساده باشد این وضعیت، که اراده را

1. Harold Bloom *The Anxiety of Influence*, p. 23.
2. ibid, p. 27.

در او بدون فرمان و غیرعلمی واگذاشته است، به حدی او را در تحت جذبهٔ صنعتی و ذوقی فردوسی قرار داده است که هیچ شاعری را در دنیا به اندازهٔ فردوسی نمی‌پسندد و استعداد خود را به مصرف می‌رساند که شاهنامه عصر حاضر را، به خیال خود بی‌رعایت زمان و لوازم تکامل به‌وجود بیاورد. بالعکس اگر همین شخص از تحت تأثیر این وضعیت بیرون بیاید و بپردازد به مطالعهٔ طولانی و تدریجی آثار شاعر دیگر، که مثلاً خیام باشد، قهراً تابع و حامی خیام واقع خواهد شد و می‌گوید خیام اول شاعر روی زمین است. یک مصراع بر رباعی خود می‌افزاید و آن را برای ابراز شخصیت حماسی می‌کند که خیام عصر حاضر محسوب بشود. به این نحو، بجای وضعیات عمومی، خصایص اشخاص در وجود او فرمانروایی دارد. به خودی خود دارای هیچ‌گونه میزان فکری و مسلک صنعتی نخواهد بود و استعداد او در غیر مورد خود به هدر می‌رود.»[1]

از دیدگاه نیما «دخالت وضعیت» گذشتگان در قریحه و ذوق و شعر ما حاصل مطالعهٔ آثار آنان و «تحت جذبهٔ صنعتی و ذوقی» آنان درآمدن است. نیما تصور می‌کند نداشتن «اضطراب تأثیر»، پذیرفتن «جذبهٔ صنعتی و ذوقی» گذشتگان، و فرمانروایی این گذشتگان بر شاعر، محصول ارادهٔ «غیرعلمی» شاعر است. از دیدگاه نیما آگاهی بر «علم» و تکامل باعث شکل گرفتن «اضطراب تأثیر» می‌شود. دلیل این باور را می‌توان بر اساس بستر تاریخی و اجتماعی روزگار او توجیه کرد. عصر نیما، آغاز رویارویی روشنفکر ایرانی با غرب، صنعتی شدن و علم است. روشنفکر عصر نیما علم را پایه و اساس پیشرفت غرب و فقدانش را مسئول عقب‌ماندگی جامعهٔ خود می‌داند و آن را پدیده‌ای «خنثی»، دست‌یافتنی در هر بستر اجتماعی (و بنابراین قابل اخذ از غرب و استفادهٔ بومی همچون کالایی

۱. *نامه‌ها*، ص ۴۸۳.

وارداتی) و «والا» می‌داند که قادر است فرهنگ و ادبیات و شعر را نیز نجات دهد. کافی است شاعر مانند مکانیک و مهندس و اقتصاددان از سلاح علم برخوردار باشد. بخشی از جذابیت مارکسیسم برای روشنفکر آن عصر نیز تصور «علمی» بودن آن است. نیما بارها در نامه به برادر انقلابی و مارکسیست و اقتصاددانش تذکر می‌دهد که همان کاری که او با سلاح علم در زمینه اقتصاد انجام می‌دهد، نیما در بستر شعر و ادبیات ایران پی‌افکنده است.

امروز می‌دانیم که «علمی» برای یاری کردن ارادهٔ نیما به تحول شعر فارسی در آن روزگار (و تا به امروز) وجود نداشته است. آنچه نیما را برخلاف همکارانش قادر به دیدن این «ورطه» می‌کرد، «اتکای به خود» بود. «امرسون» می‌نویسد که یکی از نشانه‌های مهم کمال فردی، شهامت فرد برای اعتماد به ادراکات درونی خود است در برابر تعاریفی که گذشتگان نامدار در برابرش نهاده‌اند. می‌نویسد:

«به خود باور داشتن، باور به این که آنچه برای تو و در قلب شخص تو صواب است، برای تمام انسان‌ها صواب است، این نبوغ است. اعتماد قلبی و پنهان خود را بر زبان بیاور و ببین که یک حس جهانی‌ست چرا که درونیات در موعد مقرر به بیرونیات بدل می‌شوند و اولین تفکر ما بواسطهٔ نفخات صور روز رستاخیز به ما برگردانده می‌شود. چنان صدای ذهن با این تفکرات آشناست که والاترین ارزشی که به موسی، افلاطون و میلتون نسبت می‌دهیم همان است که آنها با نادیده انگاشتن کتاب‌ها و سنت‌ها و بیان آنچه که خود، و نه مردمان زمان آنها، فکر می‌کردند از خود باقی گذاشتند.»[1]

---

۱. امرسون مقالهٔ «اتکای به خود».

«بلوم»[1] به ما می‌آموزد که این «اتکای به خود» و توفیق در رسیدن به «اضطراب تأثیر» تازه آغاز راه است. تأثیر شعری، معمولاً دو شاعر نیرومند: یکی در گذشته و دیگری معاصر را در بر می‌گیرد و همیشه «بدخوانی» شاعر پیشین را به‌وسیلۀ شاعر معاصر به‌دنبال دارد. این عمل خلاق و «تصحیح‌گر» گذشته، الزاماً یک «تفسیر بد»، یک «بدخوانی»، یک «تعبیر به دلخواه»[2] است.

این تصحیح خلاق گذشته و خوانش امروزیِ آن (بدخوانی)، این تعبیر به دلخواه، رویزیونیسمی است که پایۀ خلق شعر تازه را تشکیل می‌دهد. بلوم می‌نویسد:

«تاریخ پر دستاورد «تأثیر شعری» که سنت اصلی شعر غرب از زمان رنسانس را می‌سازد تاریخ اضطراب و کاریکاتوری از نجات خویش، از تحریف و انحراف عامدانه و رویزیونیسم است و بدون آن شعر مدرن به‌صورت امروزش نمی‌توانست وجود داشته باشد.»[3]

از این رو شاعر معاصر ما باید پیشینیان «بی‌عیب و نقص» را بدخوانی کند و با نشان دادن عیوب آنها از آنها بگذرد. شاعران نامدار گذشته آفرینندگان/آفریدگارانی هستند که ما را در بهشت آثارشان زندانی نگاه می‌دارند. اما خدای میلتون برای شلی و بلیک و خدایان حافظ و فردوسی و سعدی و مولوی برای نیما، کافی نیستند. شاعر قوی باید علیه این خدایان شورش کند. از این رو شاعر قوی بودن نیازمند کسب موقعیتی «شیطانی» است. شاعر ضعیف در «موقعیت آدم محصور در بهشت» است و در سایه خدایانش، در بهشتِ ساختۀ آنان زندگی می‌کند. فراموش نکنیم همۀ «شاعران قوی» از موقعیت «شاعران ضعیف» آغاز

---

۱. هارولد بلوم، منتقد نامی غرب، واضع نظریۀ «اضطراب تأثیر».
۲. عبارت نیما را به کار می‌برم.
3. Harold Bloom *The Anxiety of Influence*, p 30.

کرده‌اند. «موقعیت آدم محصور در بهشت» موقعیتی است که «بلیک» آن را «محدودیت انقباض»[1] می‌خواند. شاعر اسیر بهشت، در هم فشرده و خلاقیتش در انقباض و محصور در خلاقیت خدایان پیشین است. از نظر بلیک «موقعیت شیطان» محدودیت انقباض را می‌شکند. میوهٔ ممنوعه را می‌چشد تا با عصیان و خروج از بهشت، با «موقعیت شیطان» از نیروی خلاقهٔ خود استفاده کند. در این موقعیت تازه که بلیک آن را «محدودیت کدر بودن»[2] می‌خواند آنچه که شاعر را محدود می‌کند، محدودیت قوای خلاقهٔ خود اوست.

نیمای این دهه و در سال‌هایی که در تلاش برای خلق *ققنوس* و گسستن کامل از «شعر خدایان» است از «موقعیت شیطانی» خود آگاهی کامل دارد. این «شیطان» را درونی کرده است. به نگاه خود در این باب، در نامه‌ای اشارهٔ مستقیم دارد:

«در خصوص جن و شیطان نوشته بودی. البته هرگز معتقد به وجود مرئی بعضی چیزها نبوده و نیستم. بلکه مفهوم این دو کلمه را یک «سمبل» شاعرانهٔ قدما می‌دانم که با مذهب اختلاط پیدا کرده و عبارت از محرکین بد و خوب است. عقیدهٔ فلاسفهٔ ایرانی هم غیر از این نبوده است. منتها موارد استعمال در ادبیات جدید این دو لفظ را، اگر لزوم پیدا کند من با **مفهوم خاص دیگر** در نظر می‌گیرم... شاید من اولین شاعری باشم که این نکته را با دقت در نظر می‌گیرم.»[3]

اگرچه نیما دربارهٔ این «مفهوم خاص دیگر» توضیح بیشتری نمی‌دهد اما یک سال قبل از سرودن *ققنوس* و پس از نوشتن نامه‌های متعددی که سرشار از «بدخوانی» شاعران نامدار پیشین است به خواهرش می‌نویسد:

---

1. limit of contraction.
2. limit of opacity.

۳. *نامه‌ها*، ص۵۱۲. (تأکید از من است).

«حقیقتاً خیلی زندگانی را از طرف شاعرانه‌اش چسبیده‌ام. از بس که از شیطان چیز نوشته‌ام، خودم شیطان شده‌ام. همیشه با شیطان روبه‌رو هستم.»[۱]

از همان آغاز این دهه (۱۳۱۱-۱۳۲۱) «موقعیت شیطانی» شاعر در تعریف خود و «بدخوانی» پدران پیداست:

«این است که خود را شاعر و نویسندهٔ دورهٔ مخصوصی در نظر گرفته سعی دارم که دارای شرایط شاعر و نویسندهٔ دورهٔ مخصوصی بوده باشم.»[۲]

این دوره را نیما «دوران تحولی» می‌خواند و آن را چنین تعریف می‌کند:

«به لحن جدید دورهٔ تحولی نامیده می‌شود. یعنی زمان انتقال تکامل از حالی به حالی دیگر. ولی به عقیدهٔ عده‌ای که با معلومات قدیمی فقط برای تفنن و شهرت شعر می‌گویند دارای هیچ مفهومی در ادبیات نیست. در صورتی که می‌بایست دارای مفهوم بوده باشد. امروز نویسنده یا شاعر، قبل از آنکه قلم به دست بگیرد باید وضعیات اقتصادی و اجتماعی را در نظر گرفته باشد. زمان و احتیاجات زمان خود را بشناسد... تا بتواند نویسندهٔ جدید نامیده شود. و الا عنصری و امثال او شدن و عامل و آلت طبقات ظالم بودن آسان است.»[۳]

او از مخرب بودن و سنگینی بار شاعران نامدار پیشین به‌خوبی آگاه است:

«هنر یک مرد ممتاز از این راه معلوم می‌شود که با مقتضیات عصر خود چیزی کسر دارد یا نه؟ آیا می‌تواند بار سنگین چیزهای کهنه را از

۱. همان اثر، ص ۵۸۰.
۲. همان اثر، ص ۴۷۳.
۳. همان اثر، ص ۴۷۴.

دوش بردارد؟»[1]

اگر بار سنگین گذشته، «وضعیات»، توانایی شاعر را از او بگیرد او قادر به استفاده از استعدادها و خلاقیت خود نخواهد بود:

«عدم اقتضای وضعیات، یعنی وضعیاتی که مستقیماً او در تحت نفوذ آن است، این عدم توانایی در ملاحظه را به او داده است و ممکن است این نوع ملاحظه همیشه او را کور بدارد و در سهو ممتدی که حاصل از خودبینی اوست استعداد او بی‌فایده بماند.»[2]

نفوذ این «وضعیات»، نفوذ تأثیر شاعران نامدار گذشته است. او در ادامهٔ بیان این «اضطراب تأثیر» به بدخوانی «سنایی» می‌پردازد:

«حتماً این نه آن طریقتی است که «سنایی» در حدیقه‌اش کلاه و سر را از آن رد می‌کند و نه آن عشقی که مربوط به آن طریقت است ولی راه و راهبر ندارد. چنان‌که خود حکیم سنایی هم مسلک او با عقاید مخصوص و ادعا به اینکه عشق راه و راهبر ندارد، معلوم نیست اگر عشق راه و راهبر ندارد طریقت چطور وجود و وجوب و لوازم پیدا می‌کند که کلاه و سر در آن نباشد؟»[3]

«بدخوانی» مفاهیم سر و کلاه و طریقت سنایی به اشعاری از این دست اشاره دارد:

تیغ تا نفکنی سپر نشوی
تا بننهی کلاه سر نشوی
تا دلت بندهٔ کلاه بود
فعل تو سال و مه گناه بود

---

۱. همان‌جا.
۲. همان اثر، ص۴۷۵.
۳. همان‌جا.

چون شدی فارغ از کلاه و کمر
بر سران زمانه گشتی سر
زانکه هر سر که دیدنی باشد
در طریقت بریدنی باشد

و یا در جای دیگر که سنایی می‌سراید:

در طریقت سر و کلاه مدار
ور نه داری چو شمع دل پر نار
سر که آن بندهٔ کلاه بود
همچو بیژن اسیر چاه بود
ور کله بایدت همی ناچار
همچو شمع آن کلاه از آتش دار

و یا در جای دیگر:

هرکه را سر به از کلاه بود
بر سر او کله گناه بود.

«بدخوانی» را نیما از سنایی آغاز می‌کند چرا که پشتوانهٔ اصلی شعر کلاسیک ما و خداوندگاران آن از حافظ تا مولوی همه عرفان است. یکی از کلیدی‌ترین مفاهیم در عرفان نیز «طریقت» و «طی طریقت» است. آغازگر این مفاهیم عرفانی در شعر کلاسیک فارسی را می‌توان سنایی دانست و عطار. اگرچه مولوی برای خوانندگان قرن‌ها بعد مشخص‌ترین و محبوب‌ترین نمایندهٔ آن می‌شود. نیما از تأثیر سنایی بر مولوی آگاه است و نیز از اثر حدیقه بر اشعار مولانا، و، با تیزهوشی، مولوی را تحت تأثیر سنایی تشخیص می‌دهد.[1] به عبارت دیگر فلسفه و جهان‌بینی و معرفت‌شناسی مولوی از سنایی می‌آید، اگر چه ساختمان شعری و بافت

---

۱. یادآوری تأکید مولوی: عطار روح بود و سنایی دو چشم او / ما از پی سنایی و عطار می‌رویم.

کلام در مولوی اوج می‌گیرد. پس طبیعی است که در «بدخوانی»، نیما به سراغ آن «شاعر قوی» برود که پشت «مولوی» نشسته است و سرچشمهٔ شعر و سنت عرفانی و کهنی است که نیما قصد گسستن از آن دارد. پس طریقت خود را، به نام «طریقت جدید» در برابر این سنت تعریف می‌کند:

«به عکس در طریقت جدید، چون ما حکیم سنایی نیستیم، عشق مصنوع است و عقل نتیجهٔ تجربه و ماده و احساسات. وقتی مناسب می‌بینیم که آزاد باشند که وجود و لزوم شیء کاملاً و به صراحت به مقام اثبات رسیده باشد. یک نفر انسان بدون استعانت از دیگران از عهدهٔ ادراک این قبیل امور عاجز است. چنان‌که خود حکیم سنایی و هم‌مسلک‌های او با عقاید مخصوص و ادعا به اینکه عشق راه و راهبر ندارد این‌قدر در این اغتشاش فکری افراط کردند که هم یک صوفی مستقل‌اند و هم یک منکر صوفی و صفا و در ظاهر جز یک مبلغ چیز دیگر نیستند.»[1]

مهم است که در«بدخوانی» نیما این نکته که زمان سنایی هم عشق مصنوع بوده و عقل نتیجهٔ تجربه و ماده و احساسات فراموش شود. استفاده از عبارت «طریقت جدید» و اصرار بر «اغتشاش فکری» شاعر پیشین به شاعر معاصر (نیما) امکان تعریف زبان خود را می‌دهد:

«شاعر و نویسندهٔ امروز را در دو مرحلهٔ متمایز فی حد اعتبار باید دید. اول اینکه چه مشاهده می‌کند. دوم اینکه چطور مشاهده خود را بیان می‌کند. خلاصه‌گویی مثل زبان کلاسیک‌ها بی‌فایده است.»[2]

در آغاز این دهه نیما واکنشی خصمانه به شاعران پیشین دارد. واکنشی که خود آن را در سال‌های پایانی این دهه و پس از *ققنوس* و اعلام شعر تازهٔ خود تعدیل می‌کند. در سال‌های آغازین ادعا دارد:

---

۱. *نامه‌ها*، ص۴۷۵.
۲. همان‌جا.

«راجع به این مفاخر ادبی ایران... به کلی بی‌اعتنا هستم. امروز نه با غزلیات عاشقانه، ولو جدیدترین غزلی که نمونهٔ آن به توسط خود من به ادبیات فارسی وارد شده باشد و نه با اشعار صوفیانه و نه با قصاید و حکایات اخلاقی می‌توانم خود را سرگرم بدارم و نه با شکل بیان و صنعت قدما.»[۱]

ضربهٔ مداوم به شکل بیان و صنعت قدما بخشی از گفتمان ادبی نیما در این دوره است. «شعرای ضعیف» معاصر خود را، آنان که به اضطراب تأثیر نرسیده‌اند به تمسخر می‌گیرد و محکوم می‌کند:

«اگر مثل شعرای زمان خودمان بودم چقدر از این منابع و ذخایر ادبی که قدما برای ما گذاشته‌اند حظ می‌بردم و مردم را به تقلید از آنها در کمال بی‌شرمی به کار می‌انداختم و مدعی می‌شدم که ادبیات فارسی را از زوال حفظ می‌کنم... امروز اگر یک نفر *حدیقهٔ* حکیم سنایی یا *خمسهٔ* حکیم نظامی گنجوی یا *قاموس* مجدالدین فیروزآبادی و یا *اخلاق ناصری* طوسی یا *مطول* سعدالدین تفتازانی یا *مروج‌الذهب* علی مسعودی و امثال آنها را بنویسد هیچ اهمیت ندارد. بلکه به حکم تکامل و وضعیات عیب و نقص خود را معرفی کرده است و در رأس قرن سی‌ام شهرت اشخاص تاریخی فوق را نخواهد داشت. زیرا که او پیش نمی‌رود. زمان پیش می‌رود. سعدی و حافظ هرکدام الآن زنده بودند، شروع می‌کردند به نوشتن چیزهای دیگر.»[۲]

از نظر او «شاعر ضعیف» با کوله‌بار سنگینش از معرفت و صنعت قدما، مقلدی محکوم به زوال است: «شما یقین بدانید نه اینکه این شاعر موفق نمی‌شود بلکه آنچه هم که او را به تقلید وادار کرده است از بین می‌رود.

۱. همان اثر ص۴۸۷.
۲. همان اثر، صص ۴۸۸-۴۹۰.

چه قدیم و چه جدید، این غزلیات عاشقانه و ناشی از جدایی از نسوان، این اشعار و حکایات اخلاقی، عنقریب همه به موتِ ادبی تسلیم می‌شوند.»[۱]

نیما اعتقاد دارد که شاعر «ادبیات تحولی» باید از فلسفه و علوم اجتماعی و اقتصادی زمان خود آگاه باشد و شعر را «وسیلهٔ ضعیف یا قوی اشاعهٔ احساسات و مقاصد اجتماعی معرفی»[۲] کند. شاید این نوشتهٔ نیما دربارهٔ «ادبیات تحولی» و وظیفهٔ شعر در«اشاعهٔ مقاصد اجتماعی» از اولین نوشته‌هایی باشد که فلسفهٔ «شعر نوی متعهد» را توصیف و تشریح می‌کند و این در حالی است که نیما خود در شعر اغلب فاصله‌ای قابل رؤیت را با تعهد سیاسی و حزبی حفظ می‌کند و به برادر متعهدش هم توضیح می‌دهد که شاعر نمی‌تواند خود را اسیر تعهدات سیاسی و «جمعیت» بکند. اما در تمایز بخشیدن به «شعر تحولی» و سبک خود در رویارویی و نقد شعر بزرگان نامدار گذشته نوعی تعهد به «جمعیت» را می‌پذیرد. در نامه‌ای به خواهرش می‌نویسد:

« بنابراین نویسنده چه مرد باشد چه زن، برحسب استعداد خود باید چیزی بنویسد که مردم را به زوال و عجز و شکست در مقابل یک عده مردم از جنس خود دعوت نکرده باشد.»[۳] (این جمله را در اصل نامه با رنگ قرمز از بقیه نامه متمایز کرده است).

در «بدخوانی» نیما از پدران شعری و شکل دادن به فلسفه و جهان‌بینی شعر خود و تمایز آن از سنت شعر کلاسیک ایران، نطفهٔ اندیشهٔ «شعر و ادبیات متعهد و مبارز» ایران شکل می‌گیرد. اندیشه‌ای که چند نسل از شاعران و نویسندگان بعد از نیما را تحت تأثیر خود قرار می‌دهد. با «درباری» خواندن شاعران قدیم و متهم کردن آنان به شعر سرودن برای

۱. همان اثر، ص۴۹۱.
۲. همان اثر، ص۴۹۳.
۳. همان اثر، ص۵۴۱.

صاحبان زر و زور و با خواستن هدف و «فایده» برای شعر معاصر، شعر او جایی تازه و منحصر به فرد را اشغال می‌کند:

«پس از آن باید دید که ادبیات هزار سالهٔ ایران، که همیشه آلت و عامل طبقات مضر و با نتیجه به نفع آنها بوده است... مرد متفکر که قصد شاعری و نویسندگی دارد و خود را مصلح اجتماعی اسم می‌گذارد، می‌داند که **وظیفهٔ سنگینی** را بر عهده گرفته است. برای او دو عمل متمایز در حد اعتبار است: معنی و ادای معنی. برای مقصود اول، لازم است تشخیص بدهد که با کدام طریقه فکر کند و با چه اصول؟ آنچه می‌نویسد **تابع چه اثری است؟** آیا **در آن اثر نقصی یافت می‌شود؟** تراوشات فکری او فایده‌ای را در عصری که او زندگی می‌کند دارا خواهد بود؟ آن فایده چه چیز است؟»[1]

نیما هم بر اضطراب تأثیر خود آگاه است و نیز «بدخوانی»، «تعبیر دلخواه و یافتن نقص» در شاعران تأثیرگذار گذشته را آگاهانه انجام می‌دهد. نیما بر یکی از تناقضات بزرگ جامعهٔ روشنفکری زمان خود با زیرکی انگشت می‌گذارد. جامعه‌ای که ترقی و پیشرفت اقتصادی و رسیدن به غرب در زمینهٔ علوم را هدف خود قرار داده اما تمام تلاش ادبی خود را وقف پرداختن به ادبیات سنتی و شاعران کلاسیک و آثار آنان کرده است. (در فصل «شام غریبان» به این باستان‌گرایی ادبی پرداخته‌ام). نیما به این جامعه گوشزد می‌کند که اگر در همهٔ این سطوح خواستار پایان یافتن عقب‌ماندگی و پیشرفت هستید چگونه می‌توانید در زمینهٔ شعر و ادبیات همچنان در گذشته زندگی کنید. او این تحول‌طلبان و دلباختگان تجدد را چنین توصیف می‌کند:

«غزل سازی‌ست که شور و عشق حافظ و سعدی شدن در سر اوست.

۱. همان اثر، ص۴۸۵ (تأکیدها از نویسنده است).

یا قصیده‌سازی‌ست که در خصوص تجدد ادبی در روزنامه‌ها اظهار رأی و سلیقه دارد. ولی اگر بگویند با کدام اصول جنایت را تحویل می‌دهد؟ و اگر بپرسند کدام قطعه شعر جدید را برای نمونه به زبان فارسی می‌دهید که به تجدد عمل کرده شده باشد و چه دلیلی را برای ثبوت آن دارید؟ البته غزلیات و قصاید وطنی می‌خواند. اگر اظهار بدارند در خصوص ادبیات جدید و کنونی دنیا شما معرفتی دارید یا ندارید؟ جواب می‌دهد که قدمای ما راجع به شعر و شاعری همه قسم معرفت را برای ما گذاشته‌اند. ما فقط باید موضوع را تهیه کنیم.»[1]

در برابر این دیدگاه سنتی، نیما دیدگاه متأثر از رومانتیسم رایج در غرب را مطرح می‌کند. (در فصل «سیمای ایرانی رومانتیسم» به آن پرداخته‌ام). می‌نویسد:

«بنابراین در این دوره که ترقی علوم اقتصادی و اجتماعی و **روشن شدن اسرار تاریخ حیات انسانی و حدت احساسات انسان نسبت به زندگی**، قسمتی از چیزهای متداوله را منقرض می‌دارد، برای اینکه قسمت دیگر تولد پیدا کند و افکار یک مغز متفکر برخلاف افکار قدما دارای اصول قطعی و منطبق با طریق تحقیق خاصی بوده باشد و احکام خود را جانشین قطعات سوزناک و تراژدی و نوول و رمان و علم و اخلاق و غیره قرار دهد لازم است چه چیز به جای این قبیل شعر و ادبیات پوسیده و بی‌ثمر کنونی طرف توجه واقع شود؟»[2]

و آن‌گاه خود بلافاصله به این سؤال جوابی انقلابی می‌دهد:

«فهم برای زندگی. جسارت و استقامت. باید زندگی کرد نه اینکه زندگی را فدای شعر ساخت.»[3]

---

۱. همان اثر، صص ۴۹۰-۴۹۱.
۲. همان اثر، صص ۴۹۱-۴۹۲.
۳. همان اثر ص ۴۹۲.

از دیدگاه شاعر انقلابی (تحول‌طلب) ما، شعر امروز «شعری تحولی» (انقلابی) است. نیازمند جسارت و استقامت و زندگی انقلابی شاعری است که شعر را «وسیلهٔ ضعیف یا قوی اشاعهٔ احساسات و مقاصد اجتماعی معرفی می‌دارد.»[۱] شعری که باید «فایدهٔ موقت و اهمیت همیشگی داشته باشد... و اهمیت شاعر را باید با مقدار فایده‌اش تخمین زد.»[۲]

اما از همان آغاز، شعر انقلابی و متعهد و نماینده‌اش با تناقضی درونی روبه‌روست. از یک‌سو به شاعران کلاسیک به خاطر درباری بودن، شعر برای صاحبان زر و زور و خواص دورهٔ خود سرودن حمله کرده است اما از سوی دیگر می‌داند که شعر تازه و معاصر او هم با وجودی که شاعرش خود را همراه و هم‌سنگر طبقات محروم می‌داند برای آن «جمعیت» قابل خواندن و یا قابل درک نیست. این تضاد درونی، شاعر انقلابی آغاز این دهه را به عصبانیت و پرخاش و خودتخریبی می‌کشد زیرا راه حل مناسبی برای رویارویی با این تضاد ندارد. می‌نویسد:

«ممکن است احساسات او به نحوی باشد که وقتی می‌بیند لزوم سرعت در عمل به او اجازهٔ شعر گفتن نمی‌دهد و باید به عمل بپردازد، قلمش را بشکند و دفترش را پاره کند. یا وقتی که با بصیرت صنعتی و علمی می‌فهمد که اساساً اشعار او با حفظ اساس زیبایی خود برای انجام مقاصد اجتماعی او اینقدرها مفید و رسا نیست، یعنی در دسترس مردمان بی‌سواد نمی‌تواند واقع شود به این نقصان معترف می‌شود. می‌گوید من از این راه بهتر می‌توانم منفعت برسانم. یا اظهار می‌دارد در قسمت ادبیات خود برای «جمعیت» چیزهای مطبوع را ترتیب می‌دهم. این هم حرفی‌ست، البته منظور او از «جمعیت» طبقاتی نیست که مردود ادبیات

۱. همان اثر، ص۴۹۳.
۲. همان‌جا.

تحولی‌ست.»[۱]

ما در نامه‌ها و نوشته‌های نیما تا پایان این دهه توضیح بیشتری دربارهٔ این «ادبیات تحولی» نمی‌یابیم. تعریف این «ادبیات تحولی» (انقلابی) و نیز تعریف طبقاتی که مردود آن هستند از این نوشته‌ها غایب است. شاعر انقلابی قلمش را نمی‌شکند و دفتر شعرش را پاره نمی‌کند. حتی از اینکه مطبوع «جمعیت» و یا قابل فهم برای اکثریت مردمان باشد ابا دارد. در طول این دهه و پس از بنیاد نهادن نظریه‌ای برای شعر خود نمونه‌های موفقی از این شعر را خلق می‌کند. این موفقیت، او را به‌سوی تعدیل نظریه‌های انقلابی آغازین دهه و نیز در تعدیل رویارویی با پدران شعری می‌برد. می‌نویسد:

«امروز شعر و فرق ندارد هنر، برای خواص است (در مرحلهٔ اعلای خود) این قسم هنر مشکل است. پیش از انس و عادت به طرز کار، برای عموم مردم و برای کسانی تنبل که نمی‌خواهند به خود زحمت فعالیت دماغی بدهند، فهم این قبیل اشعار مشکل است.»[۲]

و یا در جای دیگر می‌نویسد:

«همیشه شاعر درست و حسابی چیزی از زمان جلوتر است و مردم که به کارهای دیگر مشغولند در این خصوص چیزی از زمان عقب‌ترند. شاعر جلو می‌رود و مردم لنگان‌لنگان می‌آیند. به کمک هم درمی‌یابند و راه را پرسیده به سرمنزل او می‌آیند وقتی که او نیست و چند نسل گذشته است.»[۳]

عشق او در این دوره به هوگو و پوشکین و رومانتیست‌های اروپاست و خواندن آنها را توصیه می‌کند. او حالا صاحب نظریه و سبک است،

۱. همان اثر، ص ۴۹۴.
۲. *حرف‌های همسایه*، ص ۶ (آذر ۱۳۲۳).
۳. همان اثر، ص ۱۰ (بهمن ۱۳۲۳).

احساساتش در بارهٔ ادبیات هزار سالهٔ ایران، متناقض نیست بلکه برخاسته از اضطراب تأثیر است. شاعر متأخر هم عاشق قدماست و هم متنفر از آنان. رابطهٔ او با آنان «مهرآکین» و «وظیفهٔ سنگینش» بدخوانی (تعبیر به‌دلخواه) آنان است. او از آنها به‌وجود آمده و نیز باید از آنها بگذرد. به بیان خود نیما:

«... حرف‌هایی که می‌زنند- بی‌خود گفته‌اند: آنها قدیمی شده، اینها کهنه شده است. در این اشعار چیزی یافت نمی‌شود؛ هرکدام به‌جا و بی‌جاست. به‌جاست زیرا که با طبیعت او وفق نمی‌دهد و نابجا برای اینکه باید معتقد باشد که طبایع دیگر نیز هست و او از آنها به‌وجود آمده. هیچ بد و خوبی نیست که در ساختمان او دست نداشته است.»[1]

درک رسیدن نیما به اضطراب تأثیر از این قبیل نوشته‌های پایان این دهه حاصل می‌شود. از عبارت «هیچ بد و خوبی نیست که در ساختمان او دست نداشته است»، ما از خودآگاهی نیما آگاه می‌شویم. در اینکه او بر این «دست داشتن» قدما بر ساختمان خود آگاه است و نیز بر تلاشش برای ساختن طبیعتی که با این دست‌اندازی وفق نمی‌دهد. می‌نویسد:

«شما فرض کنید اگر دیوان فرخی و عنصری را می‌خوانید که سراسر لفظ است و از حیث صنعت نسبت به نظامی خیلی ابتدایی است، هرکدام از اینها زیبایی خود را دارا هستند و نمی‌شود انکار کرد. در صورتی‌که شما به این درک برسید، چه‌بسا که بهره می‌یابید و تغییر نظر چه بسا که ممکن است بزرگ‌تر راهی را بگشاید و در قدرت خالقهٔ شما تأثیر داشته باشد. من دیوان جمال‌الدین [عبدالرزاق اصفهانی] را زیاد می‌خوانم و خاقانی را دوست دارم و هیچ‌وقت نمی‌سنجم که به‌اندازهٔ حافظ مملو از معانی هست یا نه. همین‌طور اگر همهٔ *شاهنامه* را بخوانم، استاد نظامی

---

۱. همان اثر، ص۱۹.

را در نظر نمی‌آورم. و اگر تغزلات ساده مملو از عاشقی‌های عادی سعدی را می‌خوانم، فکر نمی‌کنم عشق حافظ چقدر شاعرانه است و او چگونه زمینهٔ نظامی‌ست که فهمیده می‌شود ولی به‌زبان نمی‌آید... بهای هر چیز علی‌حده است. هر چیز را باید در حد خود بتوانید بشناسید... از اینجاست که خواهید دید سرچشمه‌های ذوق بشری چقدر وسیع و متفاوت است و چه مملو از اسرار خود و چقدر بزرگترها مدیون کوچکترها هستند و این شخصیت‌های این‌قدری و سربلند با چه شخصیت‌های آن‌قدر گمنام و ناچیز سروکار دارند.»[۱]

نسبت این بزرگترها به کوچکترها، رابطهٔ نامرئی شخصیت‌های نامدار با شخصیت‌های گمنام، و «وسعت سرچشمه‌های ذوق بشری» همه بخشی از فرهنگ لغت اضطراب تأثیر در نیمای این دهه هست. او حالا در رسیدن به استقلال شعری اطمینان خاطر بیشتری دارد. اعتماد به اینکه موفق شده است از «پدران» از عفریت سیاهی که به قصد شکستن او دندان تیز کرده بود، ایمن باشد. هرچه که این فاصله، این ایمنی بیشتر شکل می‌گیرد نسبت به ارزش و زیبایی شعر گذشتگان نیز می‌تواند «انصاف» بیشتری به‌خرج دهد. به جای پنهان کردن «مهر» و بیان «کین»، حالا قادر است «مهری» که او را از ابتدا به راه شعر کشانده و مجذوب خود ساخته، مهری که آغازگر بدخوانی (تعبیر به دلخواه) او بوده است را در ویترین اعتراف در انظار عمومی قرار دهد. اما از همان لحظه که خود بر اریکهٔ قدرتی تکیه می‌زند و به یکی از «پدران» مبدل می‌شود نوع دیگری از اضطراب نیز شکل می‌گیرد و آن اضطراب از فرارسیدن «پسران» است. پسران شاعرانی که همان‌گونه که او از «پدران» عبور می‌کند، از «پیش روی او می‌پرند»، از او عبور و چون او پایان راه قدما را اعلام می‌کنند.

۱. همان‌جا.

پسرانی که «یکرنگ» و وفادار نیستند.

در انتظار لحظهٔ تلخی که او نیز به قدما می‌پیوندد، نطفهٔ این اضطراب در نیمای این دهه شکل می‌گیرد. او به اطرافش نگاه می‌کند اما شاعر قوی، شاعری مانند او که از نیما و شعر نیمایی عبور کند و شعر نیمایی را به گذشته بسپارد، از صحنه غایب است:

چشم در راه کسی مانند خود هستم و لیکن
می‌گریزد او در این وحشت بدل افزا همانا چون ز بسم‌الله غولی
بر سر من گرد خلوت طرح می‌بندد برای عنکبوتی
او نمی‌کوبد درم را همچو من.
من ز خانه می‌روم بیرون
سوی کوچه‌های تنگ و تیز
چشم من بر هرکجایی مانده خیره
زیر و رو می‌دارم این مشت بهم چسبیده جاها را
باز می‌گردم بسوی خانه
آه از این خاطر شوریدهٔ من
آن زمان که تکهٔ افیون خود را پاره می‌دارم
و بدین شیوه دلِ شوریده‌ام را چاره می‌دارم
زیر گوشم این صدا می‌آید از نزدیک
چشم در راه کسی مانند خود هستم
و همه این چیزها که گفته‌ام می‌گویدم در گوش
از من آنگه می‌گریزد
هر زمانی اینچنین با من
می‌ستیزد
بر من این روشن بمانده است

کان وجودی کم
در غم خود زار و افسرده نشانده است
در نهان با من در این ویرانه جا مأوا گزیده
من عبث می‌پایمش کاید ز در روزی.

و این عبث بودن انتظار، تسلی خاطر نیز هست. تا زمانی که شاعری مانند او تنها در وجود شوریدهٔ او مانده و در نهان او مأوا گزیده است و از او چون جن (غول) از بسم‌الله می‌گریزد آن تکه کوچک افیون علاج مؤثر دل شاعر باقی خواهد ماند. این نشان عجز نیست. علامت فتح است. شاعر بر «عفریت سیاه» پیروز شده است. خود و شعر خود را در سنگرش ثبت کرده است و حالا می‌تواند با آن گذشته مهربان باشد و چشم در راه کسی مانند خود. کسی که در این زمان جز خود شاعر نیست.

فصل سوم

مرغان نیما

«در *مرغ غم*، *غراب* و *ققنوس* خود شاعر را باید دید که در تنهایی مانده، فریاد می‌زند و بیهوده منقار می‌کوبد و یا خود را در آتش می‌سوزاند... اغلب پرندگان سمبلی از خود هنرمندند. *ققنوس* مرغ افسانه‌ای، نشانه‌ای از هنرمند است که غرورآمیز و حماسه‌سرا در آرزوی ابدیت، آثار خود را به آتش می‌کشد. *مرغ غم* صورت دیگری از خود اوست... در دنبالۀ این نومیدی است که نیما گوشه‌گیرتر و تنهاتر می‌شود و غراب یا جغد را نشانه خود می‌سازد... همین تنهایی و بی‌پناهی است که نیما را این همه متوجه مرغان ساخته و در آرزوی زندگی آزاد و بی‌در و بند آنهاست.»[۱]

«یک نفر نیما، همهٔ یک نفرهای تنهای گرفتار در موج‌های تند و تیره و سهمگین است، و *ققنوس*، همه سوزندگان و خاکستر شدگان و دوباره سر از خاک برکردگان، و مرغی که بر سر دیوار نشسته است تمام نومیدان این خراب‌آباد و جملگی ویرانه‌نشینان.»[۲]

مرغ آتش	(تیر ۱۳۱۵)
ققنوس	(بهمن ۱۳۱۶)
غراب	(مهر ۱۳۱۷)
مرغ غم	(آبان ۱۳۱۷)
مرغ مجسمه	(دی ۱۳۱۸)
خواب زمستانی	(۵ خرداد ۱۳۲۰)
جغدی پیر	(شهریور ۱۳۲۰)

۱. جلال آل‌احمد، *نیما یوشیج به روایت جلال آل‌احمد*، صص ۵۹، ۶۴، ۶۶.
۲. رضا براهنی، *طلا در مس*، ص ۲۵۱.

مرغ آتش

در جهان که هر زمان چیزی است از چیزی سوا
با وجود این جدایی نیست بین چیزها
نیست یک نقطه که تیره دائماً ماند به‌جا

❋❋❋

زیر این چهر عبوس شب که زشت و تیره است
و نگاه او کسالت‌بخش و سرد و خیره است
روشنی‌های طرب بر تیرگی‌ها چیره است

❋❋❋

هر چه سرد از اصطکاکش آتش‌افروز است درد
در کمین این جهان خسته، این دنیای سرد
می‌درخشد چشم مرغ آتش از طوفان گرد

❋❋❋

او زبانی ز آتش اول می‌نماید در نظر
از ره منقارهای خود می‌افشاند شرر
بر ره این باد هرزه گرد یابیده مقر

❋❋❋

بال‌های آتشینش در تن آتش فرو
حاصل رنج و شکست فکرهای زیر و رو
می‌پرد. پر می‌گشاید آن جهان آرزو

❋❋❋

آن زمانی که پلیدی روی ره بگشاده دام
پیش این قایق شکسته ایستادستیم خام
وز میان ما نمی‌خواهد کس از کس برد نام

❋❋❋

آن زمان که شب به‌خود آهنگ خونین بسته است
هیبت دریای تیره هر چه را بشکسته است
فکر این مشت گره خورده جهان را خسته است

***

می‌دهد ما را تسلی آن چراغ حبس‌گاه
که زبان آرزوی ماست، می‌بندد نگاه
بر رخ ما هر چه روشن می‌شود، پیداست راه

***

شد چو هر منقارْش وا، ما را بشارت می‌دهد
یقهٔ شب می‌دراند، ژنده‌اش را می‌کند
نقطه‌هایی را در این ظلمات آتش می‌زند

***

پس بدان لحنی که دارد اندر افکنده طنین
می‌شود نزدیک با جسم جهان آتشین
چشم سرخش بازگشته، خوب می‌پاید زمین

***

و بر این سطحی که می‌جنبد نظر می‌افکند
در غبار تیره که هر چیز سرخی می‌زند
با سر منقار خونین چیزهایی می‌کند

***

چه کسی اما چه قوا، چه دستی از راه نهان
می‌تواند کند او را از بر جسم جهان
وقتی آن نوبت درآید کو خورد از جا تکان

***

مرغ آتش زادهٔ تشویش‌های قرن‌ها
که سمندر گفته‌اندش از تعب گشته سوا
آتش افروزانده از دل در تعب پس کرده جا

***

همه می‌خواند خطوط درهم پیچیده را
در اساس بی‌اساسی این طلسم چیده را
خشک می‌خواهد کند مرداب دل گندیده را

***

با درازی بال خود کارام می‌یابد سقوط
خط از آتش می‌کشد بر روی این صفحه خطوط
جای آب سرد آتش می‌گذارد در شطوط

***

می‌دهد با پیچ خود پیچ شطوط گرم را
می‌کُشد دو چیز را: اخلاق را و شرم را
رشتهٔ تزویرها را. یک زبان نرم را

***

و به دو چیز احترام بیش از اندازه نهد
دست زبری، ژنده‌پوشی که تقلا می‌کند
و میان کوچه‌های تیره تنها می‌رود

***

اوست شاغول غضب بر روی دیوار تعب
همه چیز او را سبب، او نیز هر چی را سبب
بال می‌کوبد به روی سینهٔ تاریک شب

***

می‌شکافد تیرگی‌هایی که می‌بندد سحر
هیکل مردارخواری می‌شود از جا به‌در
و ز دیواری می‌افتد واژگون یک جانور

❋❋❋

آن نمایندهٔ جنون کز جان خود می‌بگذرد
در خلال آتش سوزندهٔ خود می‌پرد
آتش او را می‌خورد، او نیز آتش می‌خورد

❋❋❋

آرزوی کهنهٔ دنیاست نز دنیا برون
می‌نمایاند به چشم خلق دنیای جنون
بال او همروی آتش، چشم او همرنگ خون

❋❋❋

او می‌آید روی بام خانهٔ دهقان پیر
شب که خوابیده‌اند مردم، می‌زند محکم صفیر
وز اجاق خامش او باز می‌آید به زیر

❋❋❋

جای می‌گیرد میان سقف‌ها در چوب‌بست
همچو فکری دلربا که ندهد آن را کس ز دست
که نمی‌دارند باور از برای او شکست

❋❋❋

بال‌هایش بسته بگسسته است بالای خطر
یک کنایه از مکافات است. همدرد بشر
که نسوزد آتشش. در آتشش باشد مفرّ

و نخواهد خاست از هر آتشی، یعنی که درد
آتشی دارد که در آن آتشش این مرغ فرد
زندگی دارد در این دنیای تیره، جسم سرد

❋❋❋

مرغ دهقان است. زیر مزرعه خوابیده است
در اطاق بی‌چراغ او بیارامیده است
آفتاب اوست. توی روی او خندیده است

❋❋❋

هیچ‌کس باور نخواهد کرد مرغ آتشین
می‌کند دهقانش باور، او ز آن جای کمین
می‌پرد. پر می‌گشاید، غائب از چشم زمین

❋❋❋

با هیجانی که دارد، گِرد خود پر می‌زند
در میان آتش خود پیله بر تن می‌تند
می‌رسد، یعنی زمان دیگری هم می‌رسد

❋❋❋

می‌رسد مرغ طلایی، مرغ آتش که از او
زنده گردد هر کجا مرده است مشتی آرزو
خواهد این دنیای کهنه گشت از او زیر و رو.

دربند، تیر ۱۳۱۵

ققنوس

ققنوس، مرغ خوشخوان، آوازهٔ جهان،
آواره مانده از وزشِ بادهای سرد،

بر شاخ خیزران،
بنشسته است فرد.
بر گرد او به هر سر شاخی پرندگان.
او ناله‌های گمشده ترکیب می‌کند
از رشته‌های پارهٔ صدها صدای دور
در ابرهای مثل خطی تیره روی کوه
دیوار یک بنای خیالی
می‌سازد.
از آن زمان که زردی خورشید روی موج
کمرنگ مانده است و به ساحل گرفته اوج
بانگ شغال، و مرد دهاتی
کرده‌ست روشن آتش پنهان خانه را.
قرمز به چشم، شعلهٔ خردی
خط می‌کشد به زیر دو چشم درشت شب
وندر نقاط دور،
خلقند در عبور.
او، آن نوای نادره، پنهان چنانکه هست
از آن مکان که جای گزیده‌ست می‌پرد.
در بین چیزها که گره خورده می‌شود
با روشنی و تیرگی این شب دراز
می‌گذرد
یک شعله را به پیش
می‌نگرد.

جایی که نه گیاه در آنجاست، نه دمی
ترکیده آفتاب سمج روی سنگ‌هاش،
نه این زمین و زندگی‌اش چیز دلکش است
حس می‌کند که آرزوی مرغ‌ها چو او
تیره‌ست همچو دود. اگر چند امیدشان
چون خرمنی ز آتش
در چشم می‌نماید و صبح سفیدشان
حس می‌کند که زندگی او چنان
مرغان دیگر ار بسر آید
در خواب و خورد او،
رنجی بود کز آن نتوانند برد نام.

آن مرغ نغزخوان،
در آن مکان ز آتش تجلیل یافته
اکنون، به یک جهنم تبدیل یافته
بسته‌ست دم‌به‌دم نظر و می‌دهد تکان
چشمان تیزبین.
و ز روی تپه
ناگاه، چون به‌جای پر و بال می‌زند
بانگی برآرد از ته دل سوزناک و تلخ،
که معنیش نداند هر مرغ رهگذر،
آنگه ز رنج‌های درونیش مست
خود را به روی هیبت آتش می‌افکند.

باد شدید می‌دمد و سوخته‌ست مرغ،
خاکستر تنش را اندوخته‌ست مرغ،
پس جوجه‌هاش از دل خاکسترش به‌در.

بهمن ۱۳۱۳

غراب

وقت غروب کز بر کهسار، آفتاب
با رنگهای زرد غمش هست در حجاب،
تنها نشسته بر سر ساحل یکی غراب،
و ز دور آبها
همرنگ آسمان شده‌اند و یکی بلوط
زرد از خزان،
کرده‌ست روی پارچه سنگی به سر سقوط.

***

زان نقطه‌های دور
پیداست نقطهٔ سیَهی،
این آدمی بود به رهی،
جویای گوشه‌ای که ز چشم کسان نهان،
با آن کند دمی غم پنهان دل بیان.

***

وقتی که یافت جای نهانی ز روی میل
چشم غراب خیره از امواج مثل سیل
بر سوی اوست دوخته بی‌هیچ اضطراب
کز آن گذرگهان

چه چیز می‌رسد، فرحی هست یا عذاب؟
یک چیز مثل هر چه که دیده‌ست دیده است.
خطی به چشم اوست که در ره کشیده است.
بنیادهای سوخته از دور
ابری به روی ساحل مهجور.

☙☙☙

هر دو به‌هم نگاه در این لحظه می‌کنند
سر سوی هم ز ناحیهٔ دور می‌کشند
این شکل یک غراب و سیاهی
و آن آدمی، هر آنچه که خواهی،
چون مایهٔ غم است به چشمش غراب و زشت
عنوان او حکایت غم، رهزن بهشت.
بنشسته است تا که به غم، غم فزاید او
بر آستان غم به خیالی در آید او.
در، از غمی به روی خلایق گشاید او.
ویران کند سراچهٔ آن فکرها که هست.
فریاد می‌زند به لب از دور، ای غراب!
لیکن غراب
فارغ ز خشک و تر
بسته بر او نظر
بنشسته سرد و بی‌حرکت چنان به‌جای
و آن موج‌ها عبوس می‌آیند و می‌روند.
چیزی نهفته است.
یک چیز می‌جوند.

مهر ۱۳۱۷

مرغ غم

روی این دیوار غم، چون دود رفته بر زبر
دائماً بنشسته مرغی، پهن کرده بال و پر
که سرش می‌جنبد از بس فکر غم دارد به سر.

پنجه‌هایش سوخته
زیر خاکستر فرو
خنده‌ها آموخته،
لیک غم بنیاد او.

هرکجا شاخی‌ست بر جا مانده بی برگ و نوا
دارد این مرغ کدر بر رهگذار آن صدا
در هوای تیرهٔ وقت سحر سنگین به جا.

او نوای هر غمش برده از این دنیا به‌در
از دلی غمگین در این ویرانه می‌گیرد خبر
گه نمی‌جنباند از رنجی که دارد بال و پر.

هیچ‌کس او را نمی‌بیند، نمی‌داند که چیست
بر سر دیوار این ویرانه جا فریاد کیست
و به‌جز او هم در این ره مرغ دیگر راست زیست.

می‌کشد این هیکل غم از غمی هر لحظه آه
می‌کند در تیرگی‌های نگاه من نگاه

او مرا در این هوای تیره می‌جوید به راه.

آه سوزان می‌کشم هر دم در این ویرانه من
گوشه بگرفته منم، در بند خود، بی‌دانه من
شمع چه؟ پروانه چه؟ هر شمع، هر پروانه من.

من به پیچاپیچ این لوس و سمج دیوارها
بر سر خطی سیه چون شب نهاده دست و پا
دست و پایی می‌زنم چون نیمه جانان بی‌صدا.

پس بر این دیوار غم، هر جاش بفشرده به هم
می‌کشم تصویرهای زیر و بالاهای غم
می‌کُشد هر دم غمم، من نیز غم را می‌کشم.

تا کسی ما را نبیند،
تیرگیهای شبی را
که به دلها می‌نشیند،
می‌کنم از رنگ خود وا.

ز انتظار صبح با هم حرف‌هایی می‌زنیم
با غباری زردگونه پیله بر تن می‌تنیم
من به دست، او با نوک خود، چیزهایی می‌کنیم.

آبان ۱۳۱۷

مرغ مجسمه

مرغی نهفته بر سر بام سرای ما
مرغی دگر نشسته به شاخ درخت کاج
می‌خواند این، به شورش، گویی برای ما
خاموشی‌ای‌ست آن یک، دودی به روی عاج

نه چشم‌ها گشاده از او بال از او نه وا
سر تا به پای خشکی با جای و بی‌تکان
منقارهایش آتش، پرهای او طلا
شکل از مجسمه به نظر می‌نماید آن

وین مرغ دیگر، آن که همه کارش خواندن است.
از پای تا به سر همه می‌لرزد او به تن
نه رغبتش به سایهٔ آن کاج ماندن است
نه طاقتش به رستن از آن جای دلشکن

لیکن بر آن دو چون بری آرامتر نگاه
خواننده مرده‌ایست، نه چیز دگر جز این
مرغی که می‌نماید خشکی به جایگاه
سرزنده‌ایست با کشش زندگی قرین.

مرغی نهفته بر سر بام سرای ما
مبهم حکایت عجبی ساز می‌دهد
از ما برسته‌ایست، ولی در هوای ما

بر ما در این حکایت، آواز می‌دهد.

دی ۱۳۱۸

خواب زمستانی

سر شکسته‌وار در بالش کشیده
نه هوایی یاریش داده
آفتابی نه دمی با بوسهٔ گرمش به سوی او دویده
تیزپروازی به سنگین‌خوابِ روزانش زمستانی
خواب می‌بیند جهان زندگانی را،
در جهانی بین مرگ و زندگانی.

همچنان با شربت نوشش
زندگی در زهرهای ناگوارایش
خواب می‌بیند فرو بسته است زرین بال و پرهایش
از بر او شورها برپاست
می‌پرند از پیش روی او
دل به دو جایانِ ناهمرنگ
و آفرین خلق بر آنهاست.
خواب می‌بیند (چه خواب دلگزای او را)
که به نوک آلوده مرغی زشت
جوشِ آن دارد که برگیرد ز جای او را
و اوست مانده با تنِ لخت و پرِ مفلوک و پایِ سرد.

پوست می‌خواهد بدرّاند به تن بی‌تاب

خاطر او تیرگی می‌گیرد از این خواب
در غبارانگیزی از این‌گونه با ایّام
چه بسا جاندار کاو ناکام
چه بسا هوش و لیاقتها نهان مانده
رفته با بسیارها روی نشان، بسیارها چه بی‌نشان مانده
آتشی را روی پوشیده به خاکستر
چه بسا خاکستر او را گشته بستر.

هیچ‌کس پایان این روزان نمی‌داند
بُرد پروازِ کدامین بال تا سوی کجا باشد.
کس نمی‌بیند.
ناگهان هولی برانگیزد
نابجایی گرم برخیزد
هوشمندی سرد بنشیند.

لیک با طبع خموش اوست
چشم باش زندگانی‌ها
سردی آرای درونِ گرمِ او با بالهایش ناروان رمزیست
از زمانهای روانی‌ها،
سرگرانی نیستش با خواب سنگین زمستانی
از پس سردی روزان زمستان است روزان بهارانی.

او جهان‌بینی‌ست نیروی جهان با او
زیر مینای دو چشم بی‌فروغ و سرد او، تو سرد منگر

رهگذار! ای رهگذار
دلگشا آینده روزی است پیدا بی‌گمان با او.

او شعاع گرم از دستی به دستی کرده بر پیشانی روز و شب دلسرد می‌بندد
مرده را ماند. به خواب خود فرورفته است اما
بر رخ بیداروار این گروه خفته می‌خندد.
زندگی از او نَشُسته دست
زنده است او، زندهٔ بیدار.
گر کسی او را بجوید، گر نجوید کس،
ور چه با او نه رگی هشیار.

سر شکسته‌وار در بالش کشیده
نه هوایی یاریش داده،
آفتابی نه دمی با خنده‌اش دلگرم سوی او رسیده
تیزپروازی به سنگین‌خوابِ روزانش زمستانی
خواب می‌بیند جهان زندگانی را
در جهانی بین مرگ و زندگانی.

۵ خرداد ۱۳۲۰

جغدی پیر

هیس! مبادا سخنی! جوی آرام
از برِ دره بغلتید و برفت
آفتاب از نگهش سرد به خاک
پرشی کرد و برنجید و برفت.

در همه جنگل مغموم دگر
نیست زیبا صنمان را خبری.
دلربایی ز پی استهزا
خنده‌ای کرد و پس آنگه گذری.

این زمان بالش در خونش فرو
جغد بر سنگ نشسته است خموش.
هیس! مبادا سخنی، جغدی پیر
پای در قیر به ره دارد گوش.

جنگل کلارزمی شهریور ۱۳۲۰

فصل چهارم

مرغان خاکسترنشین

من پرندهٔ عجیبی هستم که در شهرها به صدای اول، همه دور من جمع شده و کم‌کم وقتی که نمی‌توانند مرا و اسرار مرا بشناسند از من دور می‌شوند.

«نیما»

آتشی را روی پوشیده به خاکستر
چه بسا خاکستر او را گشته بستر

«نیما»

سعدی تو مرغ زیرکی، خوبت به دام آورده‌ام
مشکل به دست آرد کسی، مانند تو شهباز را

«سعدی»

۱. «او زبان همهٔ مرغان را می‌داند»

تصویر پرندگان درشعر نیما را از دههٔ اول شاعری او و در شعر «قو» می‌توان یافت:

صبح چون روی می‌گشاید مهر
روی دریای سرکش و خاموش،
می‌کشد موج‌های نیلی چهر
جُبّه‌ای از طلای ناب به دوش.

صبحگه، سرد و تَر، در آن دم‌ها
که ز دریا نسیم راست گذر
گل مریم، به زیر شبنم‌ها
شستشو می‌دهد بر و پیکر.

صبحگه، کانزوای وقت و مکان
دلربـاینده است و شوق‌افزاست
بر کنار جزیره‌های نهان
قامت باوقار قو پیداست

از همان آغاز شعر، عناصری می‌بینیم که از شعر نیمای دههٔ بعد اغلب غایب هستند. سخن از صبح و روشنی است و موج‌های طلایی.

صبحی که دلربا و شوق‌انگیز است. شعرهای دههٔ بعد در مقایسه با این شعر، همه شعرهای شب و سیاهی است و پرندگانش غمگین، انتحاری و خاکسترنشین. «قو» اما در دل صبح و بر امواجی طلایی با وقار از زیبایی و روشنی لذت می‌برد. چون اغلب پرندگان شعر نیما در دههٔ بعد (۱۳۱۱-۱۳۲۱)، قو، همان شاعر است. نیمای شاعر اما نگاهش به شب و تاریکی نیست و آفتاب را کمرنگ و بی‌رمق نمی‌بیند. به دیگران و حضورشان، به تأیید و تشویقشان نیز نیازی ندارد.

نظر انداخته سوی خورشید،
نظری سوی رنگ‌های رقیق،
با تکانی به بال‌های سفید
بجهیده‌ست روی آبِ عمیق.

بر خلافِ تصورِ همه، او
شاد و خرم به دیدن آب است
گر کسی هست یا نه، ناظر قو
قو در آغوش موج‌ها خواب است.

تاریخ این بی‌نیازی و غرق بودن در موج و نور نیز در فروردین ۱۳۰۵ است. این بی‌نیازی از حضور دیگری و خوشبختی نورانی تا سال ۱۳۰۹ و شعر پرندهٔ منزوی علی‌رغم اظهار علاقه‌های مکرر شاعر به انزوا و گوشه‌گیری، از شعر او ناپدید شده است:

به آن پرنده که می‌خواند غایب از انظار
عتاب کرد شریری فسادجوی به باغ:
چه سود لحنِ خوش و عیب انزوا که به خلق

پدید نیست تو را آشیان، چو چشم چراغ؟
بگفت: از غَرَض این را تو عیب می‌دانی
که بهر حبسِ من افتاده در درونِ تو داغ.
اگر که عیب من این است کز تو من دورم
برو بجوی ز نزدیک‌های خویش سراغ.

شهیرتر زِ من آن مرغِ تنبلِ خانه
بلندتر ز همه آشیانِ جنسِ کلاغ!

گذشته از تأثیر آشکار شعر پروین اعتصامی اینجا، مقایسهٔ *پرندهٔ منزوی* با *قو* تعبیری مهم در روحیه و نگاه شاعر را به ما یادآوری می‌کند. شاعر، این پرندهٔ خوشخوان منزوی، به جای خواب در آغوش موج‌ها و بی‌نیازی از تماشاچی، حالا در «حبس» به اختیار گزیده و «غایب از انظار» تلخ است و طعنه‌زن. به «شریر فسادجوی» تذکر می‌دهد که با کشف نکردن او، خود را به «مرغ تنبل خانه و کلاغان» دل خوش کرده است. شاعر سال‌هایی دشوار و تلخ را با دوره‌ای از سکوت نسبی طی می‌کند تا سال ۱۳۱۶ که سال شعر کلیدی این دهه یعنی *ققنوس* است:

ققنوس، مرغ خوشخوان، آوازهٔ جهان
آواره مانده از وزش بادهای سرد
بر شاخ خیزران،
بنشسته است فرد.
برگرد او به هر سر شاخی پرندگان.

در ققنوس عطار می‌خوانیم:

هست ققنس طرفه مرغی دلستان
موضع این مرغ در هندوستان
سخت منقاری عجب دارد دراز
همچو نی در وی بسی سوراخ باز
قرب صد سوراخ در منقار اوست
نیست جفتش، طاق بودن کار اوست
هست در هر ثقبه[۱] آوازی دگر
زیر هر آواز او رازی دگر

ققنوس نیما نیز خوشخوان (آوازخوان) و بدون جفت است: بنشسته است فرد. (طاق بودن کار اوست) ققنوس نیما اما با ققنوس اساطیری عطار تفاوتی مهم دارد: آواره مانده است. این آوارگی و شکایت از «وزش بادهای سرد» تفاوتی مهم است که از زندگی و تحولات درونی شاعر آن سرچشمه می‌گیرد.

شاعر جوان دهۀ پیشین از زندگی‌اش در تهران ناراضی بود و نیز از کارش در وزارت مالیه دست کشید.[۲] احساس می‌کرد زندگی برای او دام‌هایی تعبیه کرده است تا روح وحشی و والای او را اسیر کند. در نامه‌ای در تاریخ ۱۳۰۳ به پدرش نوشت:

«مرغ وحشی و صیاد شناسی که پرواز می‌کند، پسر شماست.»[۳]

تا سال ۱۳۰۷ کم‌کم آثار سرگردانی و تردید در انتخاب‌هایی که در زندگی کرده در نوشته‌هایش آشکار می‌شود:

«گاهگاهی یک دسته کلاغ سرگردان در حوالی مرداب‌ها به پرواز در آمده با لکه‌هایی که از دور در حوالی جنگل سیاهی می‌زنند خود را مشتبه

۱. ثقبه: سوراخ کوچک، منفذ.
۲. نگاه کنید به *افسانه و نیمای جوان*، صص ۳۰- ۳۲.
۳. *نامه‌ها*، ص۱۱۹.

می‌سازند. من نیز حس می‌کنم در کردار و گفتار خود اشتباه کرده‌ام.»[1]

در این سال همراه عالیه خانم به بارفروش (بابُل) می‌رود. سفرنامهٔ بارفروش و نیز یادهایی که بعدها نیما از اقامت یک ساله‌اش در آنجا می‌کند حکایت از دورانی خوش ولی کوتاه دارد: «اطراف بارفروش و اصلاً زندگی یک ساله من در آن شهر به من خاطرات بسیار دلکشی داده است که هر چه زمان پیش می‌رود دلکش‌تر می‌شوند و به این جهت حسرت‌انگیزتر.»[2] به دنبال آن اقامت «دلکش» یک ماه سرگردانی و بعد زندگی در رشت است: «بعد از یک ماه سرگردانی حالیه در رشت زندگی می‌کنم. زنم مدیرهٔ دارالمعلمات است. عالی‌ترین مدرسه این شهر و شخصاً خودم بیکار.»[3]

از زندگی در رشت رنج می‌برد. با آنکه شاعر اغلب دربارهٔ فواید انزوا و عدم معاشرت با مردم به بقیه نصیحت می‌کند، در رشت، تنهایی برایش آزاردهنده و نامطبوع است: «اینک من در رشت خیلی منزوی و محروم زندگی می‌کنم. هیچ‌کس در اتاق مرا باز نمی‌کند.»[4] چنین است که وقتی زنش حکم انتقال به لاهیجان دریافت می‌کند او از این تغییر محیط استقبال می‌کند: «حُسنِ پیش آمد و یک حکم از مرکز رسیده است که به لاهیجان برویم. تا رشت شش فرسخ است ولی خیلی با صفاست. ارزاق هم در آنجا ارزان است.»[5] با این همه تا آخر این سال، فروردین ۱۳۰۹، آماده است که از سر اجبار به همان شهر «مخوفی» بازگردد که بارها در نوشته‌هایش احساس تنفر و انزجار خود را نسبت به آن ابراز کرده است: «از اول تابستان اگر چه تهران را دوست ندارم، برای انتشار کارهای

---

۱. همان اثر، ص۲۶۷.
۲. همان اثر، ص۳۵۳.
۳. همان اثر، ص۳۴۸.
۴. همان اثر، ص۳۵۸.
۵. همان اثر، ص۳۶۰.

خودم و برای امرار معاش مجبورم که به تهران بروم.»[1] باز پس از مدت بسیار کوتاهی در همین سال، تابستان ۱۳۰۹، او و همسرش راهی آستارا می‌شوند. عالیه خانم به مدیریت «مدرسهٔ نسوان» آستارا منصوب می‌شود و نیما نیز توفیق می‌یابد خود را از وزارت مالیه به وزارت معارف منتقل کند؛ حکم آغاز کار به او می‌گوید:

«آقای میرزا علی‌خان یوشیج معروف به نیما خان، وزارت معارف و اوقاف شما را از تاریخ نوزدهم مهر ماه ۱۳۰۹ که وزارت مالیه با انتقال شما موافقت نموده و با ماهی چهل و هشت تومان حقوق که سی و هفت تومان آن بابت حقوق رتبه و نه تومان بقیه به عنوان حق‌التدریس است به سمت معلمی ادبیات فارسی و عربی مدرسهٔ متوسطهٔ حکیم نظامی آستارا منصوب می‌نماید.»[2] اینجا «وزش بادهای سرد» شدت می‌گیرد؛ هنوز یک ماه و نیم از اقامت نیما در آستارا و تدریس او در مدرسهٔ حکیم نظامی نگذشته که جمعی از معلمان مدرسهٔ حکیم نظامی و مدیر آن از او شاکی می‌شوند:

«امضا کنندگان ذیل تقاضا می‌نمایند که امروز به واسطهٔ پیش آمدی که منجر به توهین به عموم معلمین شده است جلسهٔ فوق‌العادهٔ معلمین تشکیل می‌شود.»[3]

کار مقابلهٔ بین فتح‌الله حکیمی، مدیر مدرسه و نیما به دعوا و کتک‌کاری و در نهایت بیرون کردن نیما از مدرسه می‌انجامد. با حمایت معلمان از مدیر مدرسه و دانش‌آموزان از نیما و ارسال شکایات هر دو طرف به مقامات بالاتر، رئیس معارف اردبیل برای تفتیش واقعه به آستارا می‌آید و در نهایت نیما و عالیه خانم در فروردین سال ۱۳۱۲ به تهران می‌روند.

---

۱. همان اثر، ص۴۰۲.
۲. هادی راشد، *بازخوانی اسناد زندگی نیما یوشیج در آستارا*، تهران، انتشارات بزرگمهر، ۱۳۷۹، ص۱۳.
۳. همان اثر، ص۱۶.

از نوشته‌های نیما پیداست که زندگی در آستارا برای او بسیار ناگوار بوده است و گذشته از جدال‌های محیط کار و فضای آکنده از تنش و دشمنی که همکارانش برای او فراهم کرده بودند، از تمامی مردم و شهر ناراضی است. دربارهٔ مردم آستارا در سال ۱۳۰۹ می‌نویسد:

«معهذا باید گفت که ترکند. آن تلخی و دیرانتقالی را ضمیمهٔ بعضی تعصب‌های عجیب، که مثل میراث پدران حفظ کرده‌اند، کم و بیش دارا هستند.»[۱]

و دربارهٔ زندگی خودش در میان مردم می‌نویسد:

«آستارا برای من همان حال را دارد که یک مریضخانه برای سربازی مجروح که از صحنهٔ جنگ برگشته و او را در آن مریضخانه پناه داده‌اند.»[۲]

سرباز مجروح یک سال بعد به برادرش می‌نویسد: «الان من دلتنگی ندارم جز اینکه گاهی فکر می‌کنم که یک زمستان دیگر را هم در این گوشهٔ سرحد بگذرانم که همه‌شان ترک زبانند. این بی‌همزبانی نزدیک است مرا خفه کند.»[۳] و باز در همین سال به دوستی می‌نویسد:

«من در آستارا از همه چیز دست کشیده آن مقدار وقتی که بعد از تدریس برای من باقی می‌ماند به مصرف تحریر می‌رسانم. این است که مثل یک آدم تارک دنیا فراموشکار شده‌ام.»[۴]

زندگی خود در آستارا را مانند زندگی جغد می‌بیند:

«از من خواسته بودید که از حالات خودم برای شما بنویسم که چطور هستم. آن آدمی که شبیه جغد شده است.»[۵] این جغد بودن خود را در نامهٔ دیگری مفصل توضیح می‌دهد:

---

۱. نامه‌ها، ص۴۱۶.
۲. همان اثر، صص ۴۱۷-۴۱۸.
۳. همان اثر، ص۴۳۳.
۴. همان اثر، ص۴۳۶.
۵. همان اثر، ص۴۵۲.

«در آستارا تقریباً با هیچ‌کس معاشرت ندارم. به علاوه، نظر به موقعیت سرحدی که با اندک معاشرت و بهانه، انسان متهم می‌شود. در حقیقت آستارا یک قصبهٔ کوچک است که به‌واسطهٔ بیکاری، مردم را خبرچین بار آورده است. با سقوط اهمیت تجاری خود، از تاریخ تأسیس راه جلفا، این بندر، آنها بی‌بضاعت و به این واسطه قدری تنگ‌چشم‌اند. ... در این جور جاها در حقیقت باید نائب جناب جغد بود. برای همین است که امسال دور از دریا و در انتهای یک خرابهٔ طولانی منزل گرفته‌ام. ... در این ویرانه خواب روز موفقیت را می‌بینم. اوضاع را از دور با چشم خون گرفتهٔ انتقام نگاه می‌کنم. کدام پرنده است که بپرد و من کینهٔ آن پرنده را در دل نداشته باشم عیناً مثل جغد.»[۱]

به دنبال شکایت اداری کارش به تبریز می‌آید ولی هیچ‌یک از برنامه‌هایی که در نظر دارد با موفقیت اجرا نمی‌شود. از تبریز به دوستی می‌نویسد:

«می‌دانید که من برای مبارزه در خصوص کاری به تبریز آمدم ولی در این ساعت آن نقشه که کشیده بودم بهم خورده است ... این است که حقیقتاً مثل مرغ تیر خورده به محلهٔ «قاری کورپوسی» پناه آورده‌ام. از هیچ راه اسباب ذوق و شوق مهیا نیست.»[۲]

آن‌قدر سرخورده و افسرده و ناامید است که «یوش» آن وطن زیبا نیز برایش دیگر جاذبه و درخشندگی ندارد: «یوش و آستارا برای من فرقی ندارند. برای عاطل گذراندن انسان هر دو کلمه دارای مفهوم متساوی‌اند.»[۳] تلخی و سنگینی بار جملهٔ «یوش و آستارا برای من فرقی ندارند» را وقتی کاملاً درک می‌کنیم که عمق دلبستگی نیما را به زادگاهش و نوستالژیای

۱. همان اثر، صص ۵۲۲-۵۲۳ .
۲. همان اثر، ص۵۱۳.
۳. همان اثر، ص۴۹۹-۵۰۰ .

او را نسبت به دورانی که در یوش سپری کرده به‌خاطر بیاوریم. آوارگی «مرغ تیر خورده» را دوباره به تهران می‌کشد.

در نامه‌ای که به دوستش ارژنگی در اردیبهشت ۱۳۱۲، نزدیک به چهار سال قبل از سرودن *ققنوس*، می‌نویسد احوال خود را چنین توصیف می‌کند:

«قول داده بودم که آدرس خود را از تهران یا اردبیل بنویسم. پیش از اینکه به قولم وفا کنم به‌جای اردبیل می‌بینید که محلهٔ تهران در صدر کاغذ جا گرفته است. ولی این مسافرت برای من خالی از رنج و زحمت تمام نشد. مقدمه تا رشت ۸ روز در میان گِل و برف و توفان و باتلاق و بیراهه‌های جنگل و از روی رودخانه‌های خطرناک ساحل و پل‌های شکسته می‌بایست رد شوم. به‌اندازهٔ کافی عبوست و هولناکی‌های طبیعت را به همراهی دو نفر همراه سگ خودم تماشا کردم...»[1]

آوارگی حتی «طبیعت» را نیز در نظر نیما «عبوس و هولناک» کرده است. با آمدن به تهران نیز آینده‌اش روشن نیست: «باید تکلیف من معین شود که در تهران ماندنی خواهم بود یا به شهرهای دیگر خواهم رفت...»[2] و نیز حالا در تهران با بیماری مزمنی دست به گریبان است: «از روزی که به تهران آمده‌ام تب می‌کنم. نمی‌دانم نوبه است یا مالاریا. چون پول فراوان ندارم که به اطبای حریص و ظالم بدهم خودم به معالجهٔ جسمم پرداخته‌ام.»[3]

اعتراض و دوندگی‌های او برای کارش بی‌نتیجه می‌ماند و دوباره فقر و بیکاری و گذران زندگی با حقوق و کار عالیه خانم برای او باقی می‌ماند: «بار همهٔ این دلتنگی‌ها را متحمل شدم ولی متأسفانه هر چه دوندگی

۱. همان اثر، ص۵۳۳.
۲. همان اثر، ص۵۳۵.
۳. همان اثر، ص۵۳۷.

کردم، چون دوندگی من از راه رسمی و بدون واسطه بود مورد ثمری نبخشید و فعلاً با حقوق قلیلی که به بیکارها می‌دهند می‌گذرانم...»[۱]

این دو سه سال قبل از ۱۳۱۶، سال سرودن *ققنوس*، برای نیمای این دهه بی‌شباهت به سال‌های قبل از سرودن *افسانه* برای نیمای جوان نیست. سال‌هایی که نیما با تلخی و مرارت و افسردگی زندگی می‌کند. هر روز منزوی‌تر و افسرده‌تر می‌شود. در شهریور سال سرودن *ققنوس* به خواهرش می‌نویسد:

«زندگی من بسیار تلخ است. من شرح گزارش آن را نمی‌دهم. به هیچ‌وجه تو قادر نیستی که تصور آن را بکنی ... می‌روم سر کوه‌ها برای پیدا کردن چیزی که به‌دست نمی‌آید. می‌آیم به تهران که برای آن چیز یک محوطه تنها را بیت‌الاحزان ساخته باشم. قبر می‌سازم برای مردن نه لانه برای زندگی. قطع و آرزو در آن خصوص‌ها کرده تصویر خوفناک شده است برای من این زندگی. همه چیزها که می‌گذرد سیاه و بی‌معنی.»[۲]

نیمای جوان، شاعر *افسانه*، قبل از سرودن *افسانه* در چنین شرایط روحی به سر می‌برد. او را پیش طبیب برده بودند و طبیب افسردگی او را خطرناک دیده بود. گفته بود اگر هر چه زودتر علاجی نیندیشید به «دیوانه‌ای صحرایی» مبدل می‌شود. *افسانه* او را از اعماق آن دنیای تاریک بیرون کشیده و نجات داده بود.[۳] او حالا دوباره به این نجات‌دهندهٔ خود، الههٔ شعر، نیاز داشت. با *ققنوس* و *غراب* خود را از این دنیای سیاه و بی‌معنی بیرون می‌کشید و به زندگی تلخ و خوفناک خود نور و معنی می‌داد. با «پرندگان شعری» فصل تازه‌ای در شعر او آغاز می‌شد که اهمیت آن را خود او بیش از هر کس دیگر درک می‌کرد. تمام دلتنگی، شکست

۱. همان اثر، ص۵۴۸.
۲. همان اثر، ص۶۰۱.
۳. نگاه کنید به *افسانه و نیمای جوان*، صص ۴۷-۴۹.

و آوارگی را او حالا درون شعری می‌ریخت که حامل تولدی تازه برای او و ادبیات ایران بود. «پس جوجه‌هایش از دل خاکسترش بدر!» کدام پرنده بود که بپرد و او کینه‌اش را در دل نداشته باشد؟ برای خاموش کردن آتش این کینه، این حس حسادت به پرواز، چه درمانی بهتر از در شعر پرنده شدن و با شعر به اوج پریدن بود؟ چه رضایتی بالاتر از ققنوس شدن، پرندهٔ اسطوره‌ای، شاه پرندگان و برتر از همهٔ آنها، که بار رسالتی سنگین را بر شانه می‌برد و با شهادت خود آفرینندهٔ تولدی دیگر بود.

۲. شاعران و پرندگان

«بدبختانه ما انسانیم ... من می‌خواهم پرواز کنم. نمی‌خواهم انسان باشم. چقدر خوب و دلکش است این هوای صاف و آزاد، این اراضی وسیع، وقتی که یک پرنده از بالای آن می‌گذرد.»[1]

شاید از بین همهٔ عوامل و عناصر محیط زیست انسان، پرندگان بیش از همه واکنشی بلافاصل و احساساتی نیرومند در انسان‌های اولیه برمی‌انگیختند. به‌طور ساده برای اینکه از خیلی جهات مانند انسان‌ها و نیز از جهاتی برتر از انسان‌ها به نظر می‌آمدند.[2]

آن‌گاه که انسان‌های نخستین از محیط زیست اولیه و محدود خود به محیط‌های بزرگ‌تر آمدند مشاهدهٔ جاندارانی که در این محیط پهناور، دشت و جنگل، کاملاً جا افتاده بودند و بر بقای خود تمرکز کرده بودند آنها را تحت تأثیر قرار می‌داد و آرزو می‌کردند چه از سر تقلید و یا به شکلی جادویی مانند این حیوانات باشند. پرندگان و توانایی پرواز آنها،

۱. *نامه‌ها*، ص۱۵۳.

2. Leonard, Lutwack, *Birds in Literature*, pp. 1-15.

موفقیت‌شان در غلبه بر نیروهای مرموز طبیعت، نیروهایی که هر روز به‌طور معجزه‌آسایی برآمدن خورشید، غروب، بازتولید، تولد و مرگ را اداره می‌کردند، آنها را اسرارآمیز و پرجاذبه می‌ساخت.[۱]

عشق است بر آسمان پریدن
صد پرده به هر نفس دریدن
ای مرغ بگو زبان مرغان
من دانم رمز تو شنیدن

«مولوی»

از قدیمی‌ترین نشانه‌های زندگی انسان‌های نخستین مجموعه‌ای پیچیده از غارهایی است در دهکدهٔ مونتیناک[۲] در جنوب غربی فرانسه که به غار لاسکو[۳] شهرت دارد. بیش از ششصد نقاشی بر دیوارهای این غار یافت شده که قدمت آن را بین ۱۷ تا ۱۸ هزار سال دانسته‌اند. اولین نشانه‌های درک انسان‌های نخستین از پرندگان را در این نقاشی‌ها می‌توان دید.

پرندگانی که به چشم انسان اگر از خدایان نبودند به عنوان فرستاده و یا نشانهٔ خدایان انجام وظیفه می‌کردند و یا بر راز خدایان آگاه بودند. در این موقعیت منحصر به فرد، آنها به دنیایی دیگر، دنیایی برین یا زیرین، دسترسی داشتند و هنگام مرگ انسان‌ها، «روح» یا «جان» انسان تبدیل به مرغی می‌شد و یا توسط مرغی به عالم دیگر می‌رفت. در یکی از نقاشی‌های غار در کنار انسانی که به‌وسیلهٔ یک گاو نر کشته شده، مرغی آمادهٔ پرواز است. در نقاشی‌های مصر باستان نیز همیشه مرغی از بدن انسان مرده در حال پرواز است. در یکی از قدیمی‌ترین نوشته‌های

1. ibid.
2. Montignac.
3. Lascaux.

جهان متعلق به قرن هفتم قبل از میلاد مسیح، در نسخهٔ آسوری اسطورهٔ «گیلگمش»، روح مردگان در لباسی بالدار توصیف می‌شود که از طرف «این کیدو»[۱] همراه عزیز او به ما خوانندگان می‌گوید: «بازوانش به بال مبدل شدند و مرغ سیاه بزرگی او را به سرزمین مردگان هدایت کرد.»[۲]

این ایدهٔ «مرغ روح» در اسطورهٔ «گیلگمش» بر متون عهد عتیق تأثیر بسزایی می‌گذارد. آنجا که در عهد عتیق مردگان را پوشیده در لباس‌های «پر و بال» توصیف می‌کند.[۳]

ایدهٔ «مرغ روح» آن‌گاه از عهد عتیق به سنت مسیحیت منتقل می‌شود. پرواز «مرغ جان» به عالم بالا برای نقاشان و هنرمندان مسیحی تصویری بسیار جذاب بوده است. در نقاشی‌های بسیار قدیمی مسیحی تصویر مرغی که از دهان قدیسانِ در حال مرگ پرواز می‌کند بسیار به چشم می‌خورد. (حتی تا امروز نقش کبوتر بر سنگ قبرها در غرب، نشانهٔ امید به پرواز روح از بدن است). پرواز «یوحنا» (در ادبیات مسیحی فارسی Saint John به یوحنا ترجمه شده) به بهشت بر پشت عقاب، تصویری است که مسیحیان از رومیان وام گرفتند که بنا بر سنت خود در مراسم به خاکسپاری قیصر، عقابی را پرواز می‌دادند تا روح او را به الیمپوس[۴] ببرد.[۵]

اسطورهٔ «مرغ روح» اما با تفاوت‌هایی مهم وارد فرهنگ ما و ادبیات عرفانی ما می‌شود. «مرغ روح» یا «روح مرغوار» یکی از معانی اصلی و تصاویری کلیدی شعر کلاسیک ماست:

خنک آن روز که پرواز کنم تا بر دوست

---

1. Enkidu
2. N. K. Sanders, *The Epic of Gilgamesh*, 1967, p. 89.
۳. برای بحث کامل تأثیر گیلگمش بر عهد عتیق نگاه کنید به:
Alexandra, Heidel, *Gilgamesh Epic and Old Testament Parallels*, 1446, pp. 199-200.
4. Olympus.
5. Leonard, Lutwack, *Birds in Literature*, p. 120.

به امید سر کویش پر و بالی بزنم
من به خود نامدم اینجا که به خود باز روم
آن‌که آورد مرا باز برد تا وطنم
مرغ باغ ملکوتم نیم از عالم خاک
چند روزی قفسی ساخته‌اند از بدنم[۱]
«مولوی»

وقتی «جان و روح» مرغ شد و در راه بازگشت به مقصد (ملکوت)، بدن خاکی قفسی موقتی بیش نیست که تنها مانع پرواز است:

من مرغکی پر بسته‌ام، زان قفس بنشسته‌ام
گر زان که بشکستی قفس، بنمودمی پرواز را
«سعدی»

و یا:

با قفس قالب از این دامگاه
مرغ دلش رفته به آرامگاه
«نظامی»

و یا:

چنین قفس نه سزای چو من خوش الحانی است
روم به گلشن رضوان که مرغ آن چمنم
«حافظ»

با تصویر پرنده و حسرت پرواز، حس دلتنگی و نوستالژیا، تبعید از ملکوت و خواست دائمی روحانی برای بازگشت به بهشتِ از دست رفته

۱. مرغ در ادبیات عرفانی به طور مطلق به معنای روح بوده و ترکیب‌های آن بدین گونه است: مرغ اتحاد، مرغ ازل، مرغ الست... *فرهنگ لغات عرفانی*، سید جعفر سجادی.

گره می‌خورد. پرندهٔ گرفتار در تن، این قفس دنیای مادی، به گلشن رضوان تعلق دارد و در نهایت به آنجا پرواز خواهد کرد. تن، بدنِ زمینی و خاکی این دنیایی قفسی بیش نیست و مرگ مساوی رهایی از این قفس زشت موقت و پرواز و رسیدن به آزادی و ملکوت است.

گهی که بلبل روح از قفس کند پرواز
زنم اگر نه در این دم صفیر شوق زنم

«خواجو»

و یا:

من خود این سنگ به جان می‌طلبیدم همه عمر
کاین قفس بشکند و مرغ به پرواز آید

«سعدی»

و یا حتی در شاعران نزدیک‌تر به دورهٔ ما:

لنگر تن روح را نتواند از پرواز داشت
موج دریادیده را نتوان به ساحل باز داشت

«صائب»

مرغان ادبیات کلاسیک در دنیای مادی حضور ندارند و یا اگر حضوری دارند بسیار کم‌رنگ و سطحی و برای انتقال پند و اندرز است. این مرغان گاه وجودی افسانه‌ای و اسطوره‌ای دارند:

همای بر همه مرغان از آن شرف دارد
که استخوان خورد و جانور نیازارد

«سعدی»

و یا نمونهٔ دیگر، سیمرغ است:

یکی کوه بُد نامش البرز کوه
به خورشید نزدیک و دور از گروه

بدان جای، سیمرغ را لانه بود
کز آن خانه، از خلق بیگانه بود
«فردوسی»

قفنوس، سیمرغ و هما همه مرغانی افسانه‌ای هستند. شاعران کلاسیک ما آن‌گاه که از مرغانِ غیر اسطوره‌ای صحبت می‌کنند اغلب در صدد تشریح جزئیات و یا مشاهدهٔ دقیق برای کشف دنیای واقعی پرندگان نیستند بلکه می‌خواهند از طریق نام و ظاهر و خصوصیاتی که تنها ساختهٔ ذهن اسطوره‌پرداز آنهاست به ما پند و اندرز بدهند. از عطار تا پروین اعتصامی، مرغان وظیفه‌ای جز پند و اندرز دادن به ما ندارند. مرغان عطار همه برای نشان دادن خصوصیتی انسانی و ضعف شخصیت‌های مختلف به کار گرفته می‌شوند. بلبل، عاشقی ناپایدار است. طوطی، ظاهرپرست است. زاهد، ظاهربینی که نه به وصل سیمرغ بلکه به نوشیدن از چشمهٔ خضر می‌اندیشد. کبک، مال‌دوست و طاووس، خودشیفته است. جغد، گوشه‌گیر و بوتیمار حسود است. مرغان ادبی ما در طول قرن‌ها چندان تغییری نمی‌کنند. کارکردشان در شعر یکسان باقی می‌ماند. قرن‌ها پس از عطار، پرندگان شعر پروین اعتصامی وظیفه‌ای جز دادن پند و اندرز و درس‌های اخلاقی ندارند. کبوتر پروین تیر می‌خورد، در لانه‌اش بیمار می‌افتد تا زاغی که از آنجا می‌گذرد پرستاری او را بر عهده بگیرد و آن‌گاه که کبوتر بهبود پیدا کرد بگوید:

به زاغ گفت: چه نسبت سپید را به سیاه
تو را به یاری بیگانگان، چه کس طلبید
بگفت: نیت ما اتفاق و یکرنگی‌ست
تفاوتی نکند خدمت سیاه و سپید

هرچه که کارکرد درس اخلاقی دادن برای شاعر مهمتر می‌شود

خصوصیات فیزیکی و طبیعی پرنده بیشتر از شعرش ناپدید می‌شوند. از کبوتر تنها سپیدی و از زاغ تنها سیاهی بر جای باقی می‌ماند. از همین روست که اغلب شاعران ما حتی از خیر نامیدن پرندگان نیز می‌گذرند و به ذکر کلمهٔ «مرغ» اکتفا می‌کنند. «مرغ» پرندهٔ بی‌نام است. پرنده‌ای که شما از نامش، از خصوصیات دقیق فیزیکی و طبیعی‌اش بی‌نیاز هستید و بنابراین هر پرنده‌ای می‌تواند باشد. هدف، گفتن مطلبی «مهم»تر و فرستادن «پیام» اصلی به خواننده است:

مرغ در بالا پران و سایه‌اش
می‌رود بر روی صحرا مرغ‌وش
ابلهی صیادِ آن سایه شود
می‌دود تا آنکه بی‌مایه شود

سراسر ادبیات ما را این پرندگان «عمومی»، این مرغان بی‌نام و نشان پر کرده‌اند. تفکر سنتی، مجذوب اسطوره‌ها و اسطورهٔ پرندگان است و نه پرندگان واقعی. مشاهدهٔ پرنده از نزدیک و پرداختن به خصوصیات فیزیکی آن، دقیق شدن در طبیعت و دنیای بیرون برای شناخت بهتر آن، به جهان مدرن و تفکر مدرن تعلق دارد. نیمای این دهه به خوبی از این مشکل «شعر قدما» آگاه است و نیز با روش ادبیات مدرن در توصیف دقیق جزئیات محیط و اشیاء آشناست. در نامه‌ای که خطاب به عبدالحسین صنعتی‌زادهٔ‌کرمانی، به تاریخ ۲۰ اسفند ۱۳۱۴ نوشته است می‌خوانیم:

«می‌دانیم که یک پل کهنه که بر روی رودخانه قرار دارد و از شکاف‌های آن بعضی نباتات هرز روییده است چطور در نظر ما جلوه می‌کند. ولی باید وصف کنیم. من دو رقم وصف می‌کنم. شما خودتان به من نمره بدهید:

۱. در حین عبور به پلی کهنه و قدیمی که از شکاف سنگ‌های آن

نباتات روییده شده بود، فراز رودخانه واقع شده بود، برخوردند.

۲. در آنجا به پل «یاسل» برخوردند. این پل بسیار کهنه و قدیمی به نظر می‌آمد. به مرور زمان از شکاف سنگ‌های آن چند شاخه خاکشیر و اسپند و خلفه وحشی سبز شده بود. خلفه‌ها گل داده بعضی از گل‌ها پلاسیده شده بودند.

وصف دومی برحسب تجزیه خود محسنات ذیل را داراست:

۱. حواس بیننده برحسب جست و خیز غیرطبیعی و سیر سرسری و مشوش پل یاسل را تعقیب نکرده است. ...

۲. جملات کوتاه و به متابعت خیال انسان ساخته شده‌اند.

۳. اسم محلی که به پل مزبور داده شده است، پل را از حالت افسانه و خالی بودن و دروغ جلوه‌گر شدن، خارج ساخته است.»[1]

نیمای این دهه، هم بر این نکته از نظر تئوریک آگاهی دارد و هم آن را محدود به نثر نمی‌داند. می‌افزاید: «ولی صنعت شرقی این مسئله را، چنان‌که مسائل دیگر، رعایت نمی‌کند. یعنی یک صنعت روحانی و مذهبی است که مطابق با استیل مخصوص خود فکر را با لایتناهی و باریکی‌های مبهم، اتحاد می‌دهد. امثال آن را خیلی می‌توانید در اشعار قدما پیدا کنید. گویندهٔ این شعر: «این را حکایت کنند از ملوک» اگر قید می‌کرد که کدام یک از ملوک و در کجا، معلوم است که مقصد خود را از قید چیزهای دروغ و افسانه‌مانند خارج ساخته و بر تأثیر آن در خواننده افزوده بود.»[2]

با وجودی که نیما بر این نکته از نظر تئوریک آگاه است در عمل، در شعرهای پرندگانش در این دهه از چارچوب ادبیات سنتی ما فراتر نمی‌رود. پرندگان در این دهه به استثنای «غراب» همه یا چون ققنوس

۱. *نامه‌ها*، ص۵۷۴.
۲. همان‌جا.

پرنده‌ای اسطوره‌ای هستند و یا مانند پرندگان اشعار سنتی همان «مرغ» باقی می‌مانند. مرغ غم، مرغ مجسمه، خواب زمستانی، همه پرندگانی «عمومی» هستند تنها با این تفاوت که به جای پند و اندرز و حکمت، درون شاعرشان را در برابر چشم ما به نمایش می‌گذارند. اما چنین استفادهٔ شعری از پرندگان در ادبیات ما بی‌سابقه نیست. شاعران کلاسیک ما برای بیان احوال خود و شرح احساسات، گاه از تصویر پرندگان در شعر خود سود جسته و یا خود را چون پرنده توصیف کرده‌اند. نمونه چون مسعود سعد سلمان:

بودم حذور همچو غرابی برای آنک
همچون غراب جای گرفتم در این خراب

و یا:

چون زاغ همه نشست بر شخ دارم
در یک دو گز، آبریز مطبخ دارم

و یا در شعر فرخی:

خرمن ز مرغ گرسنه، خالی کجا بُوَد
ما مرغکان گرسنه‌ایم و تو خرمنی

و حتی در استفاده از پرندگان برای ساختن فضای شعر و بیان احساس درونی شاعر، کاری که نیما با موفقیت در شعر *غراب* انجام می‌دهد، در شعر سنتی ما نمونه وجود دارد و مثلاً در شعر منوچهری همین استفادهٔ نیما از غراب را در قالب شعر سنتی و بیان احساسات به شیوهٔ قدیم می‌بینیم:

فغان از این غراب‌بین و وای او
که در نوا فکندمان نوای او
غراب‌بین نیست جز پیمبری

که مستجاب زود شد دعای او
غراب‌بین نایزن شده است و من
سُتُه شدم ز استماع نای او
برفت یار بی‌وفا و شد چنین
سرای او خراب، چون وفای او

بدیهی است که ساختار شعر *غراب* نیما و زبان و بیان احساسش در *غراب* با گذشتهٔ ادبی ما متفاوت است. حتی در بین شعرهای نیما در این دهه، *غراب* از همه بیشتر به دنیای شعر مدرن نزدیک می‌شود. حداقل در اینجا پرنده «نامدار» است و «مرغ» نیست، هرچند همچنان قصدش اتحاد فکر ما با «لایتناهی و باریکی‌های مبهم» است:

لیکن غراب
فارغ ز خشک و تر
بسته بر او نظر
بنشسته سرد و بی حرکت آنچنان به‌جای
و آن موج‌ها عبوس می‌آیند و می‌روند
چیزی نهفته است
یک چیز می‌جوند.

در *غراب* نیما علی‌رغم اراده و میل باطنی شاعر به اینکه می‌خواهد، «ویران کند سراچهٔ آن فکرها که هست»، غراب را به همان طرز سنتی و در بند اسطوره‌های قدیمی، پرنده‌ای زشت و غمگین توصیف می‌کند. حتی اسطوره‌سازی نیما سنتی است و این نکته را می‌توان با مقایسهٔ سادهٔ غراب نیما با یک شاعر مدرن مثل «تد هیوز»[1] به‌خوبی نشان داد. در شعرهای غراب تد هیوز افسانه‌ها و اسطوره‌های رایج به کنار گذاشته

۱. «زندگی و آوازهای غراب»، سرودهٔ تد هیوز (Ted Hughes).

می‌شوند و افسانه‌ها و اسطوره‌های جدیدی برای خواننده خلق می‌کنند. غراب خیاطی است که انسان و خدا، زمین و بهشت را به هم دوخته است. تد هیوز از اسطورهٔ مسیحی غراب وام می‌گیرد و آن‌گاه آن را چنان تغییر می‌دهد که برخی این اشعار را تهاجمی بر مسیحیت تفسیر کرده‌اند و در شعری دیگر غراب پرنده‌ای است که خورشید را سفید و بی‌رنگ می‌یابد و بر آن می‌شورد. از حملهٔ او به خورشید، خورشید روشن و پررنگ‌تر می‌شود اما غراب از این مبارزه دودین و سیاه بازمی‌گردد. اما در *غراب* نیما خواننده با نگاه یا کشف تازه‌ای روبه‌رو نیست:

چون مایهٔ غم است به چشمش غراب و زشت

عنوان او حکایت غم، رهزن بهشت

بنشسته است تا که به غم، غم فزاید او

به عبارت دیگر ما با همان غراب زشت و غمگین کنندهٔ قدیمی سروکار داریم که با حضورش محیط غمگین و سیاه و مرگبار شاعر را در چشم ما تزیین و پررنگ‌تر می‌کند.

احساسات و شعر مدرن به پرندگان نگاهی دیگر دارد و اغلب از آنها اسطوره نمی‌سازد و یا آنها را با ماورای طبیعت پیوند نمی‌دهد. شاعران مدرن در کار بازگشت به موبی دیک و برودت دریانورد باستانی هستند.[1] به عبارت دیگر آنها به عظمت و ضرورت حیوانات و خشونتی که از سوی انسان‌ها و جهان مدرن متوجه آنهاست، واقفند. طبیعتی که در دست انسان مدرن در حال دگرگونی و گاه تخریب است. از تد هیوز تا چنگیز آیتماتوف،[2] نویسندهٔ روس، که اکثر سال‌های عمر خود را در دفاع از کمونیسم روسی و سوسیال رئالیسم سپری کرد، همه به حیوانات محیط

---

1. Herman Melivel; *MobyDick*, Samuel Taylor Coleridge, *The Rime of the Ancient Mariner*.

۲. چنگیز آیتماتوف، نویسنده برجسته قرقیزستانی و یکی از مشهورترین چهره های فرهنگی اتحاد جماهیر شوروی بود.

خود از چنین زاویه‌ای نگاه می‌کنند. در رمان معروف چنگیز آیتماتوف، *روزی که بیش از صد سال به طول انجامید*، سه صفحهٔ اول رمان از نگاه یک روباه است و در صفحات بعدی با دیدگاه‌های شتر، عقاب و کبوتر هم آشنا می‌شویم! این حیوانات تزئینی نیستند بلکه اهمیت و شخصیتی چون ما دارند. ادبیات مدرن برای وابستگی متقابل انسان‌ها و پرندگان و احیای دوبارهٔ احترام باستانی انسان‌ها به طبیعت و حیوانات (و پرندگان به عنوان نمادهای این طبیعت) اهمیتی خاص قائل است. این نگاه مدرن طبعاً از شعر و ادبیات سنتی ما غایب است اما از غیبت آن در شعر نیما نیز نباید تعجب کرد. جهان‌بینی او در رویارویی با طبیعت را در جای دیگر نشان داده‌ام.[1] او شاعریست که تفریح و ورزش مورد علاقه‌اش شکار پرندگان واقعی با تفنگ است:

«نهایت درجهٔ تفریح من عجالةً تا تفنگ من از تهران برسد و به کینهٔ این خوک‌ها و مرغابی‌ها از خانه بیرون بروم.»[2]

شاعری که با «کینهٔ مرغابی‌ها» از خانه بیرون می‌رود و احترامش برای پرندگان واقعی در شلیک کردن و سر آنها را بریدن خلاصه می‌شود در شعرش نیز اگر با پرندهٔ واقعی سروکار داشته باشد، اگر بخواهد با زندگی و درون خود صادق باشد (نیما همواره تلاش می‌کند از درون خود بگوید) باید از جسد خونینی که بر اثر اصابت گلولهٔ او پیش پایش افتاده و از دستان خون‌آلودهٔ خود به هنگام سر بریدن پرنده شعر بسراید. اما نیمای این دهه ترجیح می‌دهد صادق باشد و نیز از پرندگان واقعی دوری کند. به جای پرندگان واقعی او به پرندگانی می‌پردازد که اسطوره‌ای هستند و در دنیای واقعی ما حضور ندارند. ققنوس و سمندر به جهانی غیر از طبیعت

---

۱. نگاه کنید به *افسانه و نیمای جوان*، ص ۳۳.
۲. *نامه‌ها*، ص۴۳۶.

اطراف ما تعلق دارند. کلاغ و جغد نیز به شکل اسطوره‌ای به کار گرفته می‌شوند. غراب تنها و غمگین و رهزن بهشت است و جغد شوم و حسود است و پر پرواز ندارد (جغد نیما بر خلاف جغدان واقعی پرنده‌ای تیزپر نیست و فقط به خرابه‌ها نشسته است و می‌خواند.) و چنان‌که آل‌احمد و دیگران هم نشان داده‌اند همهٔ این پرندگان نماینده و نماد شاعر هستند. او خود را در جلد پرندهٔ اسطوره‌ای می‌گذارد تا از خویش بگوید. پارادوکس شعر نیما در همین است که با از «خودسنتی و روستایی» گفتن، شعری با شاخصه‌های شعر مدرن خلق می‌کند. شعری که نمایندهٔ احساسات درونی فرد و نگاه به جهان بیرون است. شعری که چون همهٔ اشعار مهم دیگر دنیا در آن خواننده صدای شاعر و هویت او را می‌یابد و با آن صدا احساس همبستگی یا خویشاوندی می‌کند و در هویت شاعر و نگاه او به دنیا، هم خویش را می‌یابد و هم نگاهش به جهان اطرافش تغییر می‌کند.

شعر نیما در این دهه با پرندگانِ شاعر و یا شاعرِ پرنده‌اش از نظر ساختاری به دنیای مدرن تعلق دارد (منظور من اصلاً تفاوت طولی مصرع‌ها و حذف قافیه نیست). ساختار بیان، بیانی فردی و یگانه که خواننده فردیت خود را در فردیت شاعر کشف می‌کند با آن گذشتهٔ سراسر مذهبی و عرفانیِ شعر کلاسیک ما فاصله‌ای عظیم دارد. اما نیمای این دهه چون بقیهٔ روشنفکران نسل خود پایی نیز در سنت و نگاهی سنتی و روستایی به جهان دارد. از همین رو «پرندگان او» چون پرندگان شعر سنتی ما هنوز «مرغ» هستند. «مرغ» یعنی همهٔ پرندگان و بنابراین یعنی هیچ‌کدام از آنها. پرندگان واقعی در شعر شاعر حضور ندارند. اما انتخاب اسطوره‌ای پرندگان به معنای اسطوره‌ای سخن گفتن از خود و نیز از خود و احساسات و شعر خود اسطوره ساختن است.

پس در این اسطوره ساختن‌ها و کارکرد فرهنگی و سیاسی آنها دقیق‌تر

می‌شویم و تحول آنها را در شعر نیمای این دهه بررسی می‌کنیم.

۳. از قو تا ققنوس

در تاریخچهٔ پرندگان شعر نیما، آل‌احمد می‌نویسد:

«نیما در آغاز جوانی شعری داشته است عروضی به اسم شیر یا پلنگ که متأسفانه به دستم نرسید ... اما گویا این شیر یا پلنگ که چندان با محیط بی‌گناه شعر و شاعری مناسبتی نداشته است، بعدها با سمبل‌های دیگری عوض شده. با پرندگان که هم زیباترند و هم قابل تحمل‌تر. در شعرهای بعدی نیما، به‌خصوص در اشعار غیر عروضی او اغلب پرندگان سمبلی از خود هنرمندند ...»[۱]

این تاریخچه دقیق نیست. ظاهر شدن شاعر در پیکر پرنده چنان‌که در آغاز این فصل نشان دادم به شعر قو و آغاز شاعری نیما باز می‌گردد. شعری که عروضی است ولی همان کارکرد اشعار غیر عروضی پرندگان را دارد. آل‌احمد معتقد است که در سال‌های خفقان، نیما به «غراب و جغد» پناه می‌برد و او را به هدایت و اختناق سیاسی هم مربوط می‌سازد، این برداشت آل‌احمد نیز با شعر نیما نمی‌خواند. می‌نویسد:

«در دنبالهٔ این نومیدی است که نیما گوشه‌گیرتر و تنهاتر می‌شود و غراب یا جغد را نشانهٔ خود می‌سازد... و آیا فکر نمی‌کنید اگر هدایت در نثر و نیما در شعر دورهٔ خفقان، آن یکی به بوف کور و این دیگری به جغد پناه برده‌اند علتی دارد؟ و آن‌هم علت واحدی!»[۲]

ربط شعر نیما را با «خفقان سیاسی» مورد نظر آل‌احمد در فصل «شام غریبان» به تفصیل بررسی خواهیم کرد. اینجا تنها به پرندگان می‌پردازیم

---

۱. جلال آل‌احمد، نیما یوشیج به روایت جلال آل‌احمد، منوچهر علی پور، تهران، انتشارات ترفند، ص۶۴.
۲. همان اثر، ص۶۵.

تا تحول این پرندگان از قو تا ققنوس روشن‌تر شود. اگر اینجا بر نقد آل‌احمد تکیه می‌کنیم از آن روست که منتقدان پس از او به تأثیر از او نیما و شعر او را همین‌گونه تحلیل کرده‌اند. آل‌احمد در ادامهٔ این تئوری خود ادعا می‌کند:

«اما پس از استقرار دورهٔ خفقان، دیگر جای این حرف و سخن‌ها نیست. و همین اجبار است که نیما را چنان‌که گذشت در لباس مرغان بیشتر پناهنده می‌سازد... اما پس از شهریور ۲۰ نیما با این که از طرفی در حماسهٔ امید و صبح روشن و خروس، خبرآور مرگ تیرگی، شعر می‌گوید و از طرف دیگر در وصف فقر و مسکنت مردم، ولی هنوز مایهٔ اصلی شعر او بدبینی است.»[1]

مشکلات این خوانش و تئوری آل‌احمد در نگاه نزدیک به اشعار نیما آشکار می‌شود. شعر «قو» شعر شادی و بی‌نیازی شاعر چنان‌که دیدیم متعلق به سال ۱۳۰۵ است. مرغان «دورهٔ خفقانِ» ادعایی آل‌احمد هم اغلب حرف‌های ادبی و فرهنگی و نه سیاسی برای گفتن دارند. فضای تاریک شعر نیما و نیز پرندگانی که آل‌احمد «شوم و تنها» می‌نامد بعد از شهریور ۱۳۲۰ هنوز در شعر نیما حضور دارند. کافی است به شعرهای ۱۳۲۱-۱۳۲۲ نگاه کنیم:

«بر سقف عنکبوتم
بربست تارها
جغدی نشست و زار به مهتاب
خواند از بهارها»[2]

و یا در شعر «من تنها» که شاعر در شب سیاه وهمناک در دهان غولی

---

۱. همان اثر، ص ۶۷.
۲. صد سال دیگر، ص ۸۶.

افتاده و مثل «سفرهای گالیور» نگران خرد شدن خود زیر دندان‌های این غول است و از تیرگی شب او کاسته نشده:

«موی غولی را سوارم همچو پندارم که راهی جسته‌ام اما

دست می‌مالم چو در این تیرگی بر راه

منجلابی هست و شمعی و چو خنجر سنگ‌های تیز

در دهان غول می‌افتم

بن دندان او هر دم

می‌نشینم چون به تن خسته

راه‌ها بر من ببسته

من عبث در این شبِ تیره بر این راهم نشسته»[1]

و نیز تصویر اصلی شعرهای پرندگان نیما بعد از شهریور ۱۳۲۰ خروس و درون‌مایهٔ آنها طلوع سحر نیست. نمونهٔ شعر «آقا توکا» (۱۳۲۷) که مرغش توکا و بسترش دل تاریک شب و امواج خروشان دریاست و یا شعر درخشان مرغ آمین (۱۳۳۰)، اگرچه امید فرا رسیدن سحر و خروس در پایان این شعر می‌آید و یا شب‌پرهٔ ساحل نزدیک (۱۳۳۴) که پرندهٔ کوچک و شکننده راهش را گم کرده و تنها تصور می‌کند که «از پس هر روشنی ره بر مفری هست».

پس از خوانش صرفاً سیاسی آل‌احمد می‌گذریم و اینجا به تولد شعری ققنوس در بستر دیگر شعرهای نیما نگاه می‌کنیم. واقعیت این است که شاعری نیما در جلد پرندگان به سال ۱۳۰۵ و شعر قو باز می‌گردد. این امکان محتوایی را نیما آنجا با موفقیت آزموده بوده و بسیاری نیز در آن سال‌ها شعر قو را بهترین شعر او می‌دانستند. پس عجیب نبوده اگر در این

---

۱. همان اثر، ص۲۰۵.

دهه او به این مکان بازگردد و آن را در بستر تجربه‌ها و نظریه‌های شعری تازه‌اش بیازماید.

اما ققنوس از خاکستر قو زاده نمی‌شود. بستر تولد ققنوس شعری دیگر است که گذار از «قو» به «ققنوس» را به‌طرز روشنی تصویر می‌کند و آن شعر «مرغ آتش» است. از آنجا که این شعر در دوران حیات نیما و آل‌احمد به چاپ نمی‌رسد بعید نیست که آل‌احمد از وجود چنین پیشاهنگی بی‌خبر بوده است. تاریخ سرودن «مرغ آتش» تیر ماه ۱۳۱۵ است یعنی بیش از یک سال و نیم قبل از تاریخ سروده شدن ققنوس. نه تنها از نظر محتوا بلکه از نظر فرم هم «مرغ آتش» حکم پلی دارد از قو به ققنوس. ساختار «مرغ آتش» هنوز به مسمط مثلث نزدیک‌تر است تا شعری که امروز به‌نام شعر نیمایی می‌شناسیم. فرم این شعر همان چهار پاره‌های بعد از مشروطیت و شعری است که بعدها در کارهای نادرپور، فروغ، مشیری، توللی خود را نشان می‌دهد و در نادرپور تکامل و اوج خاص خود را می‌یابد. ابتکار نیما در انتخاب سه مصرع و حذف «ترجیع‌بند» است. از نظر محتوا مرغ آتش را می‌توان مادر ققنوس دانست. علاوه بر نزدیک بودن تاریخ سرودن این شعر با ققنوس، کانون شعر، مرغی است که در آتش زندگی می‌کند و با آتش نوعی همزیستی جنون‌آمیز دارد:

هرچه سرد از اصطکاکش آتش افروز است درد
در کمین این جهان خسته، این دنیای سرد
می‌درخشد چشم مرغ آتش از طوفان گرد

او زبانی ز آتش اول می‌نماید در نظر
از ره منقارهای خود می‌افشاند شرر
بر ره این باد هرزه‌گرد یابیده مقر

بال‌های آتشینش در تن آتش فرو
حاصل رنج و شکست فکرهای زیر و رو
می‌پرد. پر می‌گشاید آن جهان آرزو

اولین وجه مشترک این «مرغ» با مرغان دیگر نیما (ققنوس، مرغ غم) همین اسطوره‌ای بودن آن است. مرغی که مانند غراب یا جغد در دنیای واقعی ما نمی‌تواند حضور داشته باشد. این اسطوره‌ای بودن اوست که خواننده را به دنیای نمادین شاعر می‌برد و شاعر را در کالبد مرغ قرار می‌دهد. وجه مشترک دیگر آن با مرغان دیگر و شاعر، مقابله‌اش با شب و تاریکی است:

شد چو هر منقارش وا، ما را بشارت می‌دهد
یقهٔ شب می‌دراند، ژنده‌اش را می‌کَنَد
نقطه‌هایی را در این ظلمات آتش می‌زند

و این وجه تشابه دیگرش با ققنوس است: قرمز به چشم، شعلهٔ خردی، خط می‌کشد به زیر دو چشم درشت شب. این شعله‌ای که هر دو مرغ در شب می‌افروزند با چشمانی سرخ (چشم سرخش بازگشته، خوب می‌پاید زمین). هر دو مرغ پیشگام و روشنگرند:

در بین چیزها که گره خورده می‌شود
با روشنی و تیرگی این شب دراز
می‌گذرد.
یک شعله را به پیش
می‌نگرد.

«ققنوس»
می‌دهد ما را تسلی آن چراغ حبس‌گاه

آن زبان آرزوی ماست، می‌بندد نگاه
بر رخ ما هر چه روشن می‌شود. پیداست راه
«مرغ آتش»

و هر دو با آرزوهای ما سروکار دارند. مرغ آتش «زبان آرزوی ماست»، و ققنوس دل مشغول «آرزوی مرغ‌ها»ست. در این آرزوداری هر دو نگاه به آینده دارند. هر دو مرغ نویسنده‌اند، ققنوس بر شاخ خیزران نشسته است و مرغ آتش:

و بر این سطحی که می‌جنبد نظر می‌افکند
در غبار تیره که هر چیز سرخی می‌زند
با سر منقار خونین چیزهایی می‌کند

هر دو مرغ با خطوط سروکار دارند. ققنوس در حال ساختن است:

او ناله‌های گمشده ترکیب می‌کند،
از رشته‌های پارهٔ صدها صدای دور،
در ابرهای مثل خطی تیره روی کوه،
دیوار یک بنای خیالی
می‌سازد.

اما مرغ آتش در حال ویران کردن است. هنوز تحت تأثیر خشم نیمای جوانی است که نوشته بود: «اینک حمله کنیم. اول به تخریب شعر بپردازیم زیرا این وجودی است که از همه چیز لطیف‌تر است و بهم‌زدن آن آسان‌تر از همه‌چیز. زورمان به هیچ‌چیز نمی‌رسد قافیه را منهدم کنیم»[1]:

همه می‌خواند خطوط در هم پیچیده را

۱. *نامه‌ها*، ص۲۶۲.

در اساس بی‌اساسی این طلسم چیده را
خشک می‌خواهد کند مرداب دل گندیده را

با درازی بال خود کارام می‌یابد سقوط
خط از آتش می‌کشد بر روی این صفحه خطوط
جای آب سرد آتش می‌گذارد در شطوط

این روحیهٔ تخریب در ققنوس تعدیل می‌شود. تا پایان این دهه و پس از آن خود شاعر اعتراف می‌کند که آن تنفر از شعر قدیم در او جای خود را به احساسی دیگر داده است:

«... زاغی هستم که بهمن نمی‌تواند او را شهید کند اما به عظمت زیبایی بهمن نگاه می‌کنم به این جهت اسباب کیف من خیلی مهیاست. در صورتی که وقتی این خاصیت را به کلی از دست داده بودم و چون دست زده بودم و می‌گشتم از پی چیز تازه‌ای، از تمام ادبیات گذشتهٔ قدیمی نفرت غریبی داشتم ... اکنون می‌دانم که این نقصانی بود.»[1]

طلیعهٔ تکامل این روحیهٔ شاعر را، از مرغی که خطوط گذشته را به آتش می‌کشد تا مرغی که ناله‌های گمشده را ترکیب می‌کند و دیوار بنایی خیالی می‌سازد، در حرکت او از مرغ آتش به ققنوس می‌توان دید. اما وجوه مشترک اصلی ققنوس با مادرش، مرغ آتش (سمندر)، در اینجا خاتمه نمی‌پذیرد. مرغ آتش نیز چون ققنوس آمادهٔ جانبازی و شهادت است:

آن نمایندهٔ جنون کز جان خود می‌بگذرد
در خلال آتش سوزندهٔ خود می‌پرد
آتش او را می‌خورد، او نیز آتش می‌خورد

۱. *حرف‌های همسایه*، ص۱۲.

اما بر خلاف ققنوس که خود را در آتش خود می‌افکند تا جوجه‌هایش از دل خاکسترش به‌در آیند این مرغ در آتش به زندگی ادامه می‌دهد:

و نخواهد خاست از هر آتشی، یعنی که درد
آتشی دارد که در آن آتشش این مرغ فرد
زندگی دارد در این دنیای تیره، جسم سرد[1]

مرغ آتش هم مرغی بی جفت است: مرغ فرد. ققنوس نیز بر شاخِ خیزران «فرد» نشسته است. در هر دو شعر عنصر «پاستورال» حضوری مهم دارد. «مرد دهاتی» هنوز قهرمان شاعر است.

در ققنوس:

از آن زمان که زردی خورشید روی موج
کمرنگ مانده است و به ساحل گرفته اوج
بانگ شغال و مرد دهاتی،
کرده‌ست روشن آتش پنهان خانه را.

و در مرغ آتش:

مرغ دهقان است. زیرِ مزرعه خوابیده است
در اطاق بی چراغِ او بیارامیده است
آفتاب اوست. تویِ رویِ او خندیده است.

هیچ‌کس باور نخواهد کرد مرغ آتشین
می‌کند دهقانش باور، او ز آن جای کمین

---

۱. در شعر *آتش افروخته*، مرغی در کار نیست اما وظیفهٔ مبارزه با تاریکی و جادوگران بر عهدهٔ آتش است. (۱۳۱۸).

می‌پرد. پر می‌گشاید. غائب از چشم زمین.

این حضور تصادفی نیست. عنصر پاستورال در شبه رومانتیسم ایرانی (به سیمای ایرانی رومانتیسم در فصل بعد پرداخته‌ام) عنصری مهم از جهان‌بینی شاعر به‌شمار می‌رود. دهقان نگهدار آتش پنهان در تاریکی، پناهگاه مرغ آتش است و از قدرت جادویی مرغ آگاه است. مرغی که مثل داستان «سوپرمن» ناگهان از کنج خانهٔ دهاتی بال می‌کشد و می‌رود با شب می‌جنگد و مرداب‌های تیره و خطوط باستانی را در آتش می‌کشد و بعد به پناهگاه برمی‌گردد و در کنج اتاق تاریک مرد دهاتی مثل بقیهٔ مرغان می‌خوابد و فقط مرد دهاتی باورش می‌کند. پایان هر دو مرغ (هر دو شعر) رنگی از امید به آینده‌ای بهتر دارد. مرغ آتش خود را به شهادت نمی‌رساند اما نویدبخش آینده‌ای بهتر است:

با هیجانی که دارد گِرد خود پر می‌زند
در میان آتش خود پیله بر تن می‌تند
می‌رسد یعنی زمان دیگری هم می‌رسد
می‌رسد مرغ طلایی، مرغ آتش که از او
زنده گردد هر کجا مرده است مشتی آرزو
خواهد این دنیای کهنه گشت از او زیر و رو[1]

و ققنوس آن‌گاه که از روی تپه آماده انداختن خود در آتش می‌شود:

وز روی تپه
ناگاه، چون به جای پر و بال می‌زند
بانگی برآرد از ته دل سوزناک و تلخ
که معنیش نداند هر مرغ رهگذر

۱. *صد سال دیگر*، ص۱۵۷.

آنگه ز رنج‌های درونیش مست
خود را به روی هیبت آتش می‌افکند
باد شدید می‌دمد و سوخته‌ست مرغ،
خاکستر تنش را اندوخته‌ست مرغ،
پس جوجه‌هاش از دل خاکسترش به در.

مرغ آتش همهٔ اشعار سرد و لطیف گذشته، طلسم قافیه و ردیف را به آتش می‌کشد. آرزوهای مرده را زنده می‌کند و دنیای کهنه از او زیر و رو خواهد گشت. این شعر متعلق به همان روزهایی است که او خطاب به هدایت نوشته است:

«کاری را که تو در نثر انجام دادی من در نظم با کلمات خشن و سقط انجام داده‌ام که به نتیجهٔ زحمت آنها را رام کرده‌ام. اما در این کار من مخالف زیاد است، زیرا دیوار پوسیده هنوز جلوی راه هست و سوسک‌ها بالا می‌روند و ضجه می‌کشند.»[۱]

اما مقایسهٔ دو شعر ققنوس و مرغ آتش به ما نشان می‌دهد که کاری که نیما از آن سخن می‌گوید قرار است در آیندهٔ نزدیک و با شعر ققنوس عملی شود. شهادت ادبی در راه جاودان شدن و یا آثار ماندگار خلق کردن نیز در مرغ آتش به چشم نمی‌خورد. به‌جای شهید نمایی، قهرمانی نشسته است که از کنج خانهٔ کوچک مرد دهاتی به هوا بال می‌کشد و زمین و زمان را در آتش خود می‌سوزاند. چریک آنارشیستی که خود را در ققنوس شهید می‌کند و پاداش شهادتش جاودانگی شعر اوست. ققنوس همان‌گونه که بسیاری تا کنون نوشته‌اند اولین نمونهٔ شعر نیمایی نیز هست و این اهمیت تاریخی نگاهی مفصل‌تر را می‌طلبد.

۱. *نامه‌ها*، ص۵۹۸؛ تاریخ نامه ۴ اسفند ۱۳۱۵ و تاریخ سرودن مرغ آتش تیر ماه ۱۳۱۵ است.

۴. از ققنوس تا ققنوس

در *کتاب مردگان*[1] مصر قدیم، یکی از قدیمی‌ترین کتب جهان بر کاغذ پاپیروس، ققنوس نماینده روح (جان) آدمی بود و نیز گاه قالبی بود که خدایان برای ظهور جلوهٔ خویش انتخاب کرده بودند. ققنوس را بیشتر شبیه مرغان ماهیخوار وصف کرده‌اند تا بلبلان و گنجشک‌ها و پرندگان کوچک. مکان او نیز درخت «بید مقدس» و نام او گاه «بنو» (Benu) ذکر شده است. روح انسان که مصریان آن را «با» می‌خوانند پس از مرگ مرغی می‌شد تا به جفت روحانیش «کا» به وحدت برسد. خدایان نیز سرنوشتی مشابه داشتند. خدای خورشید «آنو» (Annu) را خالق انسان و «ری» (Re) می‌خواندند. انسان‌ها همه گلهٔ «ری» بودند. «بنو» یا «ققنوس»، «با»یِ خدای خورشید بود. مرغی که از آتش ساخته شده بود و مرگ نداشت و پس از گذشت بیش از هزار سال، آن‌گاه که سالخورده می‌شد انبوهی از شاخه‌های خشک دارچین فراهم می‌ساخت و خود را با جرقه‌ای در آن آتش می‌افکند تا از خاکستر او ققنوسی جوان زاده شود:[2]

«من ققنوسم
خورشیدِ آتشین
گسارنده و باز زایندهٔ خود
در دهلیزهای دنیای زیرین پرواز می‌کنم
و بر درِ مرگ می‌کوبم
من بر فرازِ مزارع به خورشید خیره می‌شوم

---

۱. *کتاب مردگان* (*Book of the Dead*) به متون «مشایعت» و به خاکسپاری تعلق دارند و تاریخ آنها را ۱۵۵۰ پیش از میلاد تخمین می‌زنند.
2. Norman Ellis, *Awakening Osiris*, a new translation of the Egyptian *Book of the Dead*. p. 53.

و بر علفزار می‌خوابم
چون انجیری رسیده»[1]

یونانیان کلمهٔ «بنو» را از مصریان وام گرفتند و بر آن نام فنوسیا[2] یعنی قرمز بنفش یا قرمز آتشین نهادند. آنها، و پس از آنها رومیان، این پرنده را چون طاووس و یا عقاب تصویر کردند. در اسطورهٔ یونانیان ققنوس مرغی از عربستان بود که در کنار چاهی زندگی می‌کرد و هر غروب بال و پر خود را در آب چاه می‌شست. خدای خورشید، آپولو، ارابه‌اش را نگاه داشت تا به آواز او گوش دهد.[3]

در اسطورهٔ مصریان ققنوس مرغی بهشتی بود:

« از بهشت به اینجا پریده‌ام
مرغ دیوانه‌ای هستم سرشار از اسرار
مغز من از آتش است
روح من از آتش است»[4]

این بهشتی بودن مرغ آتشین به‌وسیلهٔ لاکتانتیوس،[5] نویسندهٔ مسیحی قرن چهارم میلادی، حامل تعلیمات مسیحی گشت. تولد دوبارهٔ ققنوس از درون خاکستر خود نمی‌توانسته توجه مسیحیانی را که در کار نوشتن داستان بر صلیب کشیده شدن، مرگ و بازگشت مسیح بوده‌اند، جلب نکند. «تولد معجزه‌آسای دوبارهٔ ققنوس از درون خاکستر هستی سابقش، نماد روح بدنی مرده بود که جایش در بهشت مسیحی محفوظ باقی

1. ibid.
2. Phoenicia.
۳. ارابهٔ آپولو خورشید است.
4. Norman Ellis, *Awakening Osiris*, p. 53.
5.. Lactantius.

می‌ماند.»[1]

یونانیان «آپولو» را به جای «آنو» نشاندند و رومیان و مسیحیان مسیح را جانشین «آپولو» ساختند. اما ققنوسی که از این مسیر به شاعران ما می‌رسد در فرهنگ ما وجه روحانی و ارتباط خود با بهشت و پروردگار را از دست می‌دهد. ققنوس عطار مرغی چون بقیهٔ مرغان است البته با خصوصیاتی منحصر به فرد و شگفت‌انگیز:

هست ققنس طرفه مرغی دلستان
موضع این مرغ در هندوستان
سخت منقاری عجب دارد دراز
همچو نی در وی بسی سوراخ باز

آواز جادویی این مرغ پایهٔ علم موسیقی و طول عمرش مانند همتای یونانی و رومی او هزار سال است:

فیلسوفی بود دمسازش گرفت
علم موسیقی ز آوازش گرفت
سال عمر او بود قرب هزار
در میان هیزم آید بی‌قرار
چون بِبُرَّد وقت مردن دل ز خویش
هیزم آرد گرد خود صد حزمه بیش
وقت مرگ خود بداند آشکار
در دهد صد نوحه خود را زار زار

شرح حال ققنوس عطار بس دردناک است. از منقار او نوحه بیرون

---
1. Leonard, Lutwack, *Birds in Literature*, p. 120.

می‌آید و از مرگ خود اندوهگین است:

در میان نوحه از اندوه مرگ
هر زمان برخود بلرزد چون تگرگ
از غمش آن روز در خون جگر
پیش او بسیار میرد جانور
جمله از زاری او گریان شوند
بعضی از بی‌قوتی بی‌جان شوند
بس عجب روزی بود آن روز او
خون چکد از نالهٔ دلسوز او
باز عمرش چون رسد با یک نفس
بال و پر بر هم زند از پیش و پس
آتشی بیرون جهد از بال او
بعد از آن آتش بگردد حال او
مرغ و هیزم هر دو چون اخگر شوند
بعد اخگر نیز خاکستر شوند
چون نماند ذره‌ای اخگر پدید
ققنسی آید ز خاکستر پدید
آتش آن هیزم چو خاکستر کند
از میانش ققنسی سر بر کند

نکتهٔ مرکزی اسطورهٔ ققنوس که رستاخیز دوباره است اینجا کنار گذاشته می‌شود. آن مرغ بهشتی و آتشین و باشکوه، مرغی نوحه‌خوان و در حال ضجه و زاری است و از اندوه مرگ خود بر خود می‌لرزد. مرکز اسطورهٔ ققنوس عطار نه حیات دوباره بلکه مرگ است. بچهٔ ققنوس، آن

ققنوس اولی که خاکستر شد نیست و یگانه بودن ققنوس و جفت نداشتن او، «نیست جفتش طاق بودن کار اوست»، نه امتیاز بلکه یکی از مایه‌های رنج و غصهٔ اوست:

سال‌ها در ناله و در درد بود
بی‌ولد، بی‌جفت، فردی فرد بود
در همه آفاق پیوندی نداشت
محنت جفتی و فرزندی نداشت

به‌جای احساسِ باشکوهِ زندگیِ جاویدان و حیات دوباره نیز عطار به خوانندهٔ شعرش یادآوری می‌کند که نکتهٔ اصلی این داستان «مرگ» است نه زندگی:

آخرالامرش اجل چون یاد داد
آمد و خاکسترش بر باد داد
تا بدانی تو که از چنگ اجل
کس نخواهد برد جان چند از حیل
در همه آفاق کس بی‌مرگ نیست
وین عجایب بین که کس را مرگ نیست

ققنوس نیما نیز مانند ققنوس عطار مرغ بهشتی خدایان نیست. مرغی خوشخوان است که به‌خاطر آوازش از بقیهٔ پرندگان متمایز می‌شود. چون نیما که علی‌رغم داشتن همسر، خود را تنها می‌بیند و منحصر به فرد، ققنوس او نیز بر شاخِ خیزران فرد نشسته است. پرندگانی که بر هر شاخه گرد او نشسته‌اند تماشاچیانی بیش نیستند. بین آنها و ققنوس داد و ستدی صورت نمی‌گیرد. ققنوس نیما چون نیما شاعری تنهاست:

او ناله‌های گمشده ترکیب می‌کند

از رشته‌های پارهٔ صدها صدای دور

خیال، مادهٔ خام شاعرست و کار شاعر از نظر نیما پیدا کردن ترکیب‌ها و تصویرهای ادبی تازه از پیرامون اوست. چنین است که حالا توجه ما نه تنها به ققنوس بلکه به محیط پیرامون او جلب می‌شود. این محیط چه خصوصیاتی دارد؟ خورشیدش زردی کمرنگی دارد و بانگ شغال بر ساحل اوج گرفته است. مرد دهاتی (قهرمان نیما[1]) آتش پنهان خانه را روشن نگاه می‌دارد. هم ققنوس و هم مرغان دیگر نیما (مرغ غم، مرغ مجسمه، مرغ آتش) شاعر و نویسنده‌اند. با خطوط سر و کار دارند و بر خطوط تیره خلق می‌کنند و یا در کار آفرینش:

در ابرهای مثل خطی تیره روی کوه
دیوار یک بنای خیالی
می‌سازد

«ققنوس»

بر سر خطی سیه چون شب، نهاده دست و پا
دست و پایی می‌زنم چو نیمه جانان بی‌صدا
«مرغ غم»

همه می‌خواند خطوط درهم پیچیده را
در اساس بی‌اساسی این طلسم چیده را
«مرغ آتش»
یک چیز مثل هر چه که دیده است، دیده است

---

۱. نگاه کنید به *افسانه و نیمای جوان*، فصل «یک بچهٔ کوهی»، صص ۱۵۳-۱۷۷.

خطی به چشم اوست که در ره کشیده است
«غراب»

مرغی نشسته بر سر بام سرای ما
مبهم حکایت عجبی ساز می‌دهد
«مرغ مجسمه»

لیک با طبع خموش اوست
چشم‌باش زندگانی‌ها
سردی آرای درونِ گرمِ او با بال‌هایش ناروان رمزی است
از زمان‌های روانی‌ها
«خواب زمستانی»

این پرندگان شاعر همه در شبی سیاه و محیطی سترون زیر آفتابی کمرنگ زندگی می‌کنند، آفتابی معمولاً در کار نیست و یا اگر هست زرد و بی‌رمق است:

جایی که نه گیاه در آنجاست، نه دمی
ترکیده آفتاب سمج روی سنگ‌هاش
نه این زمین و زندگی‌اش چیز دلکش است
«ققنوس»

زیر این چهر عبوس شب که زشت و تیره است
و نگاه او کسالت‌بخش و سرد و خیره است
«مرغ آتش»

هرکجا شاخی‌ست بر جا مانده بی برگ و نوا
دارد این مرغ کدر، بر رهگذار آن صدا
در هوای تیرهٔ وقت سحر سنگین به جا

او نوای هر غمش برده از این دنیا به در
از دلی غمگین در این ویرانه می‌گیرد خبر
گه نمی‌جنباند از رنجی که دارد بال و پر.
«مرغ غم»

وقت غروب کز بر کهسار، آفتاب
با رنگ‌های زرد غمش هست در حجاب،
تنها نشسته بر سر ساحل یکی غراب.
وز دور آب‌ها
همرنگ آسمان شده‌اند و یکی بلوط
زرد از خزان
کرده‌ست روی پارچه سنگی به سر سقوط
«غراب»

سر شکسته‌وار در بالش کشیده،
نه هوایی یاریش داده
آفتابی نه دمی با بوسهٔ گرمش به سوی او دویده
تیز پروازی به سنگین خواب روزانش زمستانی
«خواب زمستانی»

و مرغ خواب زمستانی هم چون ققنوس خاکسترنشین است:

آتشی را روی پوشیده به خاکستر
چه بسا خاکستر او را گشته بستر

حتی جغدی که در پایان «اندوهناک شب» ظاهر می‌شود در بستری از خاکستر است. گرد او «خاکستر هوا»ست.[۱] ولی در خاکسترنشینی ققنوس نکتهٔ منحصر به فردی وجود دارد و آن تولد جوجه‌های اوست. او خود را به آتش می‌زند و می‌سوزاند تا از خاکسترش، اشعارش، به او حیات دوباره بدهند. این کارکرد اسطوره‌ای ققنوس نیما اگر چه با پیشینهٔ سنتی ادبی آن (عطار) متفاوت است اما خود را به سنت شیعی با نگاهی رومانتیک پیوند می‌زند. ققنوس نیما هم شاعر و هم شهید است. نیما به‌خصوص در این دهه و هم سال‌های بعد احساس می‌کند شهید راه «ادبیات نوین» ایران است. آل‌احمد می‌نویسد: «سنگینی بار شعر خارق عادت معاصر را او یک‌تنه به دوش می‌کشید. هر خطایی که از هر پالاندوزی سر زد- به گمان اینکه اهل این بخیه است- چوبش را به گردهٔ او زدند. و چوبی که در این همه سال نیما را با آن زدند حکم غلطکی را پیدا کرد برای کوبیدن راه شعر معاصر. و باری که تازه به دوران رسیده‌ها و از مدرسه گریخته‌ها و غوره نشده مویز شده‌ها به عنوان پیروی از او بر سر بار اصلی او نهادند، پشت هر دیگری را خم می‌کرد. نیما فدایی شعر معاصر شد. پیشمرگ جوانهٔ شعر جوانان شد.»[۲]

بر این پیشمرگی، و فدایی بودن پیشاهنگ، فدای هدف والای خود شدن وقتی که این هدف «شعر معاصر» است، باید درنگ کرد. چرا که در اینجا

۱. حتی در شعرهای شهریور ۱۳۲۰ و پایان دههٔ این خاکسترنشینی ادامه دارد: «بر سر خاکسترم ره بود».
۲. جلال آل‌احمد، *ارزیابی شتابزده*، صص ۳۰-۳۱.

با یکی از عناصر مهم فرهنگی و فکری نسل نیما سروکار داریم. عنصری که با سنت شیعی شهادت در راه ایمان پیوندی نیرومند دارد. پیوندی که مختص روشنفکران معتقد به مذهب ما نیست. براهنی می‌نویسد:

«ولی نیما در آغاز، یک‌تنه و با فداکاری تمام و گوشه‌نشینی در کنج خانه توانست اساس شعر جدید ایران را پی‌ریزی کند. خودش در این مورد گفته است: 'کسی که دست به‌کار تازه می‌زند باید مقامی شبیه به مقام شهادت را بپذیرد' و واقعاً در این گوشه‌گیری و اعتکاف برای ایجاد چیزی بهتر (ایجاد شعری که شباهت زیادی به یک نوع دعای انسان‌های اولیه دارد و به همین دلیل تمام خصوصیات یک دعای قومی در آن پیدا می‌شود) نیما مقامی شبیه به مقام شهادت پیدا می‌کند و هالهٔ نورانی تقدس قدیسان را در اطراف سر خود پیوسته به همه سو می‌برد.»[1]

دشوار می‌توان این متن کوتاه یک نویسندهٔ مارکسیست را خواند و متوجه شیفتگی او به مفاهیم شهادت، اعتکاف، دعای قومی، و هالهٔ نورانی تقدس قدیسان نشد. من در اینجا به مشکل اساسی‌تر متن، به اینکه چرا باید پایهٔ ادبیات شعر نوین کشوری شبیه دعای انسان‌های اولیه و بدوی باشد و یا خصوصیات یک دعای قومی را پیدا کند، کاری ندارم. دیدن هالهٔ نورانی مقدس دور سر نیما را نیز می‌توانیم به حساب شاعرمنشی براهنی بگذاریم و از آن بگذریم. نکتهٔ اصلی در «شهید» دیدن نیما و داستان شهادت نیما را نوشتن است. نگاه و تعریف خود نیما از وضع خود و شعرش جز این نیست. او صبر نمی‌کند تا دیگران (آل‌احمد و براهنی) او را شهید بخوانند. می‌نویسد:

«از همهٔ اینها گذشته من یک کار دیگر کرده‌ام. به قول شما این شهادتی است. گویندهٔ این اشعار هدف دورتر داشته و چقدر شهرت خود

۱. رضا براهنی، *طلا در مس*، صص ۲۷۵-۲۷۶.

را فدا ساخته است. به‌علاوه شهادت است و خود من به زبان می‌آورم.»[۱]

و نیز در *حرف‌های همسایه* برای دوستی نقل می‌کند:

«عزیز من! به شما یک بار گفته‌ام که ما دورهٔ شهادت را طی می‌کنیم. زیر گوش شما در آن مجلس گفته بودم: من میرزا فتحعلی آخوندزاده دربندی هستم، و شما خندیدید. بعد برای شما نوشتم. در صورتی که کار ما دو تا یکی نیست. اما معاملهٔ ما با دوره‌ای که در آن واقع‌ایم یکی است و نمی‌بایست باشد.»[۲]

از سویی نیما خود را در مقام شهادت و شهید می‌بیند و از سویی متوجه غیرعادی بودن موقعیتِ این «شهید ادبی» است. شاعری که باید شهیدِ شعر خود شود تا پاداشش را نه چون شهیدان ایمانی و نه در دنیای دیگر، بلکه با ماندگاری شعرش، با حیات شعرش پس از او و جاودانگی ادبی در همین دنیای مادی به دست بیاورد. شهادت برای فتح این «آینده» است و چنین است که نگاه «پرندگان» نیما نیز همه به آینده دوخته شده است:

ز انتظار صبح با هم حرف‌هایی می‌زنیم
با غباری زردگونه پیله بر تن می‌تنیم
من به دست، او با نُکِ خود، چیزهایی می‌کنیم.

«مرغ غم»

بنشسته است تا که به غم، غم فزاید او
بر آستان غم به خیالی درآید او
در، از غمی به‌روی خلایق گشاید او
ویران کند سراچهٔ آن فکرها که هست.

«غراب»

۱. *نامه‌ها*، ص۱۰۴.
۲. *حرف‌های همسایه*، ص۲۷.

دلگشا آینده روزی است پیدا بی‌گمان با او
او شعاع گرم از دستی به دستی کرده بر پیشانی روز
و شب دلسرد می‌بندد
«خواب زمستانی»

برای «شهادت» باید به «حقانیت» خود ایمان داشت و نیز به پیروزی آینده. شهیدان ایرانی مارکسیست آن نسل مسیر عملی و تاریخی تحول جامعه را کشف کرده بودند و از پیروزی آرمان‌های سرخ خود در آینده اطمینان داشتند. پس چه باک که این زندگی امروز در راه مبارزه برای رسیدن به آن آیندهٔ «محتوم» فدا شود و نام آنها بر صفحهٔ تاریخ جاودان گردد. نیمای ققنوس اما پیشگام این شهیدان ایمانی است. نیمای جوان چون شهیدان ایمانی به حقانیت خود، به آن پیروزی محتوم اعتقاد دارد و می‌گوید:

«من کاملاً به موفقیت خود امیدوارم و پیش چشم می‌بینم آینده‌ای را که با موی سفید و قیافهٔ پیر، اطفال هدایت شدهٔ مملکت گرداگرد مرا گرفته‌اند و مردم با روی بشاش به من و مقدار خدمت و زحمت من نگاه می‌کنند.»[1]

پس شهادت برای چنین شعری، برای چنین پیروزی بزرگ آینده، برای نیمای این دهه امری منطقی به نظر می‌رسد. اما برای شهید ادبی این «آینده» چندان خالی از اشکال نیست. شهادت‌طلبان ایمانی پیش از شهید شدن از آینده‌ای روشن و طلایی حرف می‌زنند. از آن بهشت زمینی عدالت و خوشبختی برای همگان که دیر یا زود فرا خواهد رسید. اما «شهید ققنوس» برای تماشاچیان مضطرب و چشم انتظارش، برای

---

۱. نامه‌ها، ص ۱۰۳

آنان‌که با تماشای از خودگذشتگی و پاکی شهید متقاعد می‌شوند و ایمان می‌آورند از چه می‌گوید؟

وز روی تپه
ناگاه، چون به‌جای پر و بال می‌زند
بانگی برآرد از ته دل سوزناک و تلخ
که معنیش نداند هر مرغ رهگذر
آنگه ز رنج‌های درونیش مست
خود را به روی هیبت آتش می‌افکند

این آخرین وصیت شهید، آن ندایی که قرار است از او در دل تاریخ و تا زمان پیروزی محتوم به یادگار بماند بانگی است از ته دل سوزناک و تلخ که کسی معنی‌اش را نمی‌فهمد. چنین پیامی برای شهیدان ایمانی فاجعه محسوب می‌شود.

شریعتی می‌نویسد: «هر انقلابی دو چهره دارد: چهرهٔ اول خون و چهرهٔ دوم پیام. و شهید یعنی حاضر. کسانی که مرگ سرخ خویش را به دست خویش به عنوان نشان دادن عشق خویش به حقیقتی که دارد می‌میرد و به عنوان تنها سلاح برای جهاد در راه ارزش‌های بزرگی که دارد مسخ می‌شود انتخاب می‌کنند... اگر یک خون پیام نداشته باشد در تاریخ گنگ می‌ماند.»[1]

چه فاجعه‌ای برای شهیدان ایمانی از این بزرگ‌تر که خود پیام گنگ باشد. پیامی که با وجود «سوزناکی و تلخی» کسی معنی‌اش را درنمی‌یابد. شهید ایمانی به پیامی روشن نیاز دارد که برای همگان قابل فهم است. اما «شهید ادبی» ما معتقد است:

«شعر در درجهٔ اعلای خود مشاهده‌ای است که افراد معین و

---

۱. علی شریعتی، شهید و شهادت، ص ۱۰۲.

انگشت‌شمار دارند برای افراد معین و انگشت‌شمار دیگر. در غیر این صورت عزیز من، توقع نداشته باشید چیزی که چنین است همه بفهمند.»[۱] عوام اراذل و اوباشی بیش نیستند و «کسی که به اراذل و اوباش می‌چسبد و با اصرار تمام فقط دارد که ساده و عوام‌پسند کلمات را مرتب می‌کند مثل اینکه افسون فریبی او را سراندرپا انداخته است، به عالم فکر عوام نزول کرده است.»[۲]

برای شهید ادبی قدرت پیام در مبهم بودن آن، در قابل فهم نبودنش برای عوام و آسان در دسترس نبودن شعر اوست. چنین است که معنی رنج و سوز و گداز مرغان نیما در این دهه همه رازآلود و مبهم است:

بانگی برآرد از ته دل سوزناک و تلخ
که معنیش نداند هر مرغ رهگذر
«ققنوس»

هیچ‌کس او را نمی‌بیند نمی‌داند که چیست
بر سر دیوار این ویرانه‌جا، فریاد کیست
«مرغ غم»
سردی آرای درونِ گرمِ او با بال‌هایش ناروان رمزی است
«خواب زمستانی»

مرغی نهفته بر سر بام سرای ما
مبهم حکایت عجبی ساز می‌دهد
«مرغ مجسمه»

۱. *حرف‌های همسایه*، ص۵۶.
۲. همان اثر، ص۵۵.

این مشکل شهید ادبی، یعنی ابهام پیام و نخبه‌گرایی در عین حال نقطهٔ قدرت او در مقایسه با شهیدان ایمانی است. وقتی که باورهای شهیدان ایمانی در طول تاریخ دستخوش تحول و بازنگری می‌شوند، وقتی حاملان این پیام‌ها و نمایندگان این باورها سنگر مظلومیت خود را ترک می‌کنند، به قدرت می‌رسند، نقد می‌شوند و از سکوی «فکر مسلط جامعه» سقوط می‌کنند، پیام روشن شهید ایمانی در خطر بی‌اعتنایی و فراموشی قرار می‌گیرد.

اما شهید ادبی با مبهم‌گویی و در دسترس نبودن، خود را از چنین مخاطراتی حفظ می‌کند. اگر شهید ایمانی خواهان رسیدن به مدینهٔ فاضله: برابری، سعادت، خوشبختیِ همگان و یا حفظ کرامت همهٔ انسان‌های جامعه است، شهید ادبی تنها برای مخلوق ذهن خود، شعر و بلندپروازی خود، برای جاودانگی و رستگاری خود شهید می‌شود.[۱]

درست است که شهید ادبی با ما و در دنیای ما زندگی می‌کند اما مانند شهیدان ایمانی نگاهش به زندگی دیگران و دغدغه‌اش سعادت دیگران نیست. در شعر شهیدان ایمانی، نگاه به دیگران حتی در لحظهٔ شهادت مرکزیت دارد:

«زیر آوار صدای نزدیک
می‌گشاید در، می‌بندد دست
روی چشمانم – چشمان سحر
چشم‌بندی تاریک
لحظه‌ای می‌مانم
می‌روم خون‌آلود

۱. این نگرش نیما در شعرهای دههٔ بعد او تا حدی تعدیل می‌شود.

شعر خونین رفیقان را در قعر جگر می‌خوانم»[۱]

و یا نمونهٔ دیگرش:

«ای سرو ایستاده.....
این عابران خوب و ستم بر
نام ترا
این عابران ژنده نمی‌دانند
و این دریغ هست اما
روزی که خلق بداند
هر قطرهٔ خون تو
محراب می‌شود»[۲]

اما شهید ادبی نگران رفیقان و خلق و عابران ژنده نیست. «شهید ققنوس» نمی‌خواهد زندگی‌اش مانند بقیه در تلاش معاش هدر برود. چرا که هدر رفتن زندگی او فاجعه‌ای بس بزرگ است:

«حس می‌کند که زندگی او چنان
مرغان دیگر ار به‌سر آید
در خواب و خورد
رنجی بود کز آن نتوانند نام برد»

«شهید ققنوس» چون نمی‌خواهد مانند مرغان دیگر پای‌بند زندگی روزمره باقی بماند خود را در آتش می‌افکند. کار شهید ققنوس مانند شهیدان ایمانی، انقلابی و رومانتیک است اما هدفش جهتی صد و هشتاد

۱. سعید سلطان‌پور.
۲. خسرو گلسرخی.

درجه متفاوت با آنها پیدا می‌کند. به همان اندازه که هدف شهیدان ایمانی «جمعیت»[1]گراست، هدف شهید ادبی نخبه‌گراست.

شهید ادبی اما چون بقیهٔ شهدا «سیاسی» است. «شهادت» تنها یک مرگ نیست بلکه زندگی پس از مرگی است که به‌وسیلهٔ شاهدان، نقالان و اسطوره‌سازان در تاریخ ثبت می‌شود. این زندگی پس از مرگ برای مبارزه با «حاکم» و جریان «حاکم» است. زندگی پس از مرگ شهید، اعلام مبارزهٔ مبارزی رویین‌تن است. مبارزی که حاکمان قادر نیستند او را نابود کنند، چرا که این زندگی پس از مرگ، او را از دسترس حاکمان خارج کرده است. شهادت همهٔ شهیدان یا توشهٔ مبارزه‌ای سیاسی است و یا قابلیت تبدیل شدن به چنین توشه‌ای را دارد.

شهید ادبی نیز از این قوانین تاریخی شهادت مستثنا نیست. مقصد او، اسطوره و داستانی که «شاهدان» و نقالانش از او می‌سازند دستمایهٔ مبارزه با «حاکمان ادبی» است. چرا که شهید ادبی و شاهدانش نیز چون شهدای ایمانی برای بر هم زدن نظم حاکم آمده‌اند. پیروزی شهید ققنوس، پیروزی شعر اوست. نیما هم شهید و هم شاهد شهادت خود است و با ماندگاری شعرش حاکمان ادبی سقوط می‌کنند: «پس جوجه‌هایش از دل خاکسترش به‌در.»

با وجودی که ققنوس از غم و رنج‌های درونی‌اش چیز زیادی نمی‌گوید، جز اینکه این رنج‌های درونی، او را «مست» و آمادهٔ عمل انتحاری و پریدن به داخل آتش کرده است و با اینکه بانگ سوزناک و تلخ او را هر مرغ رهگذری درک نمی‌کند، ققنوس روح شهادت‌طلبانهٔ چند نسل روشنفکر ناراضی بعد از خود را ثبت می‌کند. روحیهٔ شهادت‌طلبانی که «مست» و آمادهٔ عمل انتحاری، حامل پیام‌هایی روشن و صریح بودند. ققنوس

۱. «جمعیت» اصطلاحی است که نیما برای «توده‌ها» و نیز «حزب توده» به کار می‌برد.

الهام‌بخش و پیشاهنگ این شهادت‌طلبان ایمانی است چرا که از چیرگی شبی تیره و دراز صحبت می‌کند در سرزمینی سترون و مغموم:

جایی که نه گیاه در آنجاست، نه دمی
ترکیده آفتاب سمج روی سنگ‌هاش
نه این زمین و زندگی‌اش چیز دلکش است

در اینجا که «تیرگی این شب دراز» حاکم است و آرزوی همهٔ مرغ‌ها چون دود تیره است. ققنوس برای بازتولید، برای رساندن پیامش به نسل بعد باید خود را درون آتش بیفکند. اما این شب دراز، این تیرگی که مرغانِ خاکسترنشین این دهه، در آن غم و غصه و انزوا می‌سوزند، این شب تیره که ققنوس خوشخوان، آوازهٔ جهان، با آتش زدن خود آن را روشن می‌کند چیست و تیرگی و چیرگی خود را از چه می‌گیرد؟ در فصل بعد به این شب تیره می‌پردازم.

فصل پنجم

شب و صبح

تم اصلی این اشعار، شب و یا رویارویی شب با صبح است. شب در این اشعار اغلب فضای غالب و حاکم است. اما همیشه کورسوی امیدی به صبح نیز هست. صبحی که همهٔ «چیزهای سیه را سفید می‌کند» و در آمدنش تردیدی نیست اما صبحی که زخم خورده و «شکسته‌پر» است و یا حضورش چون «عنکبوتی» از رنگ از سقف سیاه شب آویخته است. این «شب نیمایی» در فصل «شام غریبان» به تفصیل بررسی شده است. شعر «شکسته‌پر» می‌توانست در بخش پیشین (مرغان نیما) هم آورده شود اما درونمایهٔ اصلی شعر با شعرهای «شب سیاه» در این بخش نزدیک‌تر بود.

اندوهناک شب (آبان ۱۳۱۹)

خندهٔ سرد (اسفند ۱۳۱۹)

گم‌شدگان (فروردین ۱۳۲۰)

وقت است (۱۳۲۰)

می‌خندد (۱۳۱۸)

امید پلید (اسفند ۱۳۱۹)

لکه‌دار صبح (شهریور ۱۳۲۰)

شکسته‌پر(دی ۱۳۱۹)

گل مهتاب (اسفند ۱۳۱۸)

اندوهناک شب

هنگام شب که سایهٔ هر چیز زیر و روست
دریای منقلب
در موج خود فروست.
هر سایه‌ای رمیده به کنجی خزیده است،
سوی شتاب‌های گریزندگان موج.
بنهفته سایه‌ای
سر برکشیده ز راهی.
این سایه، از رهش
بر سایه‌های دیگر ساحل نگاه نیست
او را، اگرچه پیدا یک جایگاه نیست
با هر شتاب موجش باشد شتاب‌ها
او می‌شکافد این ره را کاندران
بس سایه‌اند گریزان.
خم می‌شود به ساحل آشوب
او انحنای این تن خشک است از فلج،
آنجا، میان دورترین سایه‌های دور،
جا می‌گزیند
دیده به ره نهفته نشیند.

در این زمان
بر سوی مانده‌های ساحل خاموش
موجی شکسته می‌کند آرام‌تر عبور
کوبیده موج‌های وزین‌تر

افکنده موج‌های گریزان ز راه دور
بر کرده از درون موج دگر سر.
او گوش بسته بر سوی موج و از آن نهان
می‌کاودش دو چشم.

آیا به خلوتی که کسی نیستش سکون،
و اشکال این جهان
باشند اندر آن
لرزان و واژگون،
شوریدگان این شبِ تاریک را ره است؟
آیا کسان که زنده ولی زندگانشان
از بهر زندگی
راهی نداده‌اند
وین زندگان به دیدهٔ آنان چو مرده‌اند
در خلوت شبان مشوش
با زندگان دیگرشان هست زندگی؟
این راست است، زندگی این‌سان پلید نیست؟
پایان این شب
چیزی به غیر روشن روز سفید نیست
و آنجا کسان دیگر هستند کان کسان
از چشم مردمان
دارند رخ نهان
با حرف‌هایشان همه مردم نه آشناست؟
گویند روی ساحل خلوتگهان دور

ناجور مردمی
دارند زیست.
و پوست‌های پای آنها
از زهر خارهای «کراد»
آزرده نیست.
آنجا چو موج‌های سبک‌خیز
آرام و خوش گذشته همه چیز
مانند ما طبیعت،
نگرفته است راه کجی پیش.
هر جانور
باشد به میل خود
بهره‌ور.

این گفته‌ها و لیک سراسر درست نیست
در خلوتی چنان هم
هر دم گل سفید، که مانند روی گل
بگشاده است روی
با شب فسانه‌گوست.
مرغ طرب، فتاده به تشویش
با رنج‌های دگرگون
هر دم به گفت‌وگوست
او باز می‌کند
بالی به رنگِ خون
و افسرده می‌نشیند

بر سنگ واژگون.

چون ماه خنده می‌زند از دور روی موج
در خرده‌های خندهٔ او یافته است اوج
موجی نحیف‌تر
آن سایهٔ دویده به ساحل
گم گشته است و رفته به راهی
تنها به‌جاست بر سر سنگی
بر جای او
اندوهناک شب.

موجی رسیده فکر جهان را به هم زده
بر هر چه داشت هستی رنگ عدم زده
اندوهناک شب.
با موی دلربایش بر جای او
میلش نه تا که ره سپرد
هیچش نه یک هوس که بخندد
تنها نشسته در کشش این شب دراز
وز چشم اشک خود سترد
او از نبودِ گمشدگان
افسوس می‌خورد
این سهمگین دریدهٔ موج عبوس را
افسرده می‌نگرد.

در زیر اشک خود همه جا را
بیند به لرزه تن
پندارد این‌که کار همه سایه‌ها چو او
باشد گریستن.
از هر کنار او
سنگی گسیخته
شکلی به ره گریخته
خاموش‌های لرزان،
مست از نوای او،
استاده‌اند حیران.
خاکستر هوا
بنشانده جغد را زِ بَرِ شاخه‌های خشک
و آویخته به سقف سیه عنکبوت رنگ.
آبان ۱۳۱۹

شکسته‌پر

نزدیک شد رسیدن مرغ شکسته‌پر
هی پهن می‌کند پر و هی می‌زند به در
زین حبسگاه سر
آواز می‌دهد به همه خفتگان ما
در کارگاهِ روشنِ فکرِ جوانِ ما
بیدار می‌کند همه شورِ نهانِ ما.

***

بر بام این سرای که کردش ستم نگون

استاده است همچو یکی گوی واژگون
می‌کاودش دو چشم
تا چهره‌های مرگ‌نما را کند جدا
از چهره‌های خشم
تا فکرهای گمشدگان را
که کارشان همیشه، ویرانه کردن است
و آثار این خرابی‌شان، هر دم به گردن است
از فکرهای دیگر، یک‌سوی‌تر کند
تا نیم مردگان را
کافسرده شوقشان، هم از او باخبر شوند
اول به رنگ‌های دگر روی می‌کند
تردید می‌فزاید
در ساحتِ غبارِ پر از شکلِ جانور.
تصویر آتشی بنماید
با سوزشی دگر.
می‌سوزد آنچه بینی
وز خشم، چیزهای سیه می‌کند سفید
آن‌گاه می‌نماید از این سقف تیره سر
یعنی دمید از پسِ شام سیه سحر
نزدیک شد رسیدنِ مرغِ شکسته‌پر.

دی ۱۳۱۹

خندهٔ سرد

صبحگاهان که بسته می‌ماند
ماهی آبنوس در زنجیر
دم طاووس پر می‌افشاند
روی این بامِ تن بشسته ز قیر.

چهره‌سازان این سرای درشت
رنگدان‌ها گرفته‌اند به کف
می‌شتابد ددی شکافته پشت
بر سر موج‌های همچو صدف.

خنده‌ها می‌کنند از همه سو
بر تکاپوی این سحرخیزان.
روشنان سربه‌سر در آب فرو
به یکی موی گشته آویزان.

دلربایان آب بر لبِ آب
جای بگرفته‌اند.
رهروان با شتاب در تک و تاب
پای بگرفته‌اند.

لیک باد دمنده می‌آید
سرکش و تند
لب از این خنده بسته می‌ماند

هیکلی ایستاده می‌پاید.

صبح چون کاروان دزد زده
می‌نشیند فسرده
چشم بر دزدِ رفته می‌دوزد.
خندهٔ سرد را می‌آموزد.
اسفند ۱۳۱۹

فصل ششم

شام غریبان

شبی چون شبه روی شسته به قیر
نه بهرام پیدا نه کیوان نه تیر
«فردوسی»

امشب به صحرا بی‌کفن جسم شهیدان است.
شام غریبان است.
امشب نوای بی‌کسان بر بام کیوان است.
شام غریبان است.
«خائف لاهیجی، ۱۲۵۱-۱۳۱۸»

Does not everything that inspires us
Wear the colour of night?
«Fredrich von Hardenberg» (Novalis, 1172-1801)

به کجای این شب تیره بیاویزم قبای ژندهٔ خود را
تا کشم از سینهٔ پر درد خود بیرون
تیرهای زهر را دلخون
«نیما، بهمن ۱۳۱۸»

«شب» در شعر کلاسیک ما اغلب برای نشان دادن «شب طبیعی» به‌کار گرفته می‌شود. تاریکی این «شب» به خودی خود بار مثبت یا منفی خاصی ندارد. زمانی است برای خفتن، آسودگی، خلوت کردن با یار، راز و نیاز با خداوند و برآورده کردن آرزوهای جسمانی. «شب» در حاشیه مصرع چون ناظر و خوانندهٔ شعر به تماشای حادثه نشسته است:

روز و شب خوابم نمی‌آید به چشم غم‌پرست
بس که در بیماریِ هجرِ تو گریانم چو شمع

«حافظ»

شب در این اشعار حکم ساعت را دارد. نشانگر زمان وقوع حادثه است و گاه نقش طبیعی «قرینهٔ روز» را بر عهده می‌گیرد:

نماز شام نزدیک است و امشب
مه و خورشید را بینم مقابل
چنان دو کفهٔ سیمین ترازو
که این کفه شود زان کفه مایل

«منوچهری»

و حتی وقتی شب تصویر مرکزی شعر است باز چیزی جز همان «شب طبیعی» نیست:

شبی گیسو فرو هشته به دامن
پلاسین معجر و قیرینه گرزن
به‌کردار زنی زنگی که هر شب
بزاید کودکی بلغاری آن زن
«منوچهری»

استفادهٔ شاعران کلاسیک ما از «شب طبیعی» متأثر از متون مذهبی است. متونی که در همهٔ آنها «شب» آفریدهٔ خداوند است. در «گات‌ها» می‌خوانیم: «خواب و بیداری، تاریکی و روشنایی را چه کسی پدید آورد؟ کیست پدیدآورندهٔ بامداد و نیمروز و شب که مرد دانا را به انجام کارهای روزانه‌اش هشدار می‌دهد؟»[۱]

در تورات آفریننده بر آن نام «شب» می‌نهد: «و خداوند روشنایی را از تاریکی جدا ساخت و خدا روشنایی را روز نامید و تاریکی را شب نامید.»[۲]

در قرآن این شب را برای انسان رام می‌کند: «وَسَخَّرَ لَکُمُ اللَّیْلَ وَالنَّهَارَ» «رام کرد برای شما شب و روز را». با همهٔ این ویژگی‌هایش همان «شب طبیعی» است و «هر شبی را روزی مقدرست انجام» و اگر برای سعدی «شب شراب» به بامداد خمار نمی‌ارزد برای دیگری زمانِ در بستن و خلوت کردن با یار است. این شب در تیرگی‌اش شاعر را به یاد زلف یا چشم یار و یا بخت خویش می‌اندازد. اما جز آن کارکرد دیگری ندارد. در ترکیباتی چون «شب هجران»[۳]، «آه شب»[۴] «شب عاشقان بی‌دل» همه شب همان است که اینجا «شب طبیعی» نامیده‌ایم.

۱. *گات‌ها*، هات ۴۴، بند پنجم.
۲. *تورات*، صحیفهٔ پیدایش.
۳. در شب هجران مرا پروانه وصلی فرست «حافظ».
۴. دعای صبح و آه شب، کلید گنج مقصود است «حافظ».

اما نکتهٔ دیگر در سیاهی منسوب به شب و میراث فرهنگی دوئالیسم[۱] سنتی ایرانی است. در آنچه که شاید از پیش از آیین زردشت در فرهنگ ما به یادگار مانده است: مقابلهٔ نیکی با بدی، رویارویی روشنایی با تاریکی است. در این میراث باری منفی بر پشت شب می‌نشیند. چرا که روز و روشنایی به مثابهٔ جهان هرمزد و تاریکی نشانهٔ عالم اهریمن بوده است. در این سنت اهریمن نور را می‌بیند و در صدد نابودی آن برمی‌آید اما شکست می‌خورد و در تاریکی باقی می‌ماند. در ملاقات زردشت با اهورامزدا، زردشت می‌پرسد: «نخستین شکوه از جهان مادی چیست؟» و اهورامزدا می‌گوید: «اول اندیشهٔ نیک، دوم گفتار نیک و سوم کردار نیک. آن کسانی که روشنی دل را می‌خواهند جای آنان با روشنان است و آنان که تاریکی را می‌خواهند جایشان در درون تاریکی است.»[۲] و یا در جای دیگر: «اهرمن به پس‌دانشی و زدارکامگی و فروپایگی در تاریکی می‌زیست. زدارکامگی خیم اهرمن بود و تاریکی جای و گاه او بود. تاریکی اهرمن بی‌سر بود.»

آن‌گاه در سنت شعر عرفانی ما، شب و تاریکی به هم می‌پیوندند تا نشان دهندهٔ ظلمات و گمراهی باشند. تکیهٔ شعر عرفانی ما چون همیشه سراسر بر متن قرآن است و تعبیر: «یُخْرِجُهُم مِنَ الظُّلُماتِ إِلَی‌النُّورِ» که ظلمات (در متن قرآن‌همیشه به صورت جمع می‌آید) به معنی تاریکی و جهل و بدی و نور در برابر دنیای خیر و کمال است. آنجا که می‌گوید:

شب تاریک و بیم موج و گردابی چنین حائل
کجا دانند حال ما سبکباران ساحل‌ها

«حافظ»

---

۱. یکی از مکاتب عقلی قدیمی به‌معنی اعتقاد به دوگانگی.
۲. محمدهادی محمدی، شکوه حاجی‌نصرالله، *سپیده‌دم اندیشهٔ ایرانی از آغاز تمدن ایرانی تا پایان دورهٔ هخامنشی*، ۱۳۸۵؛ حسین وحیدی، *اسب سپید خورشید، نبرد روشنایی و تاریکی در ایران*، ۱۳۶۹، ص ۸۰.

اما شاعر «شبه رومانتیک» عصر مشروطه، شب و تاریکی را با یکدیگر پیوندی تازه می‌دهد. در این اختراع تازهٔ شب، شاعر مشروطه از «ظلمات» به «ظلم» می‌رسد و رستگاری او در پیروزی بر استبداد و رسیدن به آزادی است. وقتی دهخدا می‌سراید:

ای مرغ سحر چو این شب تار
بگذاشت ز سر سیاهکاری

خواننده می‌داند شب تار حکومت استبدادی و از نمونهٔ سیاهکاری‌هایش کشتن آزادیخواهان و از جمله میرزا جهانگیر صوراسرافیل است.

احمد کریمی‌حکاک معتقد است که در این شعر دهخدا «کلمه و مفهوم شب نیز بُعد معنایی تازه‌ای پیدا می‌کند که در سنت ادبی ما سابقه نداشته است»[1] و یحیی آرین‌پور این شعر را هم «از حیث مضمون و طرز بیان» و هم از «حیث شکل» در ادبیات ایران، «بی‌سابقه» می‌داند و تأثیر آن را بر شاعران دیگر چون احمد خرم، یحیی دانش، پروین اعتصامی، ملک‌الشعراء بهار و تنی دیگر برمی‌شمرد.[2] قدر مسلم این که شاعر در این شعر همه جا با کلمهٔ شب، ظلمت و ظلم سیاسی را در هم آمیخته است. وقتی شاعر می‌سراید:

رفتی بر یار خویش و پیوند
زان کو همه شام با تو یکچند
آزادتر از نسیم و مهتاب
در آرزوی وصال احباب
اختر به سحر شمرده یاد آر!

۱. احمد کریمی‌حکاک، *طلیعهٔ تجدد در شعر فارسی*، ص۱۵۳.
۲. یحیی آرین‌پور، *از صبا تا نیما*، جلد اول، ص۹۷.

خواننده نه تنها «شب سیاسی» را می‌بیند بلکه آزادی و سحر و آینده را در برابر آن نیز به معنای رهایی از استبداد سیاسی متصور می‌شود. این نقطهٔ تحول شعری تنها از این رو اهمیت ندارد که بعد از دهخدا، شاعران فرهنگ ما از کلمهٔ شب در شعر خود با چنین کارکردی استفاده می‌کنند و به‌خصوص در اشعار دورهٔ مشروطه شب نماد حکومت ظالم می‌شود[1] بلکه از این جهت نیز مهم است که بسیاری به نیما و «شب نیمایی» نیز از همین دریچه نگریسته‌اند.

چنین پیش‌داوری را در بستر شعر سیاسی پس از انقلاب مشروطه می‌توان درک کرد به‌خصوص که نگاه روشنفکر ایرانی دوران نیما به آنچه پس از مشروطه رخ داده بسیار سیاه و تاریک است. این «شب‌بینی» (اگر نه تنها بدبینی) به عنوان نمونه در آل‌احمد به عنوان یکی از معروف‌ترین و برجسته‌ترین روشنفکران عصر نیما به‌خوبی به‌چشم می‌خورد. آل‌احمد حتی اگر در طرفداری‌اش از مشروعه و شیخ فضل‌الله نوری در اقلیت باشد در نگاهش به تحولات پس از انقلاب مشروطه تنها نیست آنجا که می‌نویسد:

«مشروطه‌ای که نه معنا و دوامی داشته و نه خیر و سعادتی با خود آورده. و بعد نیز حکومت متمرکزی که در زیر سرپوش «ترقیات مشعشعانه»اش هیچ چیز جز خفقان مرگ و جز بگیر و ببند نداشته است. من هر وقت در بوف کور می‌خوانم: 'در این وقت صدای یک‌دسته گزمهٔ مست از توی کوچه بلند شد که می‌گذشتند و شوخی‌های هرزه با هم می‌کردند... من هراسان خود را کنار می‌کشیدم' به یاد وحشت و هراسی می‌افتم که نزدیک بیست سال مثل بختک در «شب تاریک و استبداد» بر

---

۱. هیوا مسیح، هست شب آری شب، ۱۱ مرداد ۱۳۸۶.

سر ملتی افتاده بوده است.»[۱]

چنین است که حتی تا امروز بسیاری از محققان ما در محیط دانشگاهی، شب در شعر نیما را تنها نمادی برای بیان زمانهٔ استبداد زاده و خفقان‌آمیز[۲] و یا نمادی از سیاهی و خفقان[۳] بدانند. عده‌ای نیز در واکنش به این یک‌سونگری و با توجه به شخصیت «سیاست‌گریز» و منزوی نیما به یک‌سونگری متقابلی دست می‌زنند و شعر نیما را از ظرف تاریخی، اجتماعی و سیاسی آن به‌کلی جدا می‌کنند و به عنوان نمونه چنین می‌گویند: «نمی‌توان تیرگی و سیاهی حاکم بر شعر نیما را تنها به استبداد دوران زندگی او نسبت داد. بدون شک شخصیت نیما نیز در پرورش چنین وضعیتی تأثیر داشته است.»[۴] و یا نتیجه می‌گیرند: «دلیل عمدهٔ سیاهی‌های شعر نیما به مسائل روان‌شناختی و شخصیتی او برمی‌گردد و علل سیاسی و اجتماعی در درجهٔ دوم اهمیت هستند.»[۵]

اینکه مسائل روانی و شخصیتی هر شاعری را می‌توان در شعرش تشخیص داد امری کلی است و به ما چیز تازه و یا خاصی در بارهٔ نیما نمی‌آموزد. نیما شاعری بدبین و منزوی بوده است. اما در به‌وجود آمدن این روحیه، دوران کودکی پر از آزار و وحشتِ شکنجه، مادری سختگیر و خواهان کنترل، پدری غایب، برادری محبوب اما گمشده، عشقی ناگهان ناپدید شده، رابطهٔ بد زناشویی با عالیه و شرایط بد اقتصادی، فقر و آوارگی و محیط خصمانهٔ کار و اجتماع نسبت به او و سرانجام عوامل خاص تاریخی، فرهنگی و سیاسی نقش داشته‌اند و در شعر او تأثیر می‌گذارند.

۱. جلال آل‌احمد، *هفت مقاله*، ص۱۵.

۲. علی سلیمی، مهدی مرآتی، «مطالعهٔ تطبیقی واژهٔ شب در شعر نیما یوشیج و نازک ملائکه» نشریهٔ *ادبیات تطبیقی دانشکدهٔ ادبیات و علوم انسانی*، دانشگاه شهید باهنر، کرمان، دورهٔ جدید، سال دوم، شمارهٔ ۳، زمستان ۱۳۸۹.

۳. انزابی‌نژاد، ۱۳۸۸.

۴. لیلا هاشمیان، مریم برزگر، «بنیان دوداندود، علل وجود تیرگی در شعر نیما یوشیج»، *گیلان ما*، ۸ سپتامبر ۲۰۱۱.

۵. همان‌جا.

حتی آل‌احمد که از وحشت و هراس بیست ساله و شب تاریک استبداد می‌گوید و در سراسر عمر از مذهب تا شعر همهٔ فعالیت‌های فرهنگی را به عنوان سلاحی برای مبارزهٔ سیاسی با نظام حاکم می‌خواهد نمی‌تواند نسبت به «بدبینی» نیما بی اعتنا باشد آنجا که می‌نویسد:

«... نیما اصولاً شاعری است بدبین. گذشته از اشعار دورهٔ اخیر او که مایهٔ پیچیده و فرّاری از امید و خوش‌بینی در آنها نهاده شده، خوش‌بینی و امیدی که باز هم غم‌انگیز و دلگزاست، گذشته از این اشعار، چه در دوران خفقان و چه در پیش از آن، افسانه و قصه رنگ‌پریده و ای شب و غیره سرشار از بدبینی است. اما یأس و بدبینی اشعار دورهٔ خفقان درد بیشتری دارد و تیرگی بیشتری.»[1]

برای اینکه کلی بودن و دقیق نبودن همهٔ این اظهار نظرها را نشان دهیم از نگاهی نزدیک به «اولین شب» نیما آغاز می‌کنیم و بعد به بحث شب نیمایی در دههٔ ۱۳۱۱-۱۳۲۱ می‌پردازیم. اولین شب از اولین شعرهای نیما، از شعر «ای شب» سال ۱۳۰۱ آغاز می‌شود:

هان ای شب شوم وحشت‌انگیز
تا چند زنی به جانم آتش؟
یا چشم مرا ز جای برکن
یا پرده ز روی خود فروکش
یا بازگذار تا بمیرم
کز دیدن روزگار سیرم.

از این چند مصرع آغازین چنین به نظر می‌رسد که «شب شوم وحشت‌انگیز» نیما همان «شب تار و سیاهکار» دهخداست، که نیما در

۱. جلال آل‌احمد، *نیما یوشیج به روایت جلال آل‌احمد*، ص ۹۶.

برابرش به قصد مرگ یا نابینایی و یا رسیدن به سحر ایستاده است. اما بخش بعدی شعر چهره‌ای متفاوت از شاعرش ارائه می‌دهد:

دیری‌ست که در زمانهٔ دون
از دیده همیشه اشکبارم
عمری به کدورت و الم رفت
تا باقی عمر چون سپارم
نه بخت بد مراست سامان
و ای شب، نه تراست هیچ پایان.

این بخش در تأیید آنها که شب نیما را حاصل «سیاهی‌های روانی و شخصیتی» او می‌دانند از عمری پر کدورت و درد و بخت نابسامانی شکایت دارد که جدا از تیرگی شب (و همزمان با آن) شاعر را آزار می‌دهد. اما دو قطعهٔ بعدی این معادلات را در ذهن خواننده تغییر می‌دهد:

چندین چه کنی مرا ستیزه
بس نیست مرا غم زمانه؟
دل می‌بری و قرار از من
هر لحظه به یک ره و فسانه
بس بس که شدی تو فتنه‌ای سخت
سرمایهٔ درد و دشمن بخت.
این قصه که می‌کنی تو با من
زین خوبتر ایچ قصه‌ای نیست
خوبست و لیک باید از درد
نالان شد و زار زار بگریست.
بشکست دلم ز بی‌قراری
کوتاه کن این فسانه، باری.

ستیزه با شب جدا از غم زمانه بر شاعر سایه افکنده اما این شب چون «شب تار» دهخدا تنها «سیاهکار» نیست. این «شب شوم» دل و قرار از شاعر می‌برد و قصهٔ این دلبریش نیز خوبترین قصه‌ها و نیز دردناک‌ترین آنهاست. و اگر خواننده نمی‌خواهد به دریافتی ساده و مازوخیستی از نیمای جوان اکتفا کند کافی است ادامهٔ شعر را بخواند:

تو چیستی ای شب غم‌انگیز
در جست‌وجوی چه کاری آخر؟
بس وقت گذشت و تو همان‌طور
استاده به شکل خوف‌آور
تاریخچهٔ گذشتگانی
یا رازگشای مردگانی؟
تو آینه‌دار روزگاری
یا در ره عشق پرده‌داری؟
یا دشمن جان من شدستی؟
ای شب بنه این شگفت‌کاری
بگذار مرا به حالت خویش
با جانِ فسرده و دلِ ریش!

و این سؤالات متعدد نیمای جوان از شب، (تکنیک ریتوریکالی که بعد در شعر افسانه اوج می‌گیرد آنجا که به همین شکل از افسانه چیستی و کیستی او را می‌پرسد) گاه شب را تاریخچهٔ گذشتگان، رازگشای مردگان، آینه‌دار روزگار و پرده‌دار عشق خطاب می‌کند. اینجا خواننده‌ای که با ما در شعر دقت کرده باشد تفاوت فاحش و کارکرد متفاوت کلمهٔ شب در شعر نیمای جوان را با «شب تار» سیاسی دهخدا و شاعران پس از او درمی‌یابد.

شب نیمای جوان سرشار از امکانات است. شاید در عبارت «آینه‌دار روزگار» به «شب تار» دهخدا نزدیک می‌شود ولی تحسین شگفت‌کاری‌اش و «خوبی قصه» کاری که با دل شاعر می‌کند، در پوشاندن و مخفی کردن و پرده‌داری عشق در راز گشودن از مردگان و گذشتگان از «شب تار» سیاسی دور می‌نماید. در کارکرد این «شب» شباهتی با «شب» شاعران مکتب رومانتیسم هست. به این شباهت نگاهی می‌کنیم و آن‌گاه تحول و تغییر کارکرد «شب» را در شعرهای دههٔ ۱۳۱۱-۱۳۲۱، شعرهایی که با دههٔ قبل تفاوت‌های مهم و روشنی دارند، نشان خواهیم داد.

نگاه شاعران رومانتیک غرب به «ذهن انسان» نگاهی انقلابی و برای زمانهٔ خود بی‌سابقه بود. آنها با رد کردن باور پیشینیان خود که «ذهن» را تنها «گیرندهٔ» دنیای بیرون می‌دانستند، ذهن را موجودیتی خلاق دانستند که نه تنها می‌تواند در آنچه از «بیرون» دریافت می‌کند دست ببرد و آن را تغییر دهد بلکه می‌تواند از «درون» واقعیتی تازه خلق کند.

«وُردورث» پیشاهنگ شعر و مکتب رومانتیسم با نگاه به درون برای خلاقیت و الهام آغاز می‌کند و «آنا باربالد» در شعر معروفش، «مکاشفهٔ یک شب تابستانی» به‌طور مشخص دنباله‌رو وُردورث و ایده‌آل او از روند خلاقیت شعری است، آنجا که معتقد است خلاقیت از احساسات برمی‌خیزد و شب برانگیزانندهٔ احساسات و در نتیجه خلاقیت است. از نظر آنان شاعر در «شب» به احساسی «مرگ مانند» دست می‌یابد و قدرت خلاقیت واقعی تنها در مرگ امکان‌پذیر است. در این درک شاعرانه که در نظر اول عجیب می‌نماید باید درنگ کنیم. وُردورث در «تین‌ترن اَبی» این نظر را ابراز می‌کند که در ما امکان خلاقیتی عظیم نهفته است و ما می‌توانیم «رشحه»ای از آن را «برق‌آسا» در شب در خویش ببینیم و در مرگ بدان دست پیدا کنیم. روند این خلاقیت را او در «لیرکال بالادز»

چنین توضیح می‌دهد که فرد تجربه‌ای دارد و این تجربه احساسی را در او برمی‌انگیزد. فرد این احساس را درونی می‌کند و آن‌گاه در روندی که فکر، حافظه و درگیری ذهن بر آن تأثیر می‌گذارند سطح دیگری از این احساس را، شکل پخته‌تری از آن را، تولید می‌کند. این احساس دوم که از ذهن شخص، از حافظه و فکر او، عناصری را برگرفته در شعر، خود را نمایش می‌دهد. در واقع در ریشه و اصل برای او همان معنای خلاقیت را دارد. این روندی که در آن «احساسات پخته» می‌شود به نظر وُردورث همان روند خلاقیت ادبی و یا خلاقیت عمومی برای همهٔ هنرهاست.[1]

برای درک بهتر شعر رومانتیک و خلاقیت آن و ارتباطش با شب باید تعریف کولریج (Coleidge) از خلاقیت شعری را نیز به مفهوم بالا اضافه کرد. کولریج از دو عنصر تخیل (imagination) و تصور (fancy) برای تعریف روند خلاقیت شعری استفاده می‌کند. تخیل برای کولریج قدرت خلاقهٔ فردی است که از تکرار فکری در ذهن نشأت می‌گیرد. اما این قدرت خلاقه فقط وقتی ظاهر می‌شود که جدایی شاعر از خالقش به پایان رسیده باشد. با وحدت وجود شاعر و آفریدگار، شاعر خلق می‌کند و به تخیلی تلفیقی (imaginative reconciliation) دست می‌یابد. برای کولریج خاطره از تجربه می‌آید و همان احساس خام اولیه‌ای است که وودزورث حاصل تجربه می‌داند. اما «تخیل تلفیقی» و رسیدن به مقام «آفریننده» همان سطحی است که وودزورث شکل پخته‌تر احساسات می‌نامد.

حالا می‌توانیم توضیح دهیم که چرا برای باربالد و دیگر شاعران رومانتیک سفر درونی خلاقیت شاعرانه در شب آغاز می‌شود. برای آنان

---

1. William Wodsworth, *Tintern Abbey*, British Literature 1780-1830 Eds: Richard Matlack and Ann Mellor, New York 1994, pp. 571-573;
Anna Barbauld, *A Summer Evening's Meditation*, British Literature 1780-1830, pp. 168-169.

شب آغاز سفری درونی است برای کشف احساسات خام. شب زمان کشف آفریننده در درون انسان شاعر است. شب باعث خواب، باعث تجربه کردن نزدیک‌ترین احساس به احساس مرگ است و مرگ زمانی است که انسان انتظار دارد بهشت را بیابد و به وحدت با آفریننده‌اش برسد. شب با سکوت و سیاهی وحشت‌انگیزش سرکوبگر بینایی و شنوایی است. در مرگ هم انسان این بینایی و شنوایی را از دست می‌دهد. پس این شبِ «رازگشای مردگان» یادآور زمان مرگ است. از نظر باربالد ستاره‌هایش یادآور بهشت و سکوتش یادآور صداهای درونی است که خود را کشف کند و با خالق خود به وحدت برسد و خود خلق کند. شبِ شاعر رومانتیک سرشار از امکانات است.[1]

نوشته‌های نیما در این دهه نشان می‌دهد که او بر این تئوری و درک بنیان شاعران رومانتیک غرب آگاه بوده است. بهترین گواه این امر مقالهٔ «ارزش احساسات» اوست که بعد در کتابی با همین نام چاپ می‌شود. می‌نویسد: «بنابراین تأثیر آثار خارجی در ذوق و احساسات ما بر طبق تأثیرات سادهٔ عضوی صورت گرفته است که بر حسب خواص عمومی تأثرات (شدت و ضعف و اندازهٔ وضوح آنها) همین‌که از چیزی متأثر شدیم به‌واسطهٔ اینکه از آن تأثر، چیزهایی در نظر تجسم می‌یابد احساساتی هم به مناسبت آن تجسمات در ما تولید شود. مثلاً بین دو آهنگ که به گوش ما می‌خورد بر اثر تجسمات متفاوت، یکی از آن دو آهنگ را بیش از دیگری بپسندیم. بلکه گاهی این تجسمات حاکی از احساسات قبلی است که نمی‌توان در خصوص آنها به تجسم سادهٔ معرفةالروحی قناعت کرد زیرا طرز فکر و عقاید ما در آن دخالت داشته است، به‌طوری که از این راه برای احساسات خودمان به استقلال نسبی (نسبت به احساسات

---

1. Christopher R. Miller, *the Invention of Evening: Perspective and Time in Romantic Poetry.*

قبلی‌تر) می‌توانیم قائل شویم.»^[1] در واقع در این متن نیما به پیروی از وُردورث می‌خواهد بین آن احساس اولی و «احساس پخته»تر دومی که پس از درگیری ذهن و با «عناصری از فکر و حافظه» شکل می‌گیرد تمایز قائل شود. از این رو به بازگویی فلسفهٔ بنیادی رومانتیک‌ها که در بالا اشاره کردیم، می‌پردازد:

«این نظریه نه فقط نظریه این دسته از متفکران را هم، که همه چیز را با دنیای خارجی می‌سازند، فلسفی و قبول نشدنی قرار می‌دهد، بلکه با پی‌بردن به احساس تئوریک فکر انسانی به نفوذ و دخالت انسان در آثار خارجی پی می‌بریم. بر طبق این اساس انسان نه فقط موادی را از طبیعت می‌گیرد بلکه در آنها از روی میل خود تصرفاتی هم می‌کند. بنابراین در هرگونه نفوذ و تأثیر آثار خارجی قضایای حاصله (احساسات تولید شده در هنرپیشگان) و نتیجه موافقت یا عدم موافقت احساسات خود آنها را باید در نظر گرفت. تردیدی نیست که هنرپیشگان احساسات خودشان را بیان می‌کنند. از این راه است جلوهٔ خود آنها در بعضی آثارشان.»[2] بر زمینهٔ چنین باوری از خلاقیت نقش «شب» در شعر او شکل می‌گیرد. «شب» در شعر نیما کارکردی چند جانبه و متنوع دارد که نباید آن را به «شب سیاسی» دهخدا محدود کرد. برای اینکه این تصور پیش نیاید که شعر «ای شب» سال ۱۳۰۱، یک استثناء بوده از دوران جوانی او و جزو اشعاری که بسیاری از منتقدان وطنی «رومانتیک» دانسته‌اند (و نیز اغلب اصرار دارند که نیما بعد از شعر ققنوس دیگر «رومانتیک» نیست)، بدون اینکه فعلاً به این «برچسب رومانتیک» بپردازیم، به سراغ شعری می‌رویم که تاریخ ۱۳۳۱ را بر خود دارد یعنی از دورانی که بدون شک اوج و بلوغ

---

۱. نیما، ارزش *احساسات و پنج مقاله در شعر و نمایش*، انتشارات گوتنبرگ، شهریور ۱۳۵۱، صص ۸۴-۸۵.
۲. همان جا.

شعری نیماست. شعر «همه شب» از بسیاری جهات شعری فوق‌العاده است به‌خصوص از نظر «فرم». (چون اوزان عروضی متفاوتی را در هم می‌آمیزد) و چه بسا از همین رو نگاه تیزهوشانهٔ هوشنگ گلشیری را به خود جلب می‌کند (نیز از این رو که گلشیری در نقد نیما اغلب تأکیدش بر فرم است) و گلشیری مقالهٔ مستقلی در سال ۱۳۶۶ در بارهٔ این شعر می‌نویسد.[۱] این شعر شرح دیدار «شاعر» است با «زن هرجایی»، (خوانندهٔ کتاب *افسانه و نیمای جوان* اینجا می‌تواند به آسانی تشخیص دهد که «زن هرجایی» همان افسانهٔ نیمای جوان است):

همه شب

همه شب، زن هرجایی
به سراغم می‌آمد.
به سراغ من خسته چو می‌آمد او
بود بر سر پنجره‌ام
یاسمین کبود فقط
همچنان او که می‌آید به سراغم، پیچان

در یکی از شبها
یک شب وحشت‌زا
که در آن هر تلخی
بود پابرجا،
و آن زن هرجایی
کرده بود از من دیدار،

۱. گلشیری، *باغ در باغ*، انتشارات نیلوفر، صص۱۶۸-۱۷۴.

گیسوان درازش- همچو خزه که بر آب-
دور زد به سرم
فکنید مرا
به زبونیّ و در تک و تاب.

هم از آن شبم آمد هر چه به چشم
همچنان سخنانم از او
همچنان شمع که می‌سوزد با من به وثاقم، پیچان.[۱]

در بازخوانی این شعر، گلشیری می‌نویسد:
«این گیسوان نه بر پا یا بر دست یا مثلا بر گردن شاعر، که به گرد سرش پیچیده است و وقتی توجه کنیم که گیسوان درازش همچو خزه بر آب بوده است، دیگر این دیدار چنان نیست که کسی آرزومندش باشد. خزه بر آب گرچه درازی و پیچیدگی را به ذهن متبادر می‌کند، اما وقتی به گرد سر بپیچد به ناگهان وحشت غرق شدن در اعماق آب، تیرهٔ پشت را می‌لرزاند. با این همه خود ذکر گیسوان گرچه بر گرد سر بپیچد چندان هم نادلپسند نیست. پس هم ترسناک است و هم زیبا. یعنی دو رفتار با یک شیء و در کوتاهترین زمان و کمترین کلمات. به همین جهت است که با لخت بعد درمی‌یابیم که همهٔ هستی شاعر از آن شب است: هم از آن شبم آمد هر چه به چشم»[۲]

بر جملات: «پس هم ترسناک است و هم زیبا» و «همهٔ هستی شاعر از آن شب است» تأمل باید کرد. از این رو که گلشیری عصارهٔ این شعر نیما

۱. نیما، *مجموعه اشعار*، ص۶۲۲.
۲. گلشیری، *باغ در باغ*، ص۱۷۳.

را به درستی درک و بیان می‌کند و این نکته با بحث ما رابطه‌ای محوری دارد. در شعر «ای شب» شب برای نیمای جوان هم وحشت‌انگیز است و هم از او دل و قرار می‌برد:

این قصه که می‌کنی تو با من
زین خوبتر ایچ قصه‌ای نیست

و در شعر «همه شب» نیز شب وحشت‌زا و همزمان زیباست و «همهٔ هستی شاعر از آن شب است». در این شعر به‌خصوص شب همان اهمیت و زمانی را برای نیما دارد که شب برای وُردورث و کولریج. شبی که ترسناک است همچو مرگ (برای نیما: وحشت غرق شدن) و در این نزدیک شدن به مرگ، به غرق شدن در تیرگی هست که شاعر توانایی خلاقیت می‌یابد. حاصل آن تک و تاب، آن زبونی در خلوت شاعر، خلق شعر است: «همچنان سخنانم از او» و گلشیری به درستی در این «زن هرجایی» همان زن «زلف آشفته و خوی کرده و خندان لب و مست» حافظ را می‌بیند. هر دوی اینها، خلاقیت، الههٔ شعری و الهام است که شبانگاهان بر شاعر ظاهر می‌شود.

در «اندوهناک شب» یکی از شعرهای درخشان این دهه و متعلق به سالهای پایانی آن (۱۳۱۹) نیز درهم بودن سایه‌ها و سیاهی فضای حاکم بر موج‌های شتابان و منقلب دریا را می‌سازد:

«هنگام شب که سایهٔ هرچیز زیر و روست
دریای منقلب
در موج خود فروست،
هر سایه‌ای رمیده به کنجی خزیده است،
سوی شتاب‌های گریزندگان موج

بنهفته سایه‌ای
سر برکشیده ز راهی

در این شب زندگان و مردگان درهم آمیخته‌اند اگرچه امید فراری به رسیدن صبح است:
وین زندگان به دیدهٔ آنان چو مرده‌اند
در خلوت شبان مشوش
با زندگان دیگرشان هست زندگی
این راست است، زندگی این سان پلید نیست؟
پایانِ این شب
چیزی به‌غیر از روشن روز سپید نیست؟

در این شعر نیما برای اولین بار با تبلیغات انقلابیون، آنها که ادعا دارند در کشوری دیگر به صبح و خوشبختی و آرامش رسیده‌اند رویارویی می‌کند: تجربهٔ شخصی زندگی او و آنچه که بر سر برادرش آمده او را به این نتیجه رسانده که آنجا «روی ساحل خلوتگهان دور» هم، چندان خبری از صبح روشن نیست:
گویند روی ساحل خلوتگهان دور
ناجور مردمی
دارند زیست.
و پوستهای پای آنها
از زهر خارهای «کراد»
آزرده نیست
آنجا چو موج‌های سبک‌خیز

آرام و خوش گذشته همه چیز.
مانند ما طبیعت
نگرفته است راه کجی پیش
هر جانور
باشد به میل خود
بهره‌ور.

و آن‌گاه در این اخبار مدینهٔ فاضله و قبله‌گاه انقلابیون تردید می‌کند:
این گفته‌ها و لیک سراسر درست نیست
در خلوتی چنان هم
هر دم گل سفید، که مانند روی گل
بگشاده است روی،
با شب فسانه‌گوست.
مرغ طرب، فتاده به تشویش،
با رنجهای دگرگون
هر دم به گفت‌وگوست،[1]
او باز می‌کند
بالی به رنگ خون
و افسرده می‌نشیند
بر سنگ واژگون.

بر این اظهارنظر شاعر: «این گفته‌ها و لیک سراسر درست نیست»، باید تأمل کرد. او به خاطر «لادبن» برادرش از آنچه «روی ساحل خلوتگهان

---

۱. در شعر «خواب او» نیز این اشاره به اسارت برادرش، لادبن در قبله‌گاه انقلابیون، هست:
«من در این وادی اسیر و او در آن عالم اسیر   او اقلا می‌نویسد، من پریشان و فقیر» (۱۳۱۸).

دور» می‌گذرد مطلع است و تبلیغات «رفقا» را باور نمی‌کند. آنجا هم «مرغ طرب به تشویش» افتاده است. چنین است که «شب» او از نظر جغرافیایی وسیع‌تر می‌شود:

او از نبود گمشدگان
افسوس می‌خورد
این سهمگین دریدهٔ موج عبوس را
افسرده می‌نگرد
در زیر اشک خود همه جا را
بیند به لرزه تن
پندارد اینکه کار همه سایه‌ها چو او
باشد گریستن

با گریستن «شاعر» بر گردش لرزه‌ای رخ می‌دهد و همه «مست از نوای او» بر گردش ایستاده‌اند همان‌طور که پرندگان شعر ققنوس، مست از نوای خوش ققنوس بر گردش حلقه می‌زنند. اما اینجا همه چیز ناگهان به حال تعلیق در آمده است. همه منتظر و حیران هستند:

مست از نوای او
استاده‌اند حیران
از هر صدای او.
خاکستر هوا
بنشانده جغد را ز بَرِ شاخه‌های خشک
و آویخته به سقفِ سیه عنکبوت رنگ.

سقف سیاه شب اینجا هم استوار و گسترده به چشم می‌آید. بستر جغد

چون بستر سیمرغ و دیگر مرغهای این دهه «خاکستر» است. شاعر در این پایان خیره‌کننده به هیبت جغد ظاهر می‌شود و بر سقف سیاه شب، رنگ، سپیده عنکبوت ضعیفی بیش نیست. ظاهر شدن تارهای عنکبوت رنگ امیدی به فرا رسیدن روشنایی در خود دارد اما این امید چون تارهای عنکبوت نازک و ضعیف است، و این به سؤال مقدر شاعر در آغاز شعر باز می‌گردد: آیا این راست است که پایان این شب چیزی به‌غیر از روشن روز سپید نیست؟ اما شب سال‌های پایانی این دههٔ (۱۳۱۹-۱۳۲۱)، سیاسی‌تر از شب شعرهای «ای شب» و «همه شب» است.

شب نیمایی این دهه سفر و تحولی مهم دارد. اما اگر شب «زیبا-ترسناک» و سرشار از امکانات نیمای جوان شب غالب آغاز دهه هست پایان این دهه مغلوب شبی است که سایه‌ها در آن با تو از «ساحل خلوتگهان دور» سخن می‌گویند. ساحلی که در آن هر جانور به قدر نیازش از زندگی بهره‌ور و سرشار از «آرامش و خوشی» است. شبی که در آن «بالی به رنگ خون» افسرده می‌نشیند. ظهور این شب اجتماعی و سیاسی‌تر را در شعرهای دههٔ سوم (۱۳۲۱-۱۳۳۱)جداگانه نقد و بررسی خواهیم کرد. اینجا به شعرهای دههٔ دوم می‌پردازیم و شب این شعرها که در شعر «کرکس‌ها» اولین نشانش را می‌یابیم:

«کرکس پیر وقتی از ظلمات
در میان شبی که می‌بارد
لاشهٔ مرغ نیمه جانی را
به امیدی به دست می‌آرد ...»[1]

و آن‌گاه این «شب» در شعر «نگاه گرگ بوی سگ» از همان مصرع

۱. نیما، صد *سال دیگر*، ص ۱۵۰.

آغازین بر سر خواننده خیمه می‌زند:

«بار تیره هر زمان دارد ز روی ما سفر
می‌کند این وادی تاریک را تاریک‌تر»[۱]

البته در شعر «خانهٔ سریویلی» که تاریخ خرداد ۱۳۱۹ را بر خود دارد، نیما هنوز به امکانات دیگر «شب» در شعرش گوشه چشمی دارد. آنجا که شیطان در مکالمه‌اش با شعر برای اغوای او می‌گوید:

«نیم شب هست و جهان تاریک.
هیچ‌کس در کار ما هرگز نخواهد بود باریک.
کیست کاو داند شبی همچون منی شد میهمان شاعری چون تو؟
شب به معنی عیب‌پوش مردمان است
آن‌چنانی‌که هنرها نیز اندر او نهان است.»[۲]

و شاعر در همین شعر از دلبستگی‌اش به شب تیره و دلگزا و پس زدن آتشی که شیطان برای روشنی او آورده است، می‌سراید:

من به دیگر آتشم دل می‌فروزد. از تو نفزایم به خود. حرف توام چیزی نخواهد کاست.

تیرگی‌های شبان دلگزای من،
در میان نوبهار خنده‌های این غروب غم‌فزا پیداست
من شبی بس تلخ خواهم از بَدِ این تیرهٔ غمناک دیدن.[۳]

در برخی شعرهای دههٔ ۱۳۱۱-۱۳۲۱، به‌خصوص *مرغ آتش* و *ققنوس*

۱. همان اثر، ص۱۵۱.
۲. نیما، *مجموعه اشعار*، صص ۳۶۰-۳۶۱.
۳. شاید: «از بن این تیرهٔ غمناک دیدن»؛ *مجموعه اشعار*، ص۳۵۷.

ما با تیرگی شبی سروکار داریم که شاعر با آن جدالی دائمی دارد. جدالی که بسیاری را به تعبیری سیاسی از شب نیمایی وا داشته است. شبی که در مرغ آتش (تیر ۱۳۱۵) این‌گونه تصویر می‌شود:

زیر این چهر عبوس شب که زشت و تیره است

و نگاه او کسالت‌بخش و سرد و خیره است

کار مرغ آتش این است که چون «چراغ حبس‌گاه» باشد، یقۀ شب را بدراند و مرداب‌های شب را به آتش کشد و بر «سینۀ تاریک شب» بال کوبد. شاعر در قالب مرغ آتش با شب تیره در نبرد است. (نگاه کنید به فصل مرغان خاکسترنشین). همین نبرد و رویارویی شاعر در قالب ققنوس از همان آغاز شعر به چشم می‌خورد:

قرمز به چشم، شعلۀ خردی

خط می‌کشد به زیر دو چشم درشت شب

و چون ققنوس پرواز می‌کند و از دوربین چشم پرنده از بالا به این شب نگاه می‌کنیم:

از آن مکان که جای گزیده است می‌پرد

در بین چیزها که گره خورده می‌شود

با روشنی و تیرگی این شب دراز

می‌گذرد.

حالا خواننده با این تصویر با یکی از مشکلات این «شب دراز» آشنا می‌شود: «گره خوردن چیزها به هم»، ققنوس هم برای روشن کردن شب و باز کردن این گره‌ها و هم ماندگار کردن خود (شعر شاعر) خود را در آتش می‌افکند. با جاودانگی شعر شاعر، با شهید شدن و ماندگاری شعرش

شب روشن می‌شود و ما قادر می‌شویم گره‌ها را باز کنیم و سره را از ناسره تشخیص دهیم. این شب در مرغ غم نیز حضوری مسلط دارد:

می‌کشد این هیکل غم از غمی هر لحظه آه
می‌کند در تیرگی‌های نگاهِ من نگاه
او مرا در این هوای تیره می‌جوید به راه.

و باز اینجا شاعر-مرغ در مقابله «با شب تیره» در کار روشن کردن شب و باز کردن گره‌های تیرگی از دل هستند:

تا کسی ما را نبیند
تیرگی‌های شبی را
که به دل می‌نشیند
می‌کنم از رنگ خود وا
ز انتظار صبح با هم حرف‌هایی می‌زنیم.

و یا در شعر *آتشی افروخته* (۱۳۱۸) که جادوگران خواهان تسلط شب هستند و حتی مجال درخشش ستاره‌ای را نمی‌دهند (نیما این شعر را شاید به خاطر لحن روشن سیاسی‌اش در زمان حیات منتشر نمی‌کند):

در شب تاریک دیگر هیچ چیزی نیست پیدا
پیش چشم کس که تا بیند به‌سوی او
گر درخشد یک ستاره جادوگرها با غبار حرف‌های خود
تیره می‌دارند آن را.[1]

در اشعار این دهه به استثنای چند شعری که در سال‌های ۱۳۲۰-

۱. صد *سال دیگر*، ص۱۷۹ (با تصحیح تقطیع شعر!).

۱۳۲۱ سروده شده‌اند نه تنها شب تیره و دراز و حاکم است که صبح و آفتاب نیز کم‌رنگ و بی‌رمق هستند. در *غراب* ما بی‌رمقی آفتاب در حال احتضار غروب را چنین می‌بینیم:

وقت غروب کز بر کهسار، آفتاب
با رنگ‌های زردِ غمش هست در حجاب

و این زرد و بی‌رمق بودن تنها مختص آفتاب غروب *غراب* نیست. در *ققنوس* نیز چنین است:

از آن زمان که زردیِ خورشید روی موج
کمرنگ مانده است و به ساحل گرفته اوج
بانگِ شغال، و مرد دهاتی
کرده است روشن آتشِ پنهانِ خانه را

در این شب سیاهی که در آن «بانگ شغال» اوج گرفته است تنها روشنایی از «آتش پنهان خانه» می‌آید. آتشی که قهرمان نیما، مرد دهاتی، روشن کرده است. پس این همان شب تاریک جادوگرها، شب زشت و تیره و کسالت‌بخش *مرغ آتش* است. همین شب در شعر *شکسته‌پر* چون سقف سیاهی گسترده است و سحر چون مرغ شکسته‌پری به سقف این قفس سر می‌کوبد:

نزدیک شد رسیدن مرغِ شکسته‌پر
هی پهن می‌کند پَر و هی می‌زند به در
زین حبسگاه سر.

و در پایان شعر امید فراری به سحر نیز هست:

آن گاه می‌نماید از این سقف تیره سر
یعنی دمید از پسِ شامِ سیه سحر
نزدیک شد رسیدن مرغِ شکسته‌پر

این «شام سیه» نیز همان خصوصیت شب شعر *ققنوس* و *مرغ غم* را دارد. چیزها در آن گره خورده‌اند و کار مرغِ شکسته‌پر چون *مرغ آتش*، *ققنوس* و *مرغ غم* باز کردن این گره‌ها و روشن کردن تاریکی است:

بر بام این سرای که کردش ستم نگون
استاده است همچو یکی گوی واژگون
می‌کاودش دو چشم
تا چهره‌های مرگ‌نما را کند جدا
از چهره‌های خشم
تا فکرهای گمشدگان را
که کارشان همیشه ویران کردن است
و آثار این خرابی‌شان
هر دم به گردن است،
از فکرهای دیگر، یک‌سوی‌تر کند
تا نیم مردگان را
کافسرده شوقشان
هم از او باخبر شوند. ...

این شب‌های تیره دو ویژگی مهم دارند: اول اینکه در همهٔ آنها، شاعر در برابر این شب به رویارویی و مقابله ایستاده است و رسالت شاعر در تلاش برای روشن کردن این شب یا روشن کردن گوشه‌ای از آن، ابعاد

اسطوره‌ای به خود می‌گیرد. ققنوس شعلهٔ خردی را با خود حمل می‌کند آتشی درست می‌کند و خود را در آتش می‌افکند. مرغ آتش هر چه را که در راه خود می‌بیند می‌سوزاند:

همه می‌خواند خطوط در هم پیچیده را
در اساس بی‌اساسی این طلسم چیده را
خشک می‌خواهد کند مردابِ دل گندیده را

با درازی بال خود کارام می‌یابد سقوط
خط از آتش می‌کشد بر روی این صفحه خطوط
جای آب سرد آتش می‌گذارد در شطوط.

این مرغ آتش نیز به اندازهٔ ققنوس با تیرگی در جنگ است و بر سینهٔ تاریک شب بال می‌کوبد و در خاکستر آرام می‌گیرد. حتی آنجا که شاعر به‌طور فعال در حال این رویارویی نیست یا در خلوت، تیرگی‌های شب را که به دلش نشسته از رنگ خود وا می‌کند و یا سرشکسته‌وار در بالش کشیده و به پایان شب فکر می‌کند.

ویژگی دوم این شب‌ها، اشتغال آنها به «گل‌آلود کردن آب» است. در این شب‌ها چیزها گره خورده‌اند. «چهره‌های مرگ‌نما» با «چهره‌های خشم» مخلوط شده‌اند. گمراهان، که کارشان همیشه ویرانی است، شبی تیره ساخته‌اند و شاعر در بیان مشکل کانونی این «شب تیره» صریح است:

در غبارانگیزی از این‌گونه با ایام
چه بسا جاندار کاو ناکام
چه بسا هوش و لیاقت‌ها نهان مانده

> رفته با بسیارها روی نشان
> بسیارها چه بی‌نشان مانده

این «هوش و لیاقت‌های» ناکام، این رویارویی جانداران با مردگان، چهره‌های مرگ‌نما با چهره‌های خشم، همه کنایه از شعر امروز و رویارویی‌اش با شعر «مرده و قبرستانی» است. کار شاعر متمایز کردن شعر امروز از مقلدان شعر مرده دیروز است. این جدال با شعر سنتی، کانون اصلی شب شعر نیما در این دهه است. چرا که یکی از سؤال‌هایی که شاعر در اغلب اشعار این دهه مطرح می‌کند و نمونه‌های بارز آن را در بخش «جدال با مدعی» آورده‌ام، این است که شاعر واقعی کیست و شعر امروز کدام است؟ چه کسی زنده است و چه کسی با تقلید از مردگان به مرگ پیوسته و یا چهره‌ای «مرگ‌نما» دارد؟ صریح‌ترین بیان این رویارویی در شعر مرغ مجسمه شکل می‌گیرد. آنجا هم چون مرغِ شعرهای دیگر این دههٔ شاعر، مرغ، مرکز شعر است و از خواننده می‌خواهد فرق بین مرغِ مجسمه و مرغِ مرده را بداند. البته مرغِ خواننده علی‌رغم سر و صدایش مرده است و مرغِ مجسمه که خشک جلوه می‌کند، شاعر واقعی و زنده است:

> لیکن بر آن دو چون بری آرام‌تر نگاه
> خواننده مرده‌ایست نه چیز دگر جز این،
> مرغی که می‌نماید خشکی به جایگاه
> سرزنده‌ایست با کشش زندگی قرین.

اگر این شب مسلط، «شبی ادبی» نیز هست پس تعجب‌آور نیست که مرغان انتحاری یا خاکسترنشینش مرغانی که می‌سوزند و شب را روشن

می‌کنند، مرغ-شاعر و در درجهٔ اول نمایندهٔ حضور نیما باشند. اما این شب چگونه و از کجا بر این مرغان خاکسترنشین نازل گشته است؟ چرا شب است و چگونه شبی است که غریبانش، این مرغان اغلب «شوم و تنها»[1] با وجود این همه هوش و لیاقت، نهان و بی‌نشان مانده‌اند؟ غمگین و عزادار از دست رفتن چه کسان و یا چه چیزهایی هستند که نوای «بی‌کس و بی‌پناهی» آنها چنین اوج می‌گیرد؟

شام غریبان ما، شبی که در دههٔ ۱۳۱۱-۱۳۲۱ بر این مرغان خاکسترنشین مستولی بود حامل تحولاتی عظیم در جامعهٔ ایران بود. برای درک میزان و سرعت تحولاتی که به وقوع پیوسته بودند باید اول سیمای کلی جامعه‌ای را که پیش از آغاز این تحولات، مردم ما در آن زندگی می‌کردند به‌خاطر آورد. جامعه‌ای که از نظر فرهنگی بسته و سنتی بود و به لحاظ اقتصادی شرایطی ناگوار داشت.

«در سال ۱۲۷۹ ش/ ۱۹۰۰ م ایران کشوری نسبتاً بدوی، تقریباً منزوی و به عنوان یک واحد منسجم اقتصادی به سختی قابل تمیز بود. قریب یک پنجم جمعیت در شهرهای کوچک سکنا داشته، شغل عمدهٔ مردم کشاورزی بود ولی به علت فقدان کامل جاده، راه‌آهن و سایر تسهیلات حمل و نقل، هر ناحیه‌ای ناگزیر به خودکفایی از لحاظ مواد غذایی بود...»[2]

به‌قول روشنفکران انقلابی و مارکسیست ما: «اساس اقتصاد ایران را اقتصاد روستایی تشکیل می‌داد و سلطهٔ فئودالیسم همچنان در دهات ایران حکمفرما بود. اکثریت تام کشاورزان فاقد زمین بودند و از محصولی که به دست می‌آوردند یک دوم تا چهار پنجم به آنان تعلق می‌گرفت و بقیه را

---

۱. عبارت «مرغان شوم و تنها» از آل‌احمد است ولی در بارهٔ همهٔ مرغان نیما توصیف دقیقی نیست. جلال آل‌احمد، *نیما یوشیج به روایت جلال آل‌احمد*، منوچهر علی‌پور، تهران، ۱۳۸۵، ص۶۶.

۲. جولیان باری‌یر، *اقتصاد ایران*، ترجمهٔ مرکز تحقیقات تخصصی حسابداری و حسابرسی، گروه مترجمان، ص۲۲.

مالک تصاحب می‌کرد. کشاورزان از مؤسسات بهداشتی و فرهنگی محروم بودند و به حالت نیمه گرسنه به حیات خود ادامه می‌دادند.»[1] خصوصیت مهم این شرایط «ملوک‌الطوایفی» بودن و قدرت سیاسی ایلات و خان‌های منطقه‌ای بود. یعنی «در این میان ۲۳/۵ میلیون روستایی پراکنده، یعنی بیش از نیمی از جمعیت کشور در برابر قدرت نسبتاً منسجم ایلات و عشایر ۴۷/۲ میلیون نفر یا حکام و اربابان با نفوذ قرار داشتند.»[2]

با پایان جنگ جهانی اول و ادامهٔ ضعف دولت مرکزی، قدرت ایلات و عشایر و یاغیان محلی افزایش یافته بود. «پس از پایان جنگ، حتی پیش از خروج نیروهای خارجی، در هر ولایت و منطقه کسانی از همه دست با انگیزه‌هایی از هر قماش: وطن‌خواهی، جاه‌طلبی، یا خیانت دم از حکومت و استقلال خود می‌زدند. خوزستان، گیلان، کردستان، لرستان، آذربایجان، خراسان، بلوچستان، هر ایالت چند روزی نغمهٔ تازه و جداگانه ساز می‌کرد. بختیاری‌ها و قشقایی‌ها در هر فرصتی به مقصد اصفهان و شیراز از درون مرزهای ایمن خود بیرون می‌زدند و نایب حسین در کاشان و اطراف می‌گشت و غارت می‌کرد. در کنار تهران، در زرگنده و قلهک مأموران دولت حق دخالت در کاری یا چیزی نداشته در یک جا سفارت روسیه و در جای دیگر کدخدای سفارت انگلیس، یعنی گماشته‌های محلی و دون‌پایه رتق و فتق امور را تعهد می‌کرد و به کارها می‌رسید. کسی بر جان و مال خود ایمنی نداشت ...»[3]

در چنین حالی طبیعی بود که مردمی خواهان دولتی مقتدر و حداقلی از یکپارچگی برای رسیدن به امنیت باشند. حتی تحصیل کردگان و نخبگان جامعه می‌دانستند که «در کنار روستاییان دهات پراکنده و شهرنشینان

---

۱. گذشته، چراغ راه آینده است، انتشارات جامی، ص۲۵.
۲. اقتصاد ایران، صص ۳۹، ۴۵.
۳. شاهرخ مسکوب، همان اثر.

زیر سلطهٔ حکام و پادشاهان مستبد و عشایر، در ساختن جامعه‌ای سهیم بودند که از لحاظ اجتماعی پاره پاره بود و شاید تنها با اتکا به مذاهب توحیدی و فراگیر و دولت‌های مقتدر می‌توانست به حداقلی از یکپارچگی دست یابد.»[۱] به عبارت دیگر هم به قدرت سیاسی مرکزی نیرومند و هم به نوعی ایدئولوژی و جهان‌بینی برای خروج از بحران نیاز داشتند.

«یگانه چاره‌ای که تقریباً همهٔ اندیشمندان ایراندوست برای درمان پریشانی یافتند دو راه به هم پیوسته و یک‌سویه بود: ایرانی‌گری (ناسیونالیسم) در ایدئولوژی و دولت نیرومند مرکزی در میدان عمل»[۲]

به ایدئولوژی این «اندیشمندان ایراندوست» در فصل «سیمای ایرانی رومانتیسم» باز خواهیم گشت تا بستر فرهنگی و روشنفکری دوران نیما و ارتباط آن را با شعر و اندیشهٔ نیما بیشتر بشکافیم. دههٔ اولِ شاعری نیما، دههٔ اول حکومت رضاشاهی (۱۳۰۱-۱۳۱۱) و دههٔ دوم شاعری او (۱۳۱۱-۱۳۲۱) سال‌های پایانی حکومت و شهریور ۱۳۲۰ را شامل می‌شود. در طی این بیست سال جامعهٔ ایران دچار تحولاتی وسیع و بنیادی شد. از زبان روشنفکران مارکسیست و انقلابی آن دوره این تصویر کلی چنین نقل می‌شود:

«ما نمی‌گوییم که رضا شاه برای ایران هیچ کاری انجام نداد. او در سال‌های اول حکومت خود اقداماتی به عمل آورد که به ظاهر تحکیم استقلال سیاسی و اقتصادی ایران را منظور داشت. اما در باطن جز رفرم‌ها و مانورهایی برای فریب و اغفال نیروهای ملی و مترقی ایران نبود و با سیاست‌های استعماری جدید انگلیس نیز هیچ‌گونه مباینتی نداشت. از جمله این اقدامات اخراج مستشاران انگلیسی از ارتش و ادارات دولتی،

---

۱. محمد رضا نفیسی، *نگاهی به سیر اندیشهٔ اقتصادی در عصر پهلوی*، صص۶۹-۷۰.
۲. شاهرخ مسکوب، «همان اثر.

برقراری مناسبات عادی دیپلماتیک با دولت شوروی، مبارزه با تمایلات تجزیه‌طلبی خوانین و سران عشایر، برقراری اصول جدید اداری و سیاست مرکزیت، تنظیم سیستم پولی و اقتصادی، ایجاد مدارس و دانشگاه‌ها، تشکیل ارتش منظم، راه‌سازی و ایجاد صنایع کوچک ملی را می‌توان نام برد.»[1]

تحلیل طرفداران حکومت رضاشاهی نیز از تحولات آن دوره چندان تفاوتی با آنچه در بالا آوردیم ندارد. (اگر جملهٔ «در باطن جز رفرم‌ها و مانورهایی برای فریب» را از تحلیل بالا حذف کنیم) هر دو دیدگاه و در کنار آنها اغلب محققان این دوره در تحلیل تحولات این بیست سال در کار خواندن «تاریخ از بالا» بوده‌اند و تمرکز بر سیاست‌ها و گفتار و کردار رضاشاه و صاحبان قدرت در این دوره به عبارت دیگر میزان موفقیت یا شکست «مدرنیزاسیون از بالا» نقطهٔ کانونی این نگاه است و هرگونه مقاومت و عکس‌العمل از طرف نیروهای سنتی جامعه، روشنفکران ناراضی و مخالف، و تحولاتی که در این بخش‌های جامعه شکل می‌گرفت را اغلب نادیده می‌گیرند. این روش به ما در درک موقعیت روشنفکران ناراضی و حاشیه‌ای مانند نیما کمک چندانی نمی‌کند. برای درک بهتر وضعیت آنها باید به سراغ روشی برویم که به تأثیر فرهنگ سنتی رایج و تغییرات آن، نیروهای سنتی و مبارزهٔ آنها در مخالفت و یا موافقت با تحولات جامعه را در کنار «اصلاحات آمرانه» مد نظر قرار می‌دهد. برای درک موقعیت سیاسی و فرهنگی دههٔ ۱۳۱۱-۱۳۲۱، باید تصویر دقیق تحولات آخرین سال‌های دههٔ قبل از آن را در نظر داشت. سال‌های ۱۳۰۶-۱۳۰۹ که تاریخ‌نگاران معاصر آنها را سال‌های «اصلاحات از بالا و مقاومت از

۱. گذشته، *چراغ راه آینده است*. ص ۶۸.

پایین»[1] نامیده‌اند. قانونگذاری خارق‌العاده و انقلابی و اجرای مصممانه و خشونت‌آمیز آن قوانین، این سال‌ها را از دورهٔ قبل متمایز می‌کنند.

بازسازی قوهٔ قضاییه در بستری سکولار، سیاست جدید در قبال ایلات و عشایر، آغاز مذاکرات با دولت انگلیس برای عادی ساختن روابط بین دو کشور (مذاکراتی که به رهبری تیمورتاش صورت گرفت و اگرچه مشکل مالکیت بحرین و ابوموسی و تنب کوچک و بزرگ را حل نکرد اما به لغو کاپیتولاسیون منجر شد)، متحدالشکل کردن لباس، رسمی کردن قباله‌های ملکی و قانونی کردن مالکیت زمین، قوانین مالیاتی، انحصار دخانیات و آغاز پروژهٔ عظیم راه‌آهن سراسری.[2] اجرای این قوانین به‌طور مشخص در جهت اهداف روشنفکران ناسیونالیستی بود که در برابر جامعهٔ سنتی و چند پاره و قدرت ملوک‌الطوایفی، دولتی مرکزی و نیرومند و جامعه‌ای مدرن و متحدالشکل می‌خواست. سال‌های آغازین این دهه به جنگ قدرت و تغییر سلسله از قاجار به پهلوی گذشته بود. اما از نیمهٔ دوم این دهه دولت خود را در شرایطی می‌دید که قادر بود دست به اصلاحات بزند. اما هرجا که این برنامه‌ها به مرحلهٔ اجرا درآمد با مقاومت مردم روبه‌رو شد و اکثریت مردم این قوانین و اجرای آنها را سرکوبگرانه ارزیابی کردند.[3] قانون ۳۲ ماده‌ای خدمت اجباری در ۱۶ خرداد ۱۳۰۴ به تصویب رسید و با وجودی‌که مدرس و بعضی از روحانیون از آن حمایت می‌کردند، اجرای طرح تا سال ۱۳۰۶ به تعویق افتاد. تصویب قانون خدمت اجباری با خود نهادهای نوین دیگری چون نظام ثبت احوال را به همراه داشت. این تحولات شرایط اقتصاد خاصی را هم به‌وجود می‌آورد. این

1. Stephanie Cronin, *Subaltern and Social Protest*, Routlege, 2012.
2. Stephanie Cronin, *Soldiers, Shahs and Subalterns in Iran*, Palgrave MacMillan, 2010, p. 161..

۳. همان جا.

شرایط جدید در شهرستان‌ها و شهرهای کوچک منجر به از دست رفتن پول و نیروی انسانی می‌شد و از قدرت کانون‌های سنتی می‌کاست. ولی علی‌رغم مشکلات متعدد و تضاد عمیقی که با کانون‌های سنتی قدرت در جامعه ایجاد می‌کرد، قانون خدمت اجباری، یکی از طرح‌های بنیادی برای نوسازی کشور و تمرکز قدرت در دست دولت مرکزی بود. طبق بند اول این قانون تمام «افراد ذکور بالای ۲۱ سال» می‌بایست به مدت ۲ سال به سربازی می‌رفتند. در آن زمان تعداد جوانان واجد شرایط یک میلیون نفر تعیین شده بود و نیاز کشور تنها به ۱۰۰ هزار نفر بود. از این رو مقرر شد که از هر ۱۰ نفر فقط یک نفر به سربازی رود.[1] اجرای این قانون در سال ۱۳۰۶ اوج این رویارویی بود و انعکاس آن در تفکر و شعر نیمای جوان اولین جوانه‌های غربت نیمای دهۀ بعد را با پروژۀ «نوسازی ملی» به ما نشان می‌دهد. در شعر «۲۱ ساله» که تاریخ خرداد ۱۳۰۶ را بر خود دارد، می‌سراید:

بیست و یکساله وه! چه «سن» بدی است
بیست و یکساله مجرم ابدی است
این عدد کاندر آن بسی بحث است
پیش دل‌های مادران نحس است
بیست و یکساله می‌شود سرباز

شاعر جوان از منطق «خدمت سربازی اجباری» و بحث «نوسازی ملی» به‌خوبی آگاه است. اما در برابر بحث سیاسی مطرح روز، استدلالی «احساسی» ولی بدون تردید همراه با کانون‌های سنتی قدرت و در

۱. محمد نیازی، «نظام خدمت اجباری و ملت‌سازی رضاخان»، مرکز اسناد مجلس شورای اسلامی؛ قانون نظام خدمت اجباری، ج پنجم، آرشیو قوانین مرکز پژوهش‌های مجلس، مصوبۀ ۱۶/ ۳ / ۱۳۰۴.

مخالفت با این قانون ابراز می‌کند:
من نمی‌گویم این چه غوغایی‌ست
ملت سست، ملت فانی‌ست
باید این خفته را به‌کار انداخت
این بنا را بباید از نو ساخت
لیک فرزند هم عزیز دل است
طفل را مادر ار ندارد دوست
بهتر از هر چه پیش او باز اوست
طفل دنیای واقعی است به‌چشم
گر از او دور کرد جنگ به خشم
چه عوض می‌دهد به مادر او
حیف بیهوده پیره‌زن جان کند
بیست و یک سال دل به‌رنج افکند
داد نور دو چشم قوه به‌باد
تا زمانه به او جوانی داد
می‌کند حال هدیه از پی چه؟

نیمای جوان از همان آغاز با نمادهای این نوسازی، بیگانه است. لباس سربازی را که باعث «غرور دروغین» است مسخره می‌کند و باعث فریب و گمراهی می‌داند:
او میان صف است پابرجا
می‌کند ذوق، می‌زند درجا
گشته با یک قبای نو دلشاد
یک قبا این‌قدر بود لایق

کادمی را به‌خود کند شایق
بَرَدش از رهی سوی راهی
آه نادانی! آه گمراهی!
دردِ این بچه‌ها تمام ز توست

و آن‌گاه این «بچه‌های نادان» را پند و اندرزی می‌دهد تا از «خدمت سربازی» احتراز کنند:

آی! سرباز بیست و یکساله
سال‌ها خوی کرده با ناله
خفته در زیر سایه‌های بلند
بچهٔ ساده ندیده گزند
فکر کن در مآل کار درست
بیست و یکسالگی زمانی هست
که در این بادها زیانی هست
که گل از شاخه‌اش جدا بشود
ز جوانی بر او بلا بشود
زیور جشن دشمنان گردد

بجز ابراز احساسات و همدردی با مادرانی که باید با «عزیز دل و طفلان» بیست و یکسالهٔ خود وداع کنند و آنها را در معرض خطر و درگیر جنگ ببینند در عبارت «زیور جشن دشمنان» فکر دیگری نیز نهفته است و آن عداوت شاعر با دولت مرکزی و پروژهٔ اصلی آن دولت یعنی تمرکز قدرت و سرکوب قدرت‌های منطقه‌ای، ایلات و عشایر است. همهٔ مخالفان این قانون می‌دانستند که هدف نهایی تشکیل ارتش نیرومند

سرکوب قدرت سیاسی ملوک‌الطوایفی و ایلات و عشایر است. همدردی نیمای جوان نیز چنان‌که در *افسانه و نیمای جوان* به تفصیل شرح داده‌ام با جنبش‌های منطقه‌ای و ایلات و عشایر و به‌خصوص جنبش جنگلیان در شمال بود و طبیعی بود که شعر نیمای آن دهه و شعر بیست و یکساله سال ۱۳۰۶، «برادر ارتشی» را از «برادر کشی» برحذر دارد:

«سعی کن کز شهامت و مردی
زیور جشن دوستان گردی
کاین طرف خصم و تیغ بر سرِ توست
و آن‌طرف هیکل برادرِ توست
نکشی ناگهان برادر را»[1]

مخالفت نیمای این سال‌ها با خدمت اجباری دو وجه اصلی دارد: یکی همان جنبهٔ احساسی و «حمایت از مادران» و جدا نکردن جوانان از کانون خانواده است. در این نگاه جوانان واجد شرایط کودکانی بیش نیستند که ارتشی با کوبیدن بر طبل و پوشاندن یونیفورم بر آنها، این کودکان را با خود می‌برد:

یک بانگِ طبل شد سبب این‌همه تکان
طبلِ جنگ خوان از بس که زود خواند
از بس که زود خواند بهم ریخت یک جهان
یک مشت بچه را بیدار کرد و رفت[2]

و وجه دیگر این مخالفت، نگرانی از سرکوب کردن مردم محلی به‌وسیلهٔ

۱. صد *سال دیگر*، ۶، ص۱۰۳.
۲. همان اثر، ص۱۰۵.

این ارتش است که آن را با «مخالفت با جنگ» بیان می‌کند. ارتشی که کودکان را به جنگ و «برادر کشی» می‌کشاند:

این مشت بچه، فوج، که نیمیش برگشت
یا ماند گم به ره یا جان به‌جنگ داد[1]

سال‌های آخر این دهه، مملکت شاهد شورش‌های منطقه‌ای است. جنبش مقاومت در شهرهای جنوبی و تبریز به رهبری علما و نیز شورش عشایر در سال ۱۳۰۸، در نهایت دولت را مجبور به عقب‌نشینی کرد. عشایر حاضر نبودند قدرت نظامی خود را از دست بدهند. تجار و اصناف نیروی فعال و شاغل خود را از دست می‌دادند و روحانیون می‌بایست به خدمت اجباری گردن می‌نهادند و این همه نیروی اجتماعی عظیمی را علیه دولت و سیاست‌های آن بسیج می‌کرد. دولت سربازگیری از عشایر را تا سال ۱۳۱۰ به عقب انداخت و روحانیون را از خدمت سربازی معاف کرد. در نتیجه این رویارویی‌ها در پایان دهه، برنامهٔ مدرنیزاسیون حکومتی نه کاملاً شکست خورده و نه پیروز شده بود. نیروهای سنتی و مخالف جامعه نیز نه از تاریخ ایران محو شدند و نه بدون اینکه خود دچار تحولاتی اساسی بشوند فاتح یا مغلوب این رویارویی ناگزیر بودند. دولتمردان به این نتیجه رسیدند که برای رسیدن به اهداف و اصلاحات خود نیاز دارند در جامعه از نظر فرهنگی نیز تحولی اساسی ایجاد کنند تا بخش‌های سنتی جامعه را با خود همراه کنند. اما مشکل تنها این نبود که مقاومت جامعهٔ سنتی برای حفظ روابط و رسوم مستقر مبارزه‌ای برای حفظ قدرت و امکانات بود. مقاومت ریشه در احساس دوگانهٔ روشنفکران نسبت به تحولات کشور داشت. به قول مسکوب: «احساس میهن‌پرستان آن روزگار

۱. همان‌جا.

در قبال غرب استعمارگر پیچیده‌تر از آن بود که فقط در بیزاری و نفرت خلاصه شود و به خودشیفتگی بینجامد. چون آنها آرزومند باززائی و پیشرفت کشور از روی الگوی همان استعمارگران و سرانجام، همانندی با آنان بودند اما از یک‌سو از سیاست‌های سلطه‌گرایانهٔ استعمارگران به ستوه آمده بودند و از سوی دیگر توانایی و برتری مادی و علمی و رفاه اجتماعی آنان را با فریفتگی و حسرت می‌نگریستند و خیال می‌کردند از این کلاف خوب و بد درهم و یکپارچه، که ناچار از رویارویی با آنند، می‌توان خوبش را گرفت و بدش را به صاحبانش وانهاد. برای همین با احساسی متناقض و دوگانه، در حالی‌که خود را برحذر می‌داشتند به سویش می‌شتافتند.»[۱]

این احساس «دوگانه و متناقض»،[۲] یکی از خصوصیت‌های مهم روشنفکران سرخوردهٔ دوران جدید بود. علی‌رغم کشاکش درونی آنان، تحول بیرونی با سرعتی شگرف جامعهٔ آشنا و سنتی را دگرگون می‌ساخت. دگرگونی‌هایی که برخی از نظر آنان نه ضروری بود و نه مثبت. ریشهٔ این احساس در مشکل نسلی بود که بر وضعیت عقب ماندهٔ رقت‌بار خود آگاهی تازه‌ای پیدا کرده بودند اما برای اینکه در این رویارویی بتوانند خود و «شبه فرهنگ»[۳] بومی خود را متحول کنند و پیشرفت‌هایی که حسادت و خشم و آرزومندی آنها را به یکسان برمی‌انگیخت عمیق و دقیق بشناسند از ابزار و توانایی‌های ذهنی لازم برخوردار نبودند.

نیما و روشنفکران نسل او شاهد تحولاتی عظیم بودند که شتابان جامعهٔ سنتی را در هم می‌ریخت. تأثیر گسترش شتابان شهر و پدیدهٔ شهرنشینی و عکس‌العمل نیما و نسل او را نسبت به آن در کتاب *افسانه و*

۱. شاهرخ مسکوب، *ایران‌نامه*، سال دوازدهم، شمارهٔ ۳، تابستان ۱۳۷۳.
۲. منظورم اینجا کلمهٔ امبیوالنت، (Ambivalent) و یا معادل فارسی‌اش مهرآکین است.
۳. از اصطلاح «شبه فرهنگ» عامدانه و به پیروی از آرامش دوستدار استفاده می‌کنم. نگاه کنید به: آرامش دوستدار، *زبان و شبه زبان، فرهنگ و شبه فرهنگ*.

نیمای جوان به تفصیل نوشته‌ام.[۱] این تحولات از یک‌سو با ساختن شهرها و مدارس جدید و دانشگاه‌ها نسلی تازه تربیت می‌کرد و از سویی بر این نسل تازه زخم‌های روحی عمیقی می‌زد که آنها را با شرایط جدید بیگانه می‌ساخت. نیمای جوان نمونهٔ بارزی از این نسل جدید بود. زندگی او پیش از برخورداری از این تحولات محدود به روستا و امکانات آن بود:

«در همان دهکده که متولد شدم، خواندن و نوشتن را نزد آخوند ده یاد گرفتم. او مرا در کوچه‌باغ‌ها دنبال می‌کرد و به باد شکنجه می‌گرفت. پاهای نازک مرا به درخت‌های ریشه و گزنه‌دار می‌بست و با ترکه‌های بلند می‌زد و مرا مجبور می‌کرد به از بر کردن نامه‌هایی که معمولاً اهل خانواده‌های دهاتی به هم می‌نویسند»[۲]

تغییر جامعهٔ سنتی، شهرنشینی و تشکیل مدارس جدید باعث شد نیمای جوان به شهر بیاید و در مدرسهٔ سن‌لویی با زبان و ادبیات فرانسه آشنا شود و مهم‌تر از همه در محضر معلمی بنشیند که استعداد شعری او را تشخیص دهد و او را به شعر گفتن تشویق کند. (شعر افسانه به این معلم، نظام وفا، تقدیم شده است.) نیما چون بسیاری از همنسلانش، موجودیت روشنفکری و بارور شدن استعدادهای خود را مدیون این تحولات بود و نیز چون بسیاری از همنسلانش از این تحول شتابان و در هم ریختن زندگی سنتی، خشمگین و آسیب دیده بودند. تأسیسات شهری، علی‌رغم نقش مهم و مثبتی که در زندگی شخصی او و بارور کردن استعدادهایش ایفا کرده بودند بی‌صداقت و ریاکار و مخرب به نظر می‌آمدند: «جوانان امروزه را اول مدرسه و بعد از آن کلوپ، کنفرانس، مجمع و امثال این نوع تأسیسات ریاکارانهٔ شهری، گمراه کرده است.»[۳]

۱. نگاه کنید به *افسانه و نیمای جوان*، فصل «یک بچهٔ کوهی».
۲. *نخستین کنگرهٔ نویسندگان ایران*، سخنرانی نیما، ص۹۸.
۳. *نامه‌ها*، ص۹۳.

تربیت شهری و فضای شهر را محبوس و خفقان‌آور می‌داند:

«دوست من! آیا ما اطفال‌مان را مثل حیوانات تربیت می‌کنیم؟ یعنی اول لیاقت را در آن‌ها رشد می‌دهیم؟ بدبختانه باید بگویم، نه! اول روح آن‌ها را که حسب‌الورثه خفه و ضعیف است، خفه‌تر ساخته در هوای محبوس شهرها محبوس بار می‌آوریم»[1]

بنیانگذار شعر نو ایران، چگونه بهتر از این می‌تواند احساس «مهرآکین» خود را نسبت به تحول بیان کند: «من به همهٔ چیزهای قدیم علاقه دارم، مگر سبک شعر قدیم و طرز تفکر قدیمی»[2] آیا این بیگانگی از «تأسیسات تازه» و غربت در «هوای محبوس شهرها» و «علاقه به چیزهای قدیم» واکنشی به تحولات سیاسی و «دیکتاتوری رضاشاهی» بود؟

واقعیت این است که از نظر سیاسی دههٔ مورد بحث ما (۱۳۱۱-۱۳۲۱) با دههٔ قبل تفاوتی مهم داشت و گامی بزرگ در جهت ایجاد خفقان سیاسی برداشته شده بود. این تحول سیاسی خواه ناخواه برخی از روشنفکران را به حاشیه می‌راند و با تحولات دیگر کشور بیگانه می‌کرد. دههٔ قبل دهه‌ای انقلابی و پر سر و صدا بود که مهم‌ترین پیامدهایش پس از جنگ جهانی اول، سقوط سلسلهٔ قاجار، تأسیس سلسلهٔ پهلوی، تمرکز قدرت سیاسی رضاشاه، و ظهور اتحاد جماهیر شوروی در مرزهای شمالی و رشد اندیشه‌های انقلابی در ایران بود. مهم‌ترین خصوصیت صحنهٔ سیاسی و میراث انقلاب مشروطه شاید «خیابان» بود. تحولات سیاسی پس از انقلاب مشروطه از طریق سربازگیری و تظاهرات خیابانی و تحصن‌ها و اعمال فشار بر حکومت انجام می‌شد و سیاستمداران عمدهٔ کشور هر یک در «خیابان» سهمی مهم داشتند. این روح زمانه بود و

---

۱. همان اثر، ص ۲۱۳.
۲. همان اثر، ص ۱۱۹.

رضاخان که این روحیه را به‌خوبی درک کرده بود از همان آغاز با تشکیل شبکه‌های طرفدار خود، حزب تجدد، خریداری کردن طرفدارانش و بسیج آنها در خیابان در حمایت از جنبش جمهوریت و لغو پادشاهی قاجار، اهداف خود را پیش می‌برد. اما با وجود حضور خیابانی جمهوریخواهان و طرفداری اکثریت نمایندگان مجلس، مدرس و مشروطه‌خواهان مخالف جمهوری پیروز شدند و «خیابان» شکست سختی بر رضاخان تحمیل کرد و او وادار شد با تعطیلی «پروژهٔ جمهوریت» به مشروطه و قانون اساسی اعلام وفاداری کند. «خیابان» از سال‌های آغازین این دهه برای رضاخان مشکل‌ساز بود. در تیر ۱۳۰۳ قتل سیدمحمدرضا کردستانی (میرزاده عشقی) نویسنده، شاعر، سردبیر روزنامهٔ *قرن بیستم* و دوست نیما، تهران را تکان داد. تهران آن زمان که تنها صد و پنجاه هزار جمعیت داشت شاهد مراسم سوگواری نزدیک به سی هزار نفر در بزرگداشت عشقی و سخنرانی‌های متعدد علیه رضاخان بود.[1] نیما به عشقی علاقه و امید بسیار داشت و بسیاری از اشعارش از جمله قسمت‌هایی از *افسانه* برای نخستین‌بار در روزنامهٔ *قرن بیستم* عشقی به چاپ رسیده بودند. نیما در واقعهٔ ترور دوستش سکوت اختیار کرد. نامه‌هایش حاکی از درسی است که از ترور عشقی می‌گیرد: «سکوت کن تا به سرنوشت او دچار نشوی.» اما تظاهرات و هرج و مرج‌های خیابانی تهران ادامه یافت و پس از قتل «رابرت ایمبری»، معاون کنسول آمریکا، فرصتی برای رضاخان برای اعلام حکومت نظامی و ادامهٔ پروژهٔ تغییر سلسلهٔ قاجار فراهم آمد. رضاخان نیز از شکست‌هایش درسی بزرگ گرفته بود و آن این‌که «خیابان» قابل اعتماد نیست. «قدرت مردم» شمشیری دولبه است که یک روز در خدمت او بود و روزی دیگر علمای مخالف او از آن استفاده می‌کردند. از همین

۱. محمد قائد، عشقی، *سیمای نجیب یک آنارشیست*، ص ۱۸.

رو در سال‌های بعد به سرکوب «خیابان» پرداخت. (تظاهرات شهرستان‌ها در اصفهان و شیراز در ۱۳۰۶، در تبریز در ۱۳۰۷ و در مشهد در ۱۳۱۴ هنگامی اتفاق می‌افتادند که تهران ساکت شده بود و فعالان و نیروهای فشار «خیابان» پایتخت دیگر در میدان سیاسی حضور نداشتند.) در تهران تظاهرات به‌خاطر کمبود نان در سال ۱۳۰۴ آخرین تظاهرات شهر و صدای سیاسی پایتخت بود.[۱] بر خلاف تصور بسیاری، دههٔ اول و پر ماجرای حکومت رضاشاه دوران خفقان کامل سیاسی نبود. اگرچه ضدیت با مطبوعات و تلاش برای محدود کردن آنها از زمان تصدی‌اش در وزارت جنگ آغاز شده بود هر چه که از یک طرف سرکوب و تهدید بیشتر می‌شد صدای منتقدان نیز بلندتر می‌شد. نمونهٔ بارزش مقالهٔ علی دشتی در روزنامهٔ *شفق سرخ* و در زمان تصدی وزارت جنگ رضاخان است که او را مستقیم مورد خطاب قرار داد:

«اعتراف بفرمایید اعلان حکومت نظامی و تهدید کردن نویسندگان و گویندگان به شکستن قلم و بریدن زبان در یک مملکت مشروطه با وجود افتتاح مجلس شورا و با وجود آن‌که تمام دول دنیا ایران را به مشروطیت و حکومت ملی شناخته‌اند خیلی بی‌مناسبت و مضحک و نسبت به ذوق و سلیقهٔ عموم مردم بد و ناپسند نبود؟»[۲]

اعتراض و انتقاد در سال‌های ۱۳۰۱-۱۳۱۱، بخشی از صحنهٔ سیاسی کشور بود و حتی در جریان قتل عشقی نیز مدیران جراید طرفدار اقلیت در اعتراض به این ترور در مجلس تحصن کردند و «معاضدالسلطنه»، وزیر عدلیه، مجبور به استعفا شد.[۳] اما در سال‌های پایانی این دهه اکثریت با مردمی بود که از آشوب و ناامنی خسته شده بودند و امیدشان را برای

---

۱. همان‌جا.
۲. رضا مختاری، *پهلوی اول*، ص۱۰۳.
۳. همان اثر، ص۱۲۸.

رسیدن به امنیت و آسایش به رضاشاه دوخته بودند. روشنفکران نیز در سال‌های قبل از این دهه و یا در آغاز آن در نوشته‌ها و اشعارشان از رضاخان حمایت کرده بودند. ایرج سروده بود:

زراعت نیست، صنعت نیست، ره نیست
امیدی جز به سردار سپه نیست

و عارف می‌سرود:

باش سردار سپه زنده به ایران عارف
کشورِ رو به فنا را به بقا خواهد برد

و نیز یکی از بزرگ‌ترین (و تا به امروز محبوب‌ترین) مخالفان سردار سپه، محمد مصدق در مجلس و در مخالفت با سلطنت او قرار داشت:

«ایشان یک خدماتی به مملکت کرده‌اند گمان نمی‌کنم بر احدی پوشیده باشد. وضعیت این مملکت وضعیتی بود که همه می‌دانیم که اگر کسی می‌خواست مسافرت کند اطمینان نداشت یا اگر کسی مالک بود امنیت نداشت و اگر یک دهی داشت بایستی چند تفنگچی داشته باشد تا محصول خود را حفظ کند. ولی ایشان از وقتی که زمام امور مملکت را در دست گرفته‌اند یک خدماتی نسبت به امنیت مملکت کرده‌اند که گمان نمی‌کنم بر کسی مستور باشد و البته بنده برای حفظ خودم و خانه و کسان و خویشان خودم مشتاق و مایل هستم که شخص رئیس‌الوزراء رضاخان پهلوی نام در این مملکت باشد برای اینکه من یک نفر آدمی هستم که در این مملکت امنیت و آسایش می‌خواهم.»[1]

با غالب شدن گفتمان «امنیت و آسایش»، سردار سپه و متعاقب

۱. حسین مکی، دکتر مصدق و *نطق‌های تاریخی او*، انتشارات علمی، ۱۳۶۴، ص۱۳۹.

آن رضاشاه تنها بدیل سیاسی و راه‌حل خروج از بحران بود. از همین رو سرکوب خیابان سال‌های پایانی دههٔ اول اعتراض و مقاومت وسیعی را برنیانگیخت. روشنفکران غیر سیاسی، شاعران و محققان نیز مشمول سرکوب خیابان نمی‌شدند. در واقع شاعرانی چون عشقی و فرخی یزدی استثنا بودند و چنانچه نشان خواهیم داد اکثریتی از نویسندگان و شاعران و محققان آرزومند «بازرائی» و راضی از امنیت و آرامش در پروژهٔ فرهنگی حاکمیت مشارکت داشتند. از این رو اگر استبداد سیاسی تنها توضیح دهندهٔ «شب نیمایی» بود پس بعد از سقوط رضاشاه و شهریور ۱۳۲۰ و باز شدن نسبی فضای سیاسی جامعه و به میدان آمدن نیروهای سیاسی، می‌بایست شاهد پایان «شب نیمایی» یا کمرنگ‌تر شدنش باشیم. اما اشعار سروده شدهٔ پس از شهریور ۱۳۲۰ چنین تصویری را به ما نمی‌دهند. در شعر «پاسبان شب» به تاریخ شهریور ۱۳۲۱، شب و حبسگاه آن هنوز حاکم است و مشتی فریب خورده اسیر دستان نیرومندش. یا در شعر «چشم به‌راه» به تاریخ مهر ۱۳۲۱:

من ز خانه می‌روم بیرون
سوی کوچه‌های تنگ و تیره
چشم من بر هر جایی مانده خیره

و یا در شعر *من تنها* که تاریخ دی ۱۳۲۲ را بر خود دارد:

«من عبث در این شب تاریک می‌گردم به صحرا

.....

می‌نشینم چون به تن خسته
راه‌ها بر من بسته
من عبث در این شب تیره بر این راهم نشسته.»[1]

---

۱. *صد سال دیگر*، ص۲۰۵.

از یک‌سو شاعر ما هنگام کشته‌شدن دوست نزدیک و شاعرش سکوت کرد. در طول یک دهه حتی در خاطرات خصوصی و دست‌نوشته‌های شخصی از ورود به جریان‌های سیاسی خودداری کرده است و از سوی دیگر پس از پایان یافتن استبداد رضاشاهی و شهریور ۱۳۲۰ که همهٔ گروه‌ها و دستجات مختلف سیاسی به میدان مبارزهٔ علنی آمده‌اند، «شب تاریک» او ادامه دارد. سیاهی آن شب سیاسی نیز چنان‌که نشان دادیم نه یکدست و مطلق بود و نه ساکت و بی‌مدعی. پس «شب تاریک» نیمایی را باید در جایی جدا از حوزهٔ سیاسی جست، اگرچه همهٔ بخش‌های دیگر جامعه از استبداد سیاسی تأثیر پذیرفته باشند. اگر این شب مسلط چنان‌که پیش از این پیشنهاد کردم «شبی ادبی» و فرهنگی هست جدا از ماجراهای سیاسی که اشاره کردیم کدام خصوصیات را دارد که شاعر «غریبش» را چنین برمی‌انگیزد؟

بخشی از «سیاهکاری» این شب فرهنگی برای نیما در این دهه مربوط به تحولی می‌شد که در زمینهٔ صنعت انتشارات در ایران رخ داده بود. تا زمان رضاشاه چاپ و نشر بیشتر در انحصار و کنترل دولت بود و جمعیت کتابخوان محدود و مجلات ادبی هنوز به‌وجود نیامده بودند. تا پیش از ۱۳۰۳ در اصفهان و شیراز ناشران پراکنده‌ای وجود داشتند و در تهران تا این سال ۱۸۳ کتاب منتشر شده بود. اما از این سال‌ها به بعد انتشاراتی‌های مستقل از دولت به‌طور رسمی و قانونی شروع به کار کردند.

در سال ۱۳۰۱ یک جوان ۱۹ ساله، محمد رمضانی، انتشارات شرق را تأسیس کرد. او آغازگر اولین مجلهٔ ادبی نیز بود[۱] که زیر نظر نصرالله فلسفی

---

۱. محمد رمضانی یکی از چهار پسر حاج میرزا علی‌اصغر کتابفروش بود که در عصر ناصری ناشر چاپ سنگی *نهج‌البلاغه* و *ناسخ‌التواریخ* بود. برادرش حاج محمدحسین ناشر *شاهنامهٔ* چاپ سنگی دورهٔ ناصری است. پسران او همه به پیشبرد صنعت نشر در ایران خدمت کردند. محمود رمضانی کتابخانهٔ شرق و ابن‌سینا را تأسیس کرد و برادرش ابراهیم رمضانی مؤسس انتشارات ابن‌سینا بود.

و سعید نفیسی منتشر می‌شد. تا سال ۱۳۱۳، سه سال قبل از سروده شدن *ققنوس*، انتشاراتی‌های مستقل متعددی پاگرفته بودند از جمله انتشارات خیام (۱۳۰۳) زیر نظر علی ترقی. انتشارات بروخیم (۱۳۰۵) زیر نظر اسحاق و یهودا بروخیم، نشر ابن سینا (۱۳۰۸) زیر نظر ابراهیم رمضانی، انتشارات علمی (۱۳۱۰) زیر نظر حاج اسماعیل علمی، و انتشارات اقبال (۱۳۱۳) زیر نظر حاج محمدحسین اقبال را می‌توان برشمرد. ظهور این همه انتشاراتی و مجلهٔ ادبی برای نیما از غلظت سیاهی شب فرهنگی نمی‌کاست. از یک‌سو علاقهٔ این ناشران معطوف به فرهنگ سنتی ایران و چاپ *شاهنامه* و *ناسخ التواریخ* بود. از سوی دیگر برای اولین بار در تاریخ ایران شاعران و نویسندگان به جای برخورداری از حمایت مالی دربار و دولت می‌بایست به‌طور فردی وارد بازار نشر و فرهنگ شوند و کالای خود را به علاقه‌مندان و خوانندگان عرضه کنند. چاپ کتاب یا مستلزم سرمایه‌گذاری ناشر بود و یا استطاعت مالی نویسنده و شاعر که شخصاً به چاپ آثار خود اقدام کند و هزینه‌ها و تبعات آن را نیز برعهده بگیرد.

نگاهی به مقدمهٔ رشید یاسمی بر اولین چاپ *شاهنامه* با حروف سربی در سال ۱۳۱۲ می‌تواند گوشه‌ای از این سیاهی را تصویر کند. یاسمی دربارهٔ انتشارات خاور که دست به چاپ *شاهنامه* زده می‌نویسد:

«مؤسسهٔ خاور مخلوق یکی از همت‌هاست که علی‌رغم کثرت عوایق و قلت وسایل از سنهٔ ۱۳۰۲ تا امسال که ۱۳۱۲ شمسی است رشدی روزافزون و بی‌فتور کرده است. اتفاقاً در این ده سال از لحاظ تجارت و اقتصاد در ایران و سراسر جهان حوادثی رخ داد که روز به‌روز اسباب طبع و نشر گران‌تر و کمیاب‌تر شد و به همان نسبت در شمارهٔ طالبان کتب نقصان پدید آمد.»[۱]

۱ رشید یاسمی، *مقدمهٔ شاهنامه*، به تصحیح و مقابلهٔ محمد رمضانی، انتشارات خاور، ۱۳۱۲.

نثر متفاخر یاسمی نباید تلخی او را که پشت کلمات «کثرت عوایق و قلت وسایل» و «گران‌تر شدن و کمیابی اسباب طبع و نشر» و «نقصان طالبان» کتاب مخفی شده، از چشم خواننده پنهان کند. یاسمی از نویسندگان اعتبار یافتهٔ دوران خویش است که برای مقدمه‌نویسی *شاهنامه* به سراغ او می‌روند. در چنین حالی تکلیف شاعر منزوی با کالای عجیب و بی‌سابقه‌اش چیست؟

«این دوره که ما در آن زندگی می‌کنیم، برزخی است بین قدیم و جدید. انسان از دو جهت مصادف با دلپسند یا دل‌ناپسند زندگانی می‌شود: یکی از جهت مواجهه با عللی کاملاً مادی از زندگانی او تأسیس وضعیت می‌کند، دیگر از حیث عمل کردن با استعانت افکار و احساساتی که از آن علل مادی به‌وجود می‌آیند.»[۱]

در چنین برزخی نویسنده نمی‌تواند بدون ضرر مالی به انتشار آثارش دست بزند و یا آنچه که می‌خواهد منتشر کند:

«ممکن است من بعد یک نوول دیگر هم در همین زمینه‌ها بفرستم. اولاً تحقیق کنید، ببینید بلکه توانستید برای من بدون ضرر مالی، راه انتشار آنها یا یکی از آنها را فراهم بیاورید. اگر نتوانستید آن را هم حاضرم با یک کتابفروش شرکت کنم. ولی نه اینکه عنوان افسانه‌های یومیه امروزه را با خط درشت روی آن بگذارند.»[۲]

گاهی سعی می‌کند خود در نقش توزیع‌کننده و فروشنده هم ظاهر شود و این همه از دست‌تنگی مالی و استیصال است:

«برای من بنویس ببینم «مرقد آقا» چاپ شده است یا نه؟ اگر ۲۵ جلد از آنها حاضر باشد و فرستاده شود بی‌موقع نیست. برای اینکه این

۱. *نامه‌ها*، ص۴۵۸.
۲. همان اثر، صص ۴۴۷-۴۴۸.

روزها خیلی بی‌پول هستم. خودم آنها را به فروش می‌رسانم. به‌اندازهٔ کافی خریدار دارم. عده‌ای از آنها شاگردهای مدرسه‌اند. یک قرائت‌خانهٔ کوچک هم در اینجا هست که برای فروش قبول می‌کند. اقلاً قیمت بعضی چیزها از این ممر به دست می‌آید. همین غنیمت است. پیش نفس خود خجل نخواهم بود که از نتیجهٔ افکار من، چیزی حاصل شخص من نشده است.»[1]

در چنین شرایطی راه اصلی ارتباط شاعر با مخاطبش، چاپ شعر در مجله‌ها و مطبوعات آن دوره است. از این رو نگاهی کوتاه به مطبوعات این دوره «سیاهکاری» دیگری از این «شب فرهنگی» را به ما یادآوری می‌کند. شفیعی کدکنی، تحقیق مفصلی از چاپ و نشر در مطبوعات آن نسل به دست می‌دهد.[2] در تحقیق او مطبوعات آن زمان به سه دوره تقسیم شده‌اند: دورهٔ اول از عصر استقرار مشروطیت تا آغاز سلطنت رضاشاه؛ دورهٔ دوم از استقرار سلطنت رضاشاه تا سقوط او در شهریور ۱۳۲۰؛ و دورهٔ سوم از شهریور ۱۳۲۰ تا کودتای مرداد ۱۳۳۲ را در بر می‌گیرد. این تحقیق نشان می‌دهد که در دوران اول و دوم صفحات این نشریات انباشته از اشعار کهن و یا اشعار ترجمه شده از شاعران فرنگی است. شاعران صاحب نام و معتبر این دوران: پروین اعتصامی، ایرج میرزا، بهار، عارف و نیز «برخی ادیبان سنتی هستند که حتی انتقاد بهار از قاآنی را برنمی‌تابند.»[3] سهم نیما در این سفره اندک است. در *نوبهار* هفتگی در سال ۱۳۰۱ شعر «ای شب» خود را به چاپ می‌رساند. در *قرن بیستم* میرزاده عشقی قطعاتی از *افسانه* به چاپ می‌رسند. در مجلات دورهٔ اول، مجلهٔ *وفا* به سردبیری نظام وفا می‌توانسته مهم‌ترین حامی نیما باشد چرا که سردبیرش معلم محبوب نیمای جوان و مشوق او به کار شاعری بود.

---

۱. همان اثر، صص ۴۱۲-۴۱۳.
۲. محمدرضا شفیعی‌کدکنی، *با چراغ و آینه*، صص ۱۴۸-۱۹۸.
۳. همان اثر، ص۱۶۵.

البته در مجلهٔ *وفا* در ۱۳۰۲ نامهٔ مفصلی از نیما هست که ظاهراً در کتاب *نامه‌های نیما* به چاپ نرسیده است. اما نیما در این دوره در نامه‌ای به علی دشتی، سردبیر مجلهٔ *شفق سرخ*، در مورد چاپ اشعارش در مجلهٔ او می‌نویسد:

«ولی تو هرگز در انتشار دادن آثار یک نفر مثل من که به اخلاق وحشیانه‌ام آشنا هستی، حق هیچ‌گونه منت‌گذاشتن را نداری و من هرگز مثل کسانی که خودشان و وظیفه‌شان را گم کرده‌اند، تشکر نخواهم کرد. زیرا تو در این عمل به یک وظیفهٔ اجتماعی و عمومی خودت رفتار کرده‌ای و توانسته‌ای از قبول این اوراق، به طوری که درخواست کرده‌ای، از مردمان ریاکار و طرار جدا شده باشی و در آتیه بگویند فلان نگارنده دوست و حامی حق بود.»[1]

غرور نیما و ارزشی که برای شعر خود قائل است مانع «منت‌کشی» او می‌شود. انزوا و گوشه‌نشینی‌اش حلقهٔ دوستانش را بسیار محدود و تنگ کرده است و «رفیق‌بازی»های معمول نشریات ایران که به چاپ آثار شاعر و نویسنده همیشه کمک کرده‌اند برای نیما یاور بزرگی نیست. این حاشیه‌نشینی و دست نداشتن به مخاطب تا سال ۱۳۱۸ و شروع مجله موسیقی ادامه می‌یابد. در این سال مجلهٔ موسیقی به همت غلامحسین مین‌باشیان آغاز به کار می‌کند. از حمایت دولت و ادارهٔ موسیقی برخوردار است (ادارهٔ موسیقی ناشر دورهٔ نخست مجله است) و از چهره‌هایی مانند نیمایوشیج و عبدالحسین نوشین برای همکاری دعوت می‌شود. به نظر آل‌احمد، «مجلهٔ موسیقی ابتدای کار اساسی نیماست.»[2]

این «کار اساسی» انتشار مقالات «ارزش احساسات» است و اینکه

---

۱. *نامه‌ها*، ص ۱۵۷.
۲. جلال آل‌احمد، *نیما یوشیج به روایت جلال آل‌احمد*، صص ۶۰-۶۱.

پس از سال‌ها حاشیه‌نشینی و نداشتن حامی، نیما به متن می‌آید. اما این امر تنها دو سال بیشتر طول نمی‌کشد. در سال ۱۳۲۰ پایان یافتن «شب استبداد سیاسی» مصادف با تعطیل شدن مجلهٔ موسیقی و بسته شدن تنها روزن او نیز هست. شب تیره و غربت شاعر ادامه پیدا می‌کند:

«آنگه مرا به گوشهٔ تنهای خود نهاد
آوای من ز قصهٔ پر غصه‌ام که بود
از راه لب گشاد
بر سقف، عنکبوتم
بر بست تارها
جغدی نشست و زار به مهتاب
خواند از بهارها»[۱]

و این همه کم‌کم ما را به قلب این «شب تیره» به نقطهٔ کانونی نزدیک‌تر می‌کند و آن «فرهنگ مسلط» و «ادبیات مسلط» دوران نیماست. تسلط این فرهنگ چنان است که شاید حتی اگر نیما آدم منزوی و شاعر گوشه‌گیری نبود باز هم او را به تنهایی و انزوا می‌کشانید. بخش مهمی از سیاهی این شب، ریشه در تنها بودن و همزبان نداشتن شاعر دارد. آنجا که در پایان این دهه از «جوانیِ از دست رفته» و نیز از «جوانِ از دست رفته» (از برادر گمشده) یاد می‌کند:

با تکاور «تیزتاکش»[۲] او از این راه آمد و بگذشت
بعد گم شد از من آیا سوی هامون شد؟

---

۱. صدسال دیگر، ص۲۰۲.
۲. در متن کتاب صد سال دیگر آمده: با تکاور تیزتکش. اما این مصرع به صورتی که در کتاب آمده وزن شعر را معیوب می‌کند.

یا به‌سوی کوه‌ها آن‌دم که می‌شد دور از این دشت[1]
آی کی از او به‌قدر روزن ابری خبر دارد؟

***

هیچ‌کس لیکن نخواهد داد پاسخ
کس زبان من نمی‌داند
همچنان تن می‌سُراند باد و اسپند است لرزان
وندر این راه درازم من
در سیاه وهمناک این شب دیجور، من تنها.[2]

شعر در سیاه وهمناک شب دیجور و تنهایی شاعر پایان می‌یابد. کسی جواب او را نمی‌دهد و مشکل اصلی اینجاست: **«کس زبان من نمی‌داند»** این همزبان نداشتن نیما نقطهٔ کانونی «شب تیره» است. در سیاهی شب این دهه از دیدگاه فرهنگ و ادبیات مسلط آن تأملی می‌کنیم تا دلیل این همزبان نداشتن شاعر را به دست دهیم.

«مقاومت از پایین» در برابر «اصلاحات آمرانه» از بالا، روشنفکران حاکم را پس از نزدیک به یک دهه به این نتیجه رسانیده بود که جامعه به کار فرهنگی نیازمند است. باززایی و ساختن کشور نیازمند ساختن یک «هویت ملی» بود. این پروژهٔ فرهنگی اگرچه از آغاز انقلاب مشروطه و با میرزا فتحعلی‌خان آخوندزاده و میرزا آقاخان کرمانی و نسل آنان آغاز شده بود، در این دهه شکل دولتی و بخشنامه‌ای گرفت و شدت وحدت یافت.

سال ۱۳۱۱ سال محاکمه و محکومیت تیمورتاش است و سپس قتل او در زندان در مهر ۱۳۱۲. کسی که آن‌قدر به رضاشاه نزدیک بود که

---

۱. باز اشتباه در متن کتاب که آمده «دور از دشت» و وزن را معیوب می‌کند.
۲. صد سال دیگر، شعر دی ۱۳۲۲، صص ۲۰۶-۲۰۷.

رضاشاه در باره‌اش گفته بود: «هر آنچه تیمور گفته است من گفته‌ام و هر آنچه تیمور نوشته است من نوشته‌ام.»[۱] کسی که اگر نه مهم‌ترین نقش، یکی از مهمترین نقش‌ها را در به قدرت رساندن رضاشاه ایفا کرده بود. به قول بلوشر[۲]: «قربانی شاهی شد که خود شخصاً و پیش از هر کس دیگری در به ثمر رساندن هدف‌های او سهیم بود.»[۳] با حذف تیمورتاش دوران جدیدی آغاز می‌شود. در روزهای محکومیت تیمورتاش تهران شاهد جشن تولد رضاشاه بود. جشن تولدی که در آن نمایش‌هایی چون کشتی خشایارشا و نیزه‌داران قدیم ایران وجود داشت. همچنین نمایشی از ناپلئون تهیه شده بود.[۴]

در این کوشش‌ها، گذشتهٔ باستانی ایران را با غرب مدرن ولی غربی فاقد دموکراسی پیوند می‌دادند. تلفیق تجدد غربی بدون دموکراسی با آنچه محققان امروز «ناسیونالیسم باستان‌گرا» می‌خوانند هستهٔ اصلی فعالیت‌های فرهنگی این دهه است. نیمای این دهه با مشارکت وسیع فرهنگی نسل خود در «پروژهٔ ملی» روبه‌روست. پروژه‌ای که تبلور فرهنگی و سیاسی «شبه رومانتیسم» ایرانی است (یا سیمای ایرانی رومانتیسم، نگاه کنید به فصل بعد) و در آن علی‌اکبر دهخدا و محمدتقی بهار تا ابراهیم پورداود و عباس اقبال‌آشتیانی، محمد قزوینی و رشید یاسمی همه شرکتی فعال دارند.

شعر باستان‌گرای این دوره در خدمت پروژهٔ ملی و ساخت هویت ملی است و سه وجه کلی دارد: یکی وجه دفاع از میهن و مرزهای مملکت به عنوان ارزشی برتر و تعریف کنندهٔ هویت ایرانی است. آن‌گونه که در این

۱. *خاطرات سیاسی فرخ*، ج ۱، ص۳۲۴.
۲. ویپرت فون بلوشر، مأمور آلمان در ایران.
۳. *سفرنامهٔ بلوشر*، ص۲۵۲.
۴. رضا مختاری اصفهانی، *پهلوی اول*، ص۱۹۳.

شعر دهخدا می‌بینیم:

هنوزم ز خردی به خاطر در است
که در لانهٔ ماکیان برده دست
به منقارم آنسان به سختی گزید
که اشکم چو خون، از رگ آن دم جهید
پدر خنده بر گریه‌ام زد که هان!
وطن‌داری آموز از ماکیان!

وجه دوم اغلب ابراز عشقی خالصانه و پاکبازانه به وطن است. در این تم خاص اغلب وطن به جای «دلدار» و «معشوقِ» شعر قدما نشسته است. نمونه در شعر بهار:

ای خطهٔ ایران مهین، ای وطن من
ای گشته به مهر تو عجین جان و تن من

و یا در شعر لاهوتی:

تنیده یاد تو در تار و پودم ای میهن
بود لبریز از عشقت وجودم، میهن ای میهن

وجه سوم نگاهی نوستالژیک است که از گذشتهٔ ایران احساس غرور می‌کند و بر زمان حالش ناله و زاری. این غرور جریحه‌دار شده آرزومند بازسازی عظمت گذشته است. نمونهٔ مسمط ادیب‌الممالک:

در چین و ختن ولوله از هیبت ما بود
در مصر و عدن غلغله از شوکت ما بود
در اندلس و روم عیان قدرت ما بود
غرناطه و اشبیلیه در طاعت ما بود

و آن‌گاه که به زمان پر از خفت و خواری حال می‌رسد:
امروز گرفتار غم و محنت و رنجیم
در داو فره باخته اندر شش و پنجیم
با ناله و افسوس در این دیر سپنجیم
چون زلف عروسان همه در چین و شکنجیم

و یا در قصیدهٔ پایان عمر بهار، «لزنیّه» (به یاد وطن) که هر سه وجه را با هم دارد و از شکست‌های تاریخی ایران می‌نالد و از پیروزی‌های آن با غرور افتخار می‌کند. بار ساختن «هویت ملی» بر شانهٔ شعر است و در زمانی‌که دولت مرکزی در تقابل با ایلات و عشایر و خان‌های محلی و مراکز سنتی قدرت جامعه قرار گرفته، روشنفکران، شاعران و نویسندگان، دوشادوش دولت در کار ساختن این هویت ملی هستند. آل‌احمد به عنوان منتقد این دوره می‌گوید:

«در آن دورهٔ بیست ساله، از ادبیات گرفته تا معماری، و از مدرسه گرفته تا دانشگاه، همه مشغول زرتشتی‌بازی و هخامنشی‌بازی بودند و هدف اصلی‌شان این بود که بگویند حملهٔ اعراب (یعنی همان ظهور اسلام در ایران) نکبت‌بار بود و ما هر چه داریم از پیش از اسلام داریم ... می‌خواستند برای ایجاد اختلال در شعور تاریخی یک ملت، تاریخ بلافصل آن دوره را نادیده بگیرند و شب کودتای رضاخان را یکسره به دمب کورش و اردشیر بچسبانند. انگار نه انگار که این میانه هزار و سیصد سال فاصله است.»[1]

آغازگر این تلاش‌های «زرتشتی‌بازی» و «هخامنشی‌بازی» در دههٔ مورد نظر، انتشار *تاریخ مفصل ایران* یا *تاریخ ایران باستان* از سوی حسن

---
۱. جلال آل‌احمد، در خدمت و خیانت روشنفکران، صص ۳۲ و ۳۲۴.

پیرنیا (مشیرالدوله) در سال ۱۳۱۱ است. رهبری ادبی این جنبش را ادبای صاحب‌نام و با تجربه‌ای مانند محمدتقی بهار، رشید یاسمی، عباس اقبال‌آشتیانی، سعید نفیسی، محمد قزوینی و بدیع‌الزمان فروزانفر، جمعی که به ادبای سبعه مشهورند، برعهده دارند و به گفتهٔ مینوی: «در این دوره هیچ مجله و کتابی که به فارسی منتشر می‌شود خالی از نام آنها نیست.»[1]

در این دوره، اینان «اریستوکراسی ادبی» ایران و صاحبان اعتبار ادبی‌اند. اگر به‌جای اینکه بگوییم این اریستوکراسی به شعر نیما بی‌علاقه بود ادعا کنیم که این اریستوکراسی اغلب به تحقیر شعر نیما می‌پرداخت، مبالغه نکرده‌ایم. نمونهٔ این رفتار تحقیرآمیز با شعر نیما، رفتار رشید یاسمی است. رشید یاسمی مانند نیما شاگرد نظام‌وفا در مدرسهٔ سن‌لویی بود اما این همشاگردی و هم‌مدرسه‌ای سابق به گفتهٔ نیما بارها اشعار او و از جمله *افسانه* را مسخره می‌کند: «یک شعر از *افسانه* را می‌خوانند. بالبدیهه به همان وزن یک شعر بدون معنا از خودشان می‌سازند به آن می‌افزایند. دوباره سه‌باره از سر گرفته می‌خوانند و می‌خندند. مخصوصاً رشید.»[2]

«رشید» اگرچه به ادبیات نو علاقه دارد و گاه از اشعار فرنگی ترجمه‌هایی به چاپ می‌رساند (به ترجمهٔ فابل‌های لافونتن علاقه دارد) تغییرات بنیادی نیما را نمی‌پسندد. نگاهی به نوشته‌های او در این دوره مانند تحقیقش دربارهٔ جامی، *نصایح فردوسی* (۱۳۰۶)، *اندرزنامهٔ* اسدی طوسی (۱۳۰۴) و ترجمه‌هایی چون ترجمهٔ *آذرباد مهرسپندان* (از زبان پهلوی) ۱۳۱۳، ترجمهٔ *آردای ویرافنامه* (از زبان پهلوی) ۱۳۱۴ و ترجمهٔ *ایران در زمان ساسانیان* اثر آرتور کریستین‌سن ۱۳۱۷، نشان‌دهندهٔ مرکز توجه «رشید» در این

---

۱. مجتبی مینوی، *یاد صادق هدایت*، به کوشش علی دهباشی، نشر ثالث، ۱۳۸۰.
۲. نامه‌ها، ص۹۶.

سال‌هاست. محمد قزوینی نیز تلاشش معطوف به تصحیح متون کهن است. نمونهٔ فعالیت بی‌وقفه و درخشانش بر *مرزبان‌نامه* کتابی که در اصل به زبان مازندرانی و نوشتهٔ اسپهبد مرزبان بن رستم بن شهریار بن شروین بن رستم بن سرخاب بن قارن و نیز بازگردانده شده از زبان طبری به فارسی دری به‌وسیلهٔ سعدالدین وراوینی است. اما چگونه می‌توان انتقاد آل‌احمد مبنی بر «زرتشتی‌بازی» و «هخامنشی‌بازی» را مطرح کرد و از ابراهیم‌پورداود یاد نکرد. او از چهره‌های تأثیرگذار فرهنگی این دوره است. گزارش خرده اوستا، منظومه‌اش به یادبود جشن هزارهٔ فردوسی در ۱۹۷ بیت در ۱۳۰۷ و نیز آغاز کردن نشریهٔ *ایرانشهر* با همکاری محمد قزوینی از فعالیت‌های مهم اوست. با تقی‌زاده در مجلهٔ *کاوه* همکاری دارد و تحت تأثیر خاورشناسان آلمانی و مکتب رومانتیسم آلمان، عمر خود را مصروف تحصیل و تحقیق در بارهٔ ایران باستان می‌کند. انتشار *ادبیات مزدیسنا* و *گزارش اوستا* همه از کارهای مهم اوست.[1] بین ادبای سبعه *شاهنامهٔ فردوسی* محبوب‌ترین شعر فارسی بود. عباس اقبال‌آشتیانی و سعید نفیسی نیز در این دهه تلاش خود را بر *شاهنامه* متمرکز کرده بودند و *شاهنامه* با همکاری این دو در سال ۱۳۱۴ انتشار یافت. در سال‌های آخر این دهه اقبال به *دیوان امیر معزی* پرداخت و بدیع‌الزمان فروزانفر که شیفتهٔ مولوی بود نه تنها این دهه بلکه چهل سال عمر خود را در تحقیق بر آثار و اندیشهٔ مولوی صرف کرد. شاگرد او عبدالحسین زرین‌کوب در بارهٔ سلیقهٔ شعری‌اش سال‌ها بعد نوشت:

«شعر را به سبک قدما محکم و متین می‌گفت. مخصوصاً به شیوهٔ ناصرخسرو و خاقانی علاقه داشت و از این حیث یادآور ادیب پیشاوری بود.»

---

۱. پورداود پس از آنکه در اوستاشناسی در هند و بین زرتشتیان مقیم هند مشهور شد سرانجام در سال ۱۳۱۶ به ایران بازگشت و عضو فرهنگستان ایران شد.

بر کلمات «سبک قدما» و «محکم و متین» باید درنگ کرد چرا که این کلمات توصیف دقیقی از «سلیقهٔ شعری» چهره‌های مسلط ادبی و فرهنگی این دوره است. روشن است که شعر نیما را «سست» و خالی از «متانتی» که شایستهٔ شعر فارسی است ارزیابی می‌کنند و اغلب او را مانند «رشید» مسخره می‌کنند و از وی تصویر دلقک، شارلاتان یا فردی دیوانه در ذهن دارند.

نیمای جوان نیز وانمود می‌کرد از این برخورد ادبای مسلط زمانه، احساساتش جریحه‌دار نمی‌شود:

«من اقلاً توانسته‌ام وسیلهٔ تفریح و خندهٔ آنها را فراهم کنم. این هم یک نوع هنر است. بالعکس همین وسیله چند سال بعد آنها را هدایت خواهد کرد. شعرهای من دوکاره‌اند حکم چپق‌های بلند را دارند: هم چپق هستند و هم در وقت راه رفتن عصا! من هیچ متألم نمی‌شوم. بجای فکر طولانی در ایرادات آنها با کمال اطمینان به عقیدهٔ خود شعر می‌گویم.»[۱]

شاید این حرف‌های نیما دربارهٔ «نیمای جوان» دههٔ ۱۳۰۱-۱۳۱۱ درست باشد اما نیمای دههٔ بعد به شهادت اشعاری که در بخش جدال با مدعی آورده‌ام به این رفتارها بی‌اعتنا نیست. تنش‌های خانوادگی (با مادر و همسر)، فقر و آوارگی شغلی او را کم‌حوصله و درمانده و عصبی‌تر کرده است. می‌نویسد: «مقالهٔ رشید یاسمی را در روزنامهٔ *ایران* راجع به تربیت خواندم که به جلد غزالی طوسی و داروین فرو رفته است. بعد با یک فکر مصرفی، که خطر آن کمتر از فاتالیسم غزالی نیست، انسان را خادم خالصاً مخلصاً طبیعت قرار داده و در نتیجه به اخلاق و تربیت بازگشت می‌کند ... از که اسم می‌برید در «ایران»[۲] که من او را قشنگ و حسابی معرفی

۱. *نامه‌ها*، صص ۹۶-۹۷.
۲. منظور روزنامهٔ *ایران* است.

نکنم که چطور عقیده و سلیقهٔ او برای جمعیت به منزلهٔ سم است و چطور گذشته از حیث اینکه فکر او به سند و اساس معین تکیه نمی‌کند، ذوق و استعدادی را که در چیزنویسی دارد در تعقیب همین قبیل مسایل به هدر می‌دهد.»[۱]

در زمانه‌ای که چهره‌های بزرگ ادبی و مسلط جامعه او و شعرش را تحقیر می‌کنند و نظر و عقیده و سلیقهٔ یکایک آنها برای مردم مانند سمی خطرناک است و شاعر با فقر و بیکارگی و آوارگی دست به گریبان، آنچه که می‌توانست از غلظت این شب تیره برای شاعر منزوی و غمگین بکاهد محفلی از روشنفکران جوان و همزبان او بود. در برابر ادبای سبعه، محفل کوچکی از نویسندگان و روشنفکران بر گرد صادق هدایت شکل گرفته بود. این گروه که «ادبای سبعه» را کهنه‌پرست و قدیمی می‌خواند به طنز و کنایه نام «گروه ربعه» را انتخاب کرده بودند و در آغاز چهار نفر بودند: مسعود فرزاد، مجتبی مینوی، بزرگ علوی، و صادق هدایت. مینوی می‌گوید: «ما با تعصب جنگ می‌کردیم و برای تحصیل آزادی کوشش می‌کردیم و مرکز دایرهٔ ما صادق هدایت بود.»[۲]

این گروه می‌توانست برای نیمای این دهه پناهگاه و پشتیبانی مهم باشد. ولی آیا چنین بود؟ بزرگ علوی می‌گوید: «ما جوجه‌های تازه از تخم درآمده می‌خواستیم سری توی سرها در بیاوریم.»[۳] به این «جوجه‌ها»، عبدالحسین نوشین و ذبیح بهروز هم اضافه می‌شوند. اما این گروه جوان که می‌خواهد سری توی سرها دربیاورد و جویای نام آمده است علایقی متفاوت با نامداران ندارد. از مینوی شروع کنیم که از سال‌های ۱۳۰۲-۱۳۰۳ مشغول آموزش زبان پهلوی زیر نظر پرفسور هرتسفلد آلمانی

۱. *نامه‌ها*، صص ۵۵۱-۵۵۲.
۲. مجتبی مینوی، *نقد حال*، خوارزمی: ۱۳۵۱، ص ۴۵۸..
۳. بزرگ علوی، *گذشت زمانه*، انتشارات نگاه: ۱۳۸۹، ص ۶۶. ...

بوده است (به تأثیر آلمان‌ها و رومانتیسم آلمانی در فصل سیمای ایرانی رومانتیسم به تفصیل خواهیم پرداخت). از همان سال‌ها با محمدعلی فروغی و حسن تقی‌زاده آشنا می‌شود و از سال ۱۳۱۲ مشغول کار بر روی *شاهنامه* است. با فروغی در تهیهٔ خلاصهٔ *شاهنامه* همکاری می‌کند و از فعالان کنگرهٔ بین‌المللی هزارهٔ فردوسی در سال ۱۳۱۳ است. *نوروزنامه* را در سال ۱۳۱۲ و *ویس و رامین* فخرالدین اسعد گرگانی را در سال ۱۳۱۴ منتشر می‌کند و علاوه بر ترجمهٔ *الواح تاریخی همدان و بنای تخت جمشید* و ترجمهٔ *تاریخ ساسانیان* (وضع ملت و دولت و دربار در دورهٔ شاهنشاهی ساسانیان) از آرتور کریستین‌سن، با هدایت کتاب *مازیار* را منتشر می‌کند. هدایت و بقیهٔ اعضای گروه نیز زمینه‌های مشابه را دنبال می‌کنند. هدایت به جز کتاب *مازیار*، *پروین دختر ساسان* را می‌نویسد، بزرگ علوی، به نوشتن *دیو، دیو، انیران* و عبدالحسین نوشین به نمایشنامه‌سازی *از فردوسی* سرگرم است. کانونی که نویسندگان و روشنفکران نوگرا در برابر کهنه‌پرستی «ادبای سبعه» راه انداخته‌اند به اندازهٔ «رقیبان مسلط» در پروژهٔ ملی آنان سهیم است. از سوی دیگر نیما اگر چه جهان‌بینی ادبی و فرهنگی‌اش متأثر از «رومانتیسم» است، دو وجه خاص دارد که او را با این «نوگرایان» نیز بیگانه می‌کند:

وجه اول، ریشهٔ عاطفی داشتن او و در یوش و تعلق خاطرش به روستا و نیز جنبش‌های شورشی شمال است. (این دلبستگی به میرزا کوچک‌خان و جنبش جنگل را در کتاب *افسانه و نیمای جوان* به تفصیل نشان داده‌ام) کسی که با شورشیان مناطق شمالی کشور احساس هم‌هویتی می‌کند با طرفداران دولت مرکزی و تمرکز قدرت و «پروژهٔ ملی» نمی‌تواند میانه‌ای داشته باشد. این وابستگی عاطفی عمیق به شورشیان علیه دولت مرکزی از خلال گفت‌وگوهای خانوادگی اسفندیاری‌ها به‌خوبی پیداست. آنجا که

نیما می‌خواهد داستانش را که در نشریه‌ای در تهران چاپ شده به پدرش نشان دهد:

«روز بعد روزنامه‌ای دستم بود. از من پرسید در آن چه نوشته‌اند؟ جواب دادم: یک نفر در حدود جنگل یاغی شده است. از این جواب آثار بشاشتی در سیمای پدرم ظاهر شد. پهلوان انقلاب سرش را بلند کرد گفت: معلوم می‌شود آنها را تحریک کرده‌اند. گفتم: یک فصل از کتاب *آیدین* مرا در روزنامه نقل کرده‌اند. روزنامه را از دستم گرفت. آثار پسر شاعرش را می‌خواند. چند دفعه از گوشهٔ درگاه نگاه کردم دیدم به‌دقت و حرص زیاد هنوز مشغول خواندن آن فصل است.»[۱]

یاغی شدن از حکومت مرکزی از روش‌های مورد علاقه خانوادگی اسفندیاری‌ها به شمار می‌آمد. پسر دیگر «پهلوان انقلاب»[۲] لادبن، به شورشیان شمال پیوسته، به حکومت مرکزی اعلام جنگ داده و در تبعید بود. نیمای جوان نیز خود مدتی به صرافت زندگی چریکی و جنگلی افتاده بود.[۳] در این دهه نیز همچنان یکی از علایق اصلی‌اش زبان و اصطلاحات محلی (کتاب شعرش به زبان طبری نمونه‌ای از این علاقه محسوب می‌شود) و فرهنگ محلی و حفظ آن است. اما «پروژهٔ ملی» هژمونی فرهنگی غالب است. این غلبه چنان است که حتی در دوره‌ای نیما را تحت تأثیر خود قرار می‌دهد و نیما بر این تأثیر آگاه است و نیز آگاهانه آن را از آثار خود حذف می‌کند. در دی ۱۳۱۲ به خواهرش می‌نویسد: «سال گذشته من یک رمان کوچک غمگین و مالیخولیایی را که تقریباً ۱۱ سال قبل نوشته بودم سوزاندم. برای شما بگویم فقط برای اینکه با افکار کنونی خود نمی‌خواستم، به عنوان، «قبرستان شابهار» داشته باشم

۱. *نامه‌ها*، ص۱۷۸.
۲. نیما پدرش را با دو صفت «شجاع» و «عصبانی» توصیف می‌کند.
۳. ر ک: به کتاب *افسانه و نیمای جوان*، صص ۳۶-۳۹.

و در آن برای مردگان ساختگی نهصد سال و چیزی قبل تعزیه بخوانم تا دیگران هم عزاداری کنند.»[1]

علاوه بر نقد باستان‌گرایی رایج زمانه‌اش در این جملات، در شعر هم از سال ۱۳۰۸ به نقد مفهوم رایج «وطن» و «مام وطن» می‌پردازد. در شعر *مادر و وطن* مادری در جست‌وجوی جنازهٔ فرزندش است. آنجا که شاعر احساس همدردی خود را با «مادر شهید» ابراز می‌کند نقد یکی از مفاهیم کلیدی «شعر ملی» شاعران مشروطه و نیز دورهٔ او خفته است:

«ای طفل وطن که این صداها پی توست
کی گفت که مادرِ وطن باید جست
تا مادرِ پیری بنهی زین سال سست

سود تو ز مادرِ وطن جستن کو
این نیز شنیدنی‌ست اگر هست بگو
این حرف به گوش او نخواهد رفت فرو»[2]

و آن‌گاه فلسفهٔ خود را در برابر بینش «جانم فدای وطن» شاعران عصر خود چنین بیان می‌کند:

ای ذات به هر نام، وطن، آی وطن
قانون حیات خلق یا خانهٔ من
انباشته از این‌همهٔ مرد و زن

تا طفل مرا شاد بداری وطنی

---

۱. *نامه‌ها*، ص۵۵۹.
۲. *صد سال دیگر*، ص۱۱۹.

زیرا که به فکرِ گوشهٔ قلب منی
تدلیل نکرده‌ای تو بر پیره‌زنی!»[۱]

در برابر این گفتمان ملی و «ایران» به عنوان میهن، نیما «یوش» را وطن خود می‌خواند. وطن او این خطهٔ شمالی است:

«آلیو» جنگل فشرده به هم
«نیکلا» کوه دور افتاده
«ماهو» این رودخانه پُر خم
«بیشل» این دشت خرم ساده

رخ بتابید دیگر از فرزند
وطنِ من مرا نیارد یاد
می‌نهم سر به‌هر کجاست گزند
می‌کشم درد، هر چه باداباد.»[۲]

و یا در شعر دیگری شهر «بارفروش» را وطن خود می‌خواند و با آن عاشقانه گفت‌وگو می‌کند:

«این هاتف پنهان در گوش
من می‌گویم تویی تو، ای بارفروش
او می‌گوید بیا درست گفتی تو، منم
من می‌گویم ببر دلم، ای وطنم»[۳]

در نوشته‌ها و نامه‌هایش هم جز این نیست. در نامه‌ای با صراحت

---

۱. همان‌جا.
۲. همان اثر، ص۹۲..
۳. همان اثر، ص۱۳۷.

می‌نویسد:

«کلمهٔ وطن را من همه وقت برای همین نقطه استعمال کرده‌ام. چه در شعر و چه در هر چه نوشته‌ام. همان عقیده و آرزوی مرحوم آقا شیخ‌هادی یوشی خودمان»[1] و در نامه‌ای دیگر آنجا که از نقشهٔ تعطیلات تابستان خود می‌گوید: «اما از طرفی هم در این سه ماههٔ تابستان پناه بردن به بعضی کوهستان‌های سردسیر، یعنی وطنم یوش، آرزوی این دل ملول است که نمی‌توانم آنرا از سر بدرکنم.»[2] رسام ارژنگی نزدیک‌ترین دوست نیما، که نیما در نامه‌هایش از او به عنوان برادر یاد کرده است تأکید می‌کند که وطن‌پرستی نیما با بقیه فرق داشت، او «یوش‌پرست» بود. طبیعی بود که این یوش‌پرستی نیما در برابر «ایران‌پرستی» خادمان «پروژهٔ ملی» قرار می‌گرفت و او را با آنها و برنامهٔ «ساختن هویت ملی» بیگانه می‌کرد.

وجه دوم این غربت، شعر و سلیقهٔ ادبی نیما بود در دورانی که دولت موقت برای «یکسان‌سازی» فرهنگی دست به تأسیس سازمان پرورش افکار زده بود (سال ۱۳۱۷) و هدف آن سازمان تدریس و برگزاری سخنرانی در خصوص تفهیم «آگاهی ملی» بود. این «آگاهی ملی» به همهٔ جنبه‌های زندگی شهروندان مانند اخلاق، اهمیت نظافت، ورزش و موسیقی بسط داده می‌شد. به‌قول عیسی صدیق هدف این بود که از «راه سخنرانی و نشریه و موسیقی و رادیو و نمایش حس غرور ملی و میهن‌پرستی را تقویت کند.»[3] پروژهٔ ملی در کار زنده کردن شعر و آثار شاعران گذشته از فردوسی تا حافظ و سعدی بود تا برای «شهروندان» هویت ملی بسازد. ساختن مقبرهٔ فردوسی و برگزاری کنگرهٔ فردوسی و تلاش و تحقیق همه جانبهٔ روشنفکران آن روزگار دربارهٔ فردوسی و شاعران کهن در این بستر بود.

---

۱. نامه‌ها، ص ۵۰۱.
۲. همان اثر، ص ۵۳۵.
۳. عیسی صدیق، تاریخ فرهنگ ایران، ص ۴۸.

اما شعر «شاعری یوش‌پرست» که برای تخریب بنای کهن شعر فارسی به میدان آمده بود به تقویت حس غرور ملی و میهن‌پرستی کمکی نمی‌کرد. برای نیما نیز همهٔ این تلاش‌ها بوی گذشته، مرگ، و قبرستان می‌داد. «پروژهٔ نیما» در برابر «پروژهٔ ملی» به جای احیا و بازسازی ادبیات گذشته، در کار ویران کردن بنای ادبیات گذشته و ساختن بنایی تازه بود و چون مدام در سایه و حاشیه قرار می‌گرفت در میدان سلطهٔ «پروژهٔ ملی» جز قبرستانی با «بوی استخوان و کفن» و شبی تاریک نمی‌دید:

«بیش از من شما تصدیق می‌کنید که ما در قبرستانی بیش زندگی نمی‌کنیم. در میان چقدر استعدادهای سوخته و جهنمی و ذوق‌های کور و با تاریکی سرشته و ترسو و عذاب‌دوست. همه چیز بوی استخوان و کفن گرفته است. همه چیز خیال شکست و مرگ را به یاد می‌آورد. این چهرهٔ معرفت نارس ماست وقتی که مردمان سرشناس را می‌ستایند، خیال می‌کنند راه خود را یافته‌اند اما در زیر سنگینی زنجیرهای خودشان غلت می‌زنند.»[۱]

متولیان این قبرستان، سازندگان شبی تاریک و وحشتناکند، کسانی که در کار بازگشت به شعر و ادبیات گذشته و حمله به شعر نیما و تلاش او برای ساختن بنایی تازه هستند:

«... پس از آن در دماغ تنگ آنها هر چیز بیش از پیش مردن آغاز کرده، مثل اینکه ویرانی را از پی کنده‌اید و اکنون آن ویرانه فرو می‌ریزد، یا سررشته نکبتی را به‌دست آورده، آرامگاه شبهایی چنان وحشتناک هستند که گویا هیچ‌وقت صبحی در پایان آن به خنده در نخواهد آمد.»[۲]

اینجاست که می‌توان تاریکی شب نیمایی را دید. جای نیما در آن روزها

۱. نیما، *تعریف و تبصره*، ۱۳۲۲، ص۴۵.
۲. همان اثر، ص۴۶.

در کنار «ادبای سبعه» و هم‌مدرسه‌ای‌اش «رشید» نبود و نمی‌توانست باشد. اما او در کنار «جوجه‌های تازه از تخم درآمده» هم جایی نداشت و این امر شب او را سیاه‌تر و غربت او را دردناک‌تر می‌کرد:

«هیچ‌کس لیکن نخواهد داد پاسخ

کس زبان من نمی‌داند»

حتی کسانی که در جدال با ادبیات مسلط بودند خود به کار *شاهنامهٔ فردوسی* و شعر کهن و نمایشنامه نوشتن بر اساس *شاهنامه* می‌پرداختند و قهرمانانشان مازیار و پروین دختر ساسان بود. اینها هم «به هیچ صدایی رو به شما نیاورده» و نمی‌آورند. اینها هم «چون ماری بر گنجینهٔ ادبیات قدیم» چمباتمه زده بودند و نمی‌توانستند از این گذشته عبور کنند و از نظر نیما، کسانی که این‌گونه مقهور گذشته بودند «شکست‌خوردگان بدبختی» بیش نبودند:

«در همین آرامگاه خودشان و در میان جروبحث‌های بی‌اساس و زنانه و لودگی‌های طولانی، که طبع سرد و شکست‌خوردهٔ آنها را می‌شناساند عمر خود را به سر برده مثل مار به روی گنج، که از آن بهره نمی‌برد، زنگوله به‌دست گرفته و بالای سر برده آن را می‌نوازند. معلوم نیست برای چه و نمی‌دانند در این دوران زندگی جویای چه هستند و چه چیز را به پاس آن حقاً لازم است خواستار باشند و این چه رقص بی‌مزه‌ای است که در تاریکی ادامه می‌دهند.»[1]

ناسیونالیسمی که با بخشنامه و سخنرانی قصد داشت از اخلاق تا نظافت و ورزش شهروندان را امروزی کند تا آنها شایستگی نام «ملت» را بیابند از نظر نیما در چارچوب همین تفکر باستانی و «قبرستانی» و بیش

---

۱. همان‌جا.

از هر چیز خسته‌کننده و ملال‌آور بود:
«آنجا به دوش، مرده به ره حمل می‌کند
یک مردهٔ دگر
جغدی عبوس بر سر طاقی نشانده‌اند
غم‌آور و پکر
تا او حساب زندگی خلق را به خلق
تلقین کند»[1]

نیما با این «ملی‌گرایی»، بیگانه بود. از نظر او این بازگشت فرهنگی، کشور را به «قبرستانی» مبدل می‌کرد. این غربت را باید بر پیشینهٔ رشد شهری، ظهور «تهران مخوف»، تحول شتابان صنعتی کشور و از هم پاشیدن جامعهٔ سنتی و روستایی و تأثیر این همه بر روحیهٔ نیمای جوان و نسل او سنجید.[2] حتی بسیاری از روشنفکرانی که همساز حاکمان در کار ساختن «هویت ملی» بودند دیر یا زود خود را در این «ظلمات غربت» می‌یافتند. چرخهٔ اقتصاد و رشد صنعتی طبقهٔ جدیدی را بر کرسی قدرت و ثروت بر می‌کشید. دیکتاتوری سیاسی از یک‌سو تحول صنعتی، اجتماعی و فرهنگی را اقتدارگرایانه پیش می‌راند و از سویی، بی‌عدالتی‌های اقتصادی و فرهنگ مخالف خود را خلق می‌کرد. شعر نیما، شعر غریبان مستأصل غمگینی بود که به حاشیه رانده شده بودند. قربانیانی که به اندازهٔ حاکمان مقتدر خود «شبه رومانتیک» بودند و چون همهٔ متأثران از رومانتیسم نگاهی نوستالژیک به گذشته داشتند. حاکم و محکوم هر دو سودای بازگشت به «دورانی طلایی» را در سر می‌پروراندند اما دوران طلایی هر

---

۱. صد سال دیگر، شعر، ۱۳۱۸، ص ۱۷۰.
۲. ر. ک: افسانه و نیمای جوان، فصل «یک بچهٔ کوهی» صص ۱۵۳-۱۷۷.

یک متفاوت بود. در شبی که برای نیما ظلمت فرهنگی ظلم سیاسی را تحت‌الشعاع قرار می‌داد هیچ‌چیز آن نبود «که می‌بایست باشد». شبی که حاکم و محکوم را در خود کشیده بود، «چیزها گره خورده شده بود» و شناخت تفاوت سره از ناسره، شعر امروز از دیروز، شاعر واقعی از شاعر تقلبی، «چهره‌های خشم از چهره‌های مرگ‌نما» چون مرغ واقعی از مرغ مجسمه به آسانی امکان‌پذیر نبود. در چنین شبی، «شبه رومانتیک‌های» حاکم فرهنگ شاعران ایران باستان را طلب می‌کردند، فرهنگی که نیما آن را «مرده» و «قبرستانی» می‌دید و این تلاش فرهنگی، «شب» او را غلیظ‌تر و زجرآورتر می‌ساخت:

پس به جاده‌های خونین، کله‌های مردگان را
به غبار قبرهای کهنه اندوده
از پس دیوار من، برخاک می‌چیند
وز پی آزار دل آزردگان
در میان کله‌های چیده بنشیند
سرگذشت زجر را خواند،
وای بر من! در شبی تاریک از اینسان،
بر سر این کله‌ها جنبان
چه کسی آیا ندانسته گذارد پا؟

این عزاداری شام غریبان برای سرهای از بدن جدا شدهٔ شهیدانی مقدس نبود. این کله‌ها به مردگانی باستانی تعلق داشت که زینت‌بخش مجلس آواز دشمن ادبیات امروز (نیما) بودند و چه بسیار که از روی نادانی این «کله‌های جنبان» را زنده می‌پنداشتند و بر آن پا می‌گذاشتند تا اوج و ارتفاعی بگیرند غافل از اینکه آنان سال‌هاست که مرده‌اند و از این حرکت

و آرایش روشنایی و صعودی بر نمی‌خیزد:

از تکان کله‌ها آیا سکوت این شب سنگین
(کاندران هر لحظه مطرودی فسون تازه می‌بافد) کی که بشکافد؟
یک ستاره از فساد خاک وارسته
روشنایی کی دهد آیا
این شب تاریک دل را؟

و چنین است که شب تاریک دل و سنگینی‌اش ادامه می‌یابد و پیرامون شاعر همه جا را در بر می‌گیرد و دیر یا زود به سراغ شاعر منزوی که در خانه پنهان شده است خواهد آمد. در چنین حالی است که شاعر شکست خورده و غرق در سیاهی، در هیچ کجای این شب تکیه‌گاهی برای خود نمی‌یابد:

دشمن من می‌رسد می‌کوبدم بر در
خواهدم پرسید، نام و هر نشان دیگر
وای بر من!
به کجای این شب تیره بیاویزم قبای ژندهٔ خود را،
تا کشم از سینهٔ پر درد خود بیرون
تیرهای زهر را دلخون
وای بر من!

این شب هر چه به شهریور ۱۳۲۰ نزدیک‌تر می‌شویم جنبهٔ سیاسی آشکارتری می‌یافت. به فاصلهٔ یک ماه از سرودن شعر بالا، نیما در شعر «آتشی افروخته» جادوگرانی را مسئول مستقیم و برپادارندهٔ سیاهی این شب معرفی می‌کند:

«در شب تاریک دیگر هیچ چیزی نیست پیدا
پیش چشم کس که تا بیند به‌سوی او
گر درخشد یک ستاره
جادوگرها با غبار حرف‌های خود
تیره می‌دارند آن را»[1]

نیما و مخالفان روشنفکر و روزافزون این شب سیاه هم محصول این شرایط جدید، این شب لایتناهی، و هم از قربانیان آن بودند و از این‌رو گاه نمی‌توانستند که علاوه بر پرورده شدگان و قربانیان، منتقدان منصفی نیز باشند و شکست‌های فردی خود را با بی‌عدالتی‌های نظام جدید مرتبط می‌انگاشتند. از این‌رو عزاداری غریبان فرهنگی و شکست‌های شخصی همه جنبه‌ای سیاسی می‌یافت و این «شب سیاسی» به سرعت گفتمان نسل بعد را از خود می‌انباشت. بیش از ۲۰ سال بعد فیلم *خشت و آینه* ابراهیم گلستان در آغازی شاعرانه به تماشاگرش می‌گفت:

دیگر غروبِ ساکت
در سردی سیاهِ شبِ شاخه‌های خشک
تحلیل رفته بود
مرد شکارچی، آهسته می‌گذشت
اما درون ظلمت
نبضِ خطر مدام می‌زد
جنگل پُر از جرقهٔ هول و هراس بود
شب سخت بود
شب پایدار می‌نمود

۱. *صد سال دیگر*، ص۱۷۹.

در چشمِ گردِ جغد
نقشی نمی‌نشست مگر نقشِ دلهره
جز ترس، از زندگی نشانهٔ دیگر نمانده بود
مردِ شکارچی، آهسته می‌گذشت
هر جانور به کمین خیره مانده بود
شب با تمام تیرگی‌اش بود
چشم هزار چشم خطر باز بود
اما در تیرگی کسی نبود بداند
که صید کیست
که صیاد کیست.»[1]

۱. ابراهیم گلستان، *خشت و آینه*، ساخت ۱۳۴۳، نمایش ۱۳۴۴.

فصل هفتم

شمع‌های سوخته

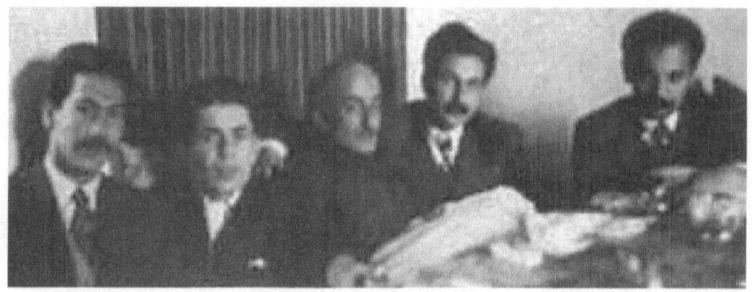

«سال اشک پوری
سال خون مرتضی»

«احمد شاملو»

«این جوونا بارها از من پرسیدند که این آقای کیوان چی بوده...اصلاً توضیح دادنی نیست.»

«هوشنگ ابتهاج (سایه)»

«او را کشتند و سال‌ها گذشت. هنوز دل من و وجدان ناآگاه، ضمیر نابخود من، هنوز این مرگ را نپذیرفته است و هرچند گاه یک‌بار خواب می‌بینم که مرتضی کیوان زنده است یا مثلا ضعیف است باید پرستاری شود. باید مواظبت شود تا حالش خوب بشود. هیچ‌وقت من در واقع نتوانستم این را باور کنم.»

«محمدجعفر محجوب»

«اگرچه او دیگر نیست. اما چه بسیار وقت‌ها که حضور غایب او را در خود می‌بینم.»

«شاهرخ مسکوب»

«اسم کیوان برای همهٔ ما در حکم کلمهٔ رمزی است که به محض اینکه ادا شود پرده‌های دوری و سردی را پس می‌زند.»

«نجف دریابندری»

در خاطرات سال‌های دبیرستان من، عکس سیاه و سفیدی هست که این روزها در اینترنت و مجلات ادبی ایران به‌راحتی پیدا می‌شود. در این عکس بت‌های فرهنگی‌ـ‌ادبی نسل من گردِ میزی نشسته‌اند. عکس متعلق به سال‌های آغازین دههٔ ۱۳۳۰ است. چهار جوان، مردی سالخورده‌تر را با نگاهی نافذ و بی‌اعتماد، پیشانی بلند و موهای ریخته، در میان گرفته‌اند. جوان‌ها همه با پیراهن سفید و کراوات، با تبسم و کنجکاوی به دوربین نگاه می‌کنند. مرد سالخورده با نگاهی سرشار از سوءظن تنها سیاه‌پوش این عکس است. در رمان *واسطه* اثر ال. پ. هارتلی می‌خوانیم: «گذشته کشوری بیگانه است. آنجا، کارها را متفاوت انجام می‌دهند». وقتی به این گذشته، به این کشور بیگانه نگاه می‌کنم، در این عکس چیزهایی می‌بینم که در گذشته نمی‌دیدم. (امکان دیدنش را نداشتم). امروز می‌بینم که این روشنفکران در دنیایی متفاوت از آنچه در تصور امروز ماست قرار داشتند. در آن دنیا، در اوایل دههٔ ۱۳۳۰ در تهران حلقهٔ ادبی کوچکی شکل گرفت که نام خود را «انجمن ادبی شمع سوخته» نهاده بود. بنیان‌گذاران «شمع سوخته» عبارت بودند از: نیما یوشیج، احمد شاملو، هوشنگ ابتهاج، سیاوش کسرایی و مرتضی کیوان.

از این پنج نفر، چهار‌تن شاعرانی شناخته شده بودند. نیما بنیان‌گذار جنبش ادبی جدید و شعر نو ایران بود و سه شاعر دیگر خود را از شاگردان و رهروان راه او می‌دانستند. اما «مرتضی کیوان» چون آن چهار تن دیگر شاعر نبود و حتی تا امروز نیز او را به خاطر اشعارش نمی‌شناسیم. در آن

سال‌های جوانی چشم من در این عکس تنها نیما و شاگردانش، سرایندگان اشعار محبوبم را می‌دید. مرتضی کیوان تنها دوست سیاسی آنها بود که حضورش در این جمع تصادفی به نظر می‌رسید. امروز اما چشم من بر مرتضی کیوان و حضور او درنگ می‌کند. امروز می‌بینم که حضور مرتضی کیوان در این جمع مهم و لازم بود. نه تنها از این نظر که مانند چسبی روابط دوستانهٔ این جمع را با مهربانی بی‌شائبهٔ خود به هم پیوند می‌داد، بلکه از این رو که زندگی او «تجسم» شعر شاعران رومانتیک زمانه‌اش بود. شمع‌هایی که اگر چه خود را سوخته می‌خواندند، شعلهٔ احساساتشان دائم زبانه می‌کشید و پروانه‌هایی عاشق، طلب می‌کرد.

این «تجسم» یعنی مادیت یافتن «آرمان‌های» رومانتیک در قالب یک قهرمان «شاهد» به آنها دلگرمی و جسارت می‌داد. نه تنها شاعران بلکه حتی انقلابیونی مثل علی شریعتی هم به این «تجسم» محتاج بودند و نیازشان را این‌گونه بیان می‌کردند:

«اما حرف‌هایش همه، همین‌طور حرف می‌موند. همهٔ سرمایه‌اش یک مشت کلمه بود. یک خودکار و چند ورق کاغذ. با اینها هم که کاری نمی‌شد کرد. خیلی ادعاها داشت. خیلی شکایت‌ها، خیلی پیشنهادها، خیلی راه‌حل‌ها، اما برای اثبات حقانیتش دلیل نداشت، حجت نداشت. یک شاهدی که نشون بده حرف این راسته، نداشت.»[1]

معلم انقلابی هم چون شاعر، از پدیدار شدن تجسم مادی اندیشه‌هایش هیجان‌زده می‌شود:

«یک معجزه‌ای، یک حادثه‌ای، اتفاق افتاد. دو تا پیدا شدند. نمی‌دونم از زمین جوشیدند؟ از آسمان افتادند؟ از دنیای دیگری آمدند؟ دو تا فرشته بودند که قیافهٔ آدمیزاد پیدا کرده بودند؟ معلوم نبود چی بود اینها

---

۱. علی شریعتی، قصهٔ حسن و محبوبه، ص۵.

پیداشون شد...»[۱]

پدیدار شدن حسن و محبوبه برای معلم انقلابی تجسم مادی «یک مشت کلمه» و نیرومند کردن آن «یک مشت کلمه» در سطح جامعه بود. برای چهار شاعر پیشگامی که هر یک خود را انقلابی می‌دانست، مرتضی کیوان فرشته‌ای بود که از آسمان و یا از دنیای دیگری آمده بود.

چهار شاعر انقلابی رومانتیک ما با یکدیگر جز «رومانتیسم ایرانی» خود وجه مشترک دیگری نداشتند. نیما که در جوانی هوای پیوستن به جنبش جنگل و جنگ چریکی داشت، هرگز در بحث با برادر مارکسیست خود دیدگاه‌های او را نپذیرفت. در این سال‌ها او نه از حال و هوای سنتی و روستایی خود آنقدر عبور کرده و نه از دلبستگی به جنبه‌های فرهنگی سنت فارغ شده بود. برای او «مبارزه» اهمیت داشت اما کم‌کم به فضایل و اهمیت «مبارزان مذهبی» پی می‌برد:

«کدام‌ها بوده‌اند در تاریخ گذشتهٔ بشر، انسان‌های قابل ستایشی که به فضایل آدمیت رسیده‌اند؟ یک کلمه، جواب همهٔ آنهاست: درویش‌ها. شما درویشی باشید که برای زندگی دیگران مبارزه را لازم می‌داند.»[۲]

در کنار این «درویش مبارز»، ابتهاج و کسرایی، دو مارکسیست استالینیست وفادار به حزب توده بودند. مارکسیسم جواب بی‌تابی و عطش رومانتیسم انقلابی آنها بود اگر چه آن ایدئولوژی را چندان خوب نمی‌شناختند و در زمینهٔ آن مطالعه‌ای نداشتند. شاملو از زمینهٔ اندک متفاوتی به این جمع رسیده بود. ده سال پیش از شکل گرفتن این انجمن، او جوانی فاشیست و طرفدار آلمان نازی بود. رومانتیسم او جواب را اول در ناسیونالیسم آلمانی و نه بلشویسم روسی یافته بود. اما با سقوط

۱. همان اثر، ص ۶.
۲. *حرف‌های همسایه*، ص ۷.

رایش و بر ملا شدن جنایت‌هایش حالا به جمع انقلابیون «چپ» پیوسته بود. این جمع از نظر سیاسی ناهمگون را «رومانتیسم ایرانی» و تجسم زندهٔ آن، مرتضی کیوان به هم پیوند می‌داد. هوشنگ ابتهاج در مصاحبه‌ای می‌گوید:

«اصلاً نمی‌تونم توضیحی بدم. اصلاً توضیح دادنی نیست. این جوونا بارها از من پرسیدند که این آقای کیوان چی بوده؟ چی بوده که شماها که هیچ شباهتی با هم ندارین... شماها که گاهی متناقض هم هستین و با این تفاوت‌های عظیمی که میان شما هست، چطور دربارهٔ یک آدم یک حرفو می‌زنین... این حرف درسته واقعاً... از یک طرف آدمی مثل شاملو و از طرف دیگه کسی مثل اسلامی ندوشن، از اون ور محمدجعفر محجوب، از طرف دیگه شاهرخ مسکوب، نجف دریابندری و خیلی‌های دیگه... یک جمله‌ای اگه اشتباه نکنم نجف دریابندری گفته که کامل‌ترین توصیف دربارهٔ کیوانه. گفته کیوان عاشق دوستی بوده. البته دوستی با تمام معانیش. درست هم گفته نجف. کیوان واقعاً در دوستی تمام بوده و بی‌اونکه شما تقاضا بکنین بهتون خدمت می‌کرده...»

خادم دوستان بودن کیوان را باید در بستر اجتماعی روزگارش برای این جمع کوچک روشنفکری ارزیابی کرد. کیوان برای آنها همزمان نقش دوست، همسر، خواننده و دولت را توأمان ایفا می‌کرد. در دوستی او، رقابت‌های ادبی رایج بین شاعران و نویسندگان خللی وارد نمی‌کرد چرا که او خود را چون آنان و همسنگ آنان نویسنده و شاعر نمی‌شمرد، و کار خود را تشویق و کشف استعدادهای آنها می‌دانست. «نام» ادبی خودش برایش اهمیتی نداشت و بسیاری از نوشته‌های کوتاه خودش دربارهٔ دیگران را با اسامی مستعار منتشر می‌کرد. در دوره‌ای که حتی همسران این جمع کوچک حامی آنان نبودند، برای نمونه نیما که اغلب از

فشارها و زخم زبان‌های همسرش عالیه شکایت داشت و یا ابتهاج تصمیم می‌گرفت که انقلاب و آرمان‌خواهی برعشق و ازدواج اولویت دارد خلاء عاطفی مهمی شکل می‌گرفت. برای شاعران مرد «رومانتیکی» که به هر شکل قادر به سامان دادن به زندگی شخصی و داشتن روابط عاطفی با زنی که همفکر و پشتیبان آنها باشد، نبودند، کیوان این خلأ را پر می‌کرد. دوستانش را «عاشقانه» دوست داشت و برای پشتیبانی از «آثار ادبی» آنها حاضر به فداکاری‌هایی بود که از همسران و زنان زندگی خود نمی‌دیدند. صحنهٔ زیر از تجربه‌ای که نجف دریابندری از او نقل می‌کند به‌خوبی این دوستی «عاشقانه» را نشان می‌دهد:

«کیوان چند لحظه ناپدید شد و با یک لگن ورشو و یک پارچ آب برگشت. گفت: ʼمی‌خواهم پاهایت را با این آب بشورم تا خستگی‌شان گرفته شود.ʼ گفتم: ʼعجب فکر خوبی کردی.ʼ چون پاهایم حقیقتاً خسته و دردناک بود. خواستم جوراب‌های عرق‌آلودم را دربیاورم. گفت: ʼنه تو بنشین، جوراب‌هات را خودم درمی‌آورم.ʼ من گوش نکردم و جوراب‌هایم را درآوردم. ولی او جلو آمد و لگن را زیر پاهای من گذاشت. گفت: ʼآرام بنشین، من دلم می‌خواهد پاهایت را با دست خودم بشورم. خواهش می‌کنم این لطف را از من دریغ نکن.ʼ من حیران ماندم. ولی تسلیم شدم. کیوان آب خنک پارچ را روی پاهای من ریخت و با هر دو دستش پاهایم را مالش داد. با مالش دست او خستگی مثل شیری که از پستان بدوشند از پاهای من بیرون رفت. کیوان گفت: ʼحالا پاهایت را چند دقیقه توی این آب بگذار.ʼ و رفت حولهٔ سفیدی آورد و پاهای مرا خشک کرد و پارچ و لگن را برداشت که ببرد. گفتم: ʼپاهای خودت را نمی‌شوری؟ʼ گفت: ʼنه احتیاجی نیست.ʼ بعد مرا به طرف رختخوابی برد که بیرون اتاق روی پشت‌بام کاه‌گلی انداخته بودند. پیدا بود رختخواب هر شبهٔ خود اوست.

پیژامهٔ پاکیزه‌ای به من پوشاند و مرا در آن رختخواب خواباند و خودش ناپدید شد.»[۱]

کیوان نقش خوانندهٔ باهوش و تیزبین و ویراستار وفادار به نویسنده و متن را با هم ایفا می‌کرد. همسر او می‌نویسد:

«... عاشق این بود که کارهای دوستانش را به چاپ برساند. *وداع با اسلحه* را برای نجف دریابندری غلط‌گیری می‌کرد، برای اسلامی که در پاریس بود کتاب شعر *گناه* را چاپ می‌کرد و خوشحال بود که برای اولین‌بار در ایران کتابی بدون غلط چاپ شده است. به *سیاه‌مشق* سایه و *مروارید* جان اشتاین‌بک ترجمهٔ محجوب مقدمه می‌نوشت...»[۲]

دورانی که در آن، کتاب بدون غلط چاپ نمی‌شود و نویسنده و شاعر روشنفکر ما خواننده ندارد و نمی‌تواند از فروش آثارش گذران عمر کند و نیز دولتی که حامی آثار ادبی خود باشد را نمی‌یابد، دوران حاشیه‌نشینی و انزواست. دورانی که «مرداب‌های الکل با آن بخارهای گس مسموم، انبوه بی‌تحرک روشنفکران را به ژرفنای خویش»[۳] می‌کشند و این جمع کوچک نه با الکل و نه با «بخارهای گس مسموم» بیگانه نبودند، در دوران سرخوردگی و ناامیدی جان‌های بی‌تابی که در شور و شوق انقلاب ادبی و اجتماعی و سیاسی می‌سوزند وجود مرتضی کیوان مرهم و غنیمتی بود. برای روشنفکران این دوره از شاملو تا نادرپور، و از دریابندری تا اسلامی ندوشن، کیوان تنها حامی و دوست مشوق بی‌ریا و فداکار نبود. کیوان در دوران زندگی‌اش و به‌خصوص پس از اعدامش برای آنها تبلور الگوی انسان نمونهٔ نوشته‌هایشان بود (الگویی که خود در زندگی شخصی قادر به ارائه‌اش نبودند). مرتضی کیوان برای روشنفکران رومانتیک شاعر

۱. شاهرخ مسکوب، *کتاب کیوان*، ص ۱۰۶.
۲. همان اثر، صص ۷۲-۷۳.
۳. از فروغ فرخزاد.

و نویسندهٔ ما (از چپ تا راست)، همان حسن و محبوبهٔ معلم انقلابی، شریعتی بود. سیمای «شهید کیوان» در شعر «شاهد»انش تبلور و اوج شعر رومانتیک سیاسی آن عصر ایران نیز هست.

شهیدی که به جاودانگی رسیده است و شاهدانی که در خاکستر برجای باقی مانده‌اند و به مرثیه‌سرایی می‌پردازند:

« ما از نژاد آتش بودیم
همراه آفتاب بلند اما
با سرنوشت تیرهٔ خاکستر
عمری میان کورهٔ بیداد سوختیم
او چون شراره رفت
من با شکیب خاکستر ماندم »

«ابتهاج»

بنازم خیمهٔ سبز تو ای دوست
که خیزد چون عروسی بر سر کوه
تو آنجا در حریر خرم اوج
من اینجا در پلاس ابر انبوه
تو را بینم که همچون خرمن صبح
به بالا می‌روی آرام، آرام
من اینجا دیر ماندم، دور ماندم
به زنجیر امید ناسرانجام

«محمدعلی اسلامی‌ندوشن»

سخنان حسن و محبوبهٔ معلم انقلابی، سخنانی به نثر اما شعرگونه

است. حسن و محبوبه فرشتگانی هستند که با ظهور خود در عالم خاکی با زیستن انقلابی و متعهد خود برای نظریه‌های «معلم انقلابی» دلیل و حجت مادی فراهم می‌کنند. کیوان با حضور خود، با زندگی متعهد و انقلابی خود شاعر انقلابی را به الگو و نمونهٔ ذهنی‌اش پیوند می‌دهد:

و سال بد در رسید

سال اشک پوری، سال خون مرتضی

سال تاریکی

و من ستاره‌ام را یافتم، من خوبی را یافتم...

حضور شهید، شعر را کیفیت می‌بخشد. با شهادت اوست که سخنان شاعر شعر می‌شوند:

تو خوبی

و من بدی نبودم

تو را شناختم، تو را یافتم، تو را دریافتم و حرف‌هایم همه شعر شد

سبک شد

عقده‌هایم شعر شد

سنگینی‌ها همه شعر شد

بدی شعر شد، سنگ شعر شد، علف شعر شد، دشمنی شعر شد

همهٔ شعرها خوبی شد.

«احمد شاملو»

«شهید کیوان» با شهادتش کارکرد ادبی دوگانه‌ای دارد: از یک‌سو با صفا و پاکی و نمونه و سرمشق بودنش به ادبیات و شعر شاعر انقلابی سنگینی و عمق می‌بخشد. مشکل است تصور عمق و زیبایی و اعتلای ادبی داشتن از جملاتی چون: «تو خوبی و من بدی نبودم. تو را شناختم.

تو را یافتم و حرف‌هایم همه شعر شد. سبک شد. عقده‌هایم شعر شد.» مگر اینکه ما بدانیم که در پشت این جملات زندگی باشکوه انسانی والا خفته است که در راه اعتقاد و ایمان خود (درستی و نادرستی ایمان از نظر رومانتیک‌ها مهم نیست. بلکه ایستادگی بر سر آن و با صداقت و خلوص به آن وفادار بودن بیشتر از محتوای خود آن ایمان و عقیده اهمیت دارد) به شهادت رسیده است. شهادت در راه ایمان شهید، به شعر شاهدانش اهمیت و ارزش تاریخی و متعاقب آن ادبی می‌دهد. از سوی دیگر «کیوان» الگو و نمونهٔ روشنفکر انقلابی و رومانتیکی است که شعر و ادبیات و زندگی را درهم آمیخته و یگانه می‌بیند. برای رومانتیک‌ها شعر از زندگی جدا نبود. پس مبارزهٔ سیاسی عاشقانهٔ کیوان و شهادتش در این راه برای آنها خود به مثابهٔ شعری زیباست:

آن‌کس که شوربخت ترا خواند، بر خطاست
زیرا نبرد راه سعادت، سعادت است
زیبایی و جوانی و رزم تو شعر توست
وان شعر آخرین که سرود شهادت است.

«احسان طبری»

آنچه که این شاعران رومانتیک عصر او را در او با هم متحد و یک‌سخن می‌کند عصارهٔ «رومانتیسم»، با شور بر صحنهٔ زندگی ظاهر شدن و با اخلاص متعهد زندگی کردن است. اشتباه است اگر خواننده برای یک لحظه همهٔ این سرود و ستایش را در بستری ایدئولوژیک ببیند و تعبیر کند. بهترین نمونه برای رساندن مقصود من شعر *به یاد کیوانِ* نادر نادرپور است. نادرپور نه تنها چپ و انقلابی نبود بلکه با نویسندگان و شاعران توده‌ای کانون نویسندگان سال‌ها جنگ و جدال داشت. اما نادرپور شاعر

رومانتیک نمی‌تواند چون شاعران توده‌ای و چپ انقلابی در سوگ کیوان و در زندگی قهرمانانهٔ او زندگی نکند ولو آن‌که با جهان‌بینی سیاسی او مخالف باشد:

کیوان من! به مرگ تو گریم هزار بار
گریم به مرگ تو
زیرا بهار عمر تو پژمرد و سوز مرگ
طوفان‌صفت به خاک سیه ریخت برگ تو

***

هر چند از طریق تو بس دور بوده‌ام
در جان من شراره برافروخت شور تو
زین تیرها نمرد و نمیرد به هیچ حال
آن آتشی که سوخت تو را با غرور تو

آری، تو زنده‌ای
هر چند در عزای تو گریم هزار بار
قربانی ستودهٔ این نسل سرکشی
کز مرگ جان نبردی و مردی به کارزار

کیوان! تو آن رفیق ز کف رفتهٔ منی
آوخ که دست مرگ تو را درربود و برد
هر چند با تو یار موافق نبوده‌ام
یاد تو را چگونه توانم ز دل سترد؟

«نادر نادرپور»

در جملات: «هر چند از طریق تو بس دور بوده‌ام» و «هرچند با تو یار موافق نبوده‌ام» ناهمراهی ایدئولوژیک و سیاسی آشکار است و شاعر «شاهد» بر آن تکیه می‌کند. از خصوصیات مهم «شاهدان» تبلیغ فکر و ایدئولوژی «شهیدان» است. تا به قول شریعتی «پیام شهید» در دل تاریخ باقی بماند. اما آنچه شاهدان شاعر «شهید کیوان» را با آنها به هم پیوند می‌دهد فکر سیاسی و ایدئولوژی حزبی نیست، بلکه «رومانتیسمی» است که در تار و پود زندگی فرهنگی همهٔ آنها ریشه دوانیده است. چهرهٔ این رومانتیسم آن‌گاه روشن و بی‌واسطه می‌نماید که به سراغ نوشته‌های خود کیوان برویم. در توصیف خودش می‌نویسد:

«مرتضی جوانی است احساساتی و شدیدالتأثیر اما سلیم و بردبار. زیباپرست و ادب‌دوست. زیبایی را در هر چه باشد: در طبیعت و نقاشی، زن و موسیقی به یک اندازه دوست دارد. اما شعر خوب را به همهٔ آنها ترجیح می‌دهد... زن را به خاطر شعر دوست دارد زیرا وجود او را سرلوحهٔ دفتر زندگی و احساسات می‌داند. نالهٔ ویلن قلب او را به لرزه درمی‌آورد و اثر شعر شورانگیز و حال زن‌های در عشق ناکام شده را در روح او ایجاد می‌کند. زندگی را فقط به خاطر احساسات دوست دارد و به مبادی آن جز به دیدهٔ احساس نمی‌نگرد. حسرت و ناکامی و امید و آرزو چهار عامل مؤثر و سمجی هستند که دست از گریبان احساسات او برنمی‌دارند. .... به فرمان احساسات از هیچ خطری نمی‌ترسد و از هیچ کار سخت روی‌گردان نیست. همیشه در انتظار حوادث و نامرادی بسر می‌برد و پیوسته خواهان زندگی انقلابی و پرحادثه است.» [۱]

البته انقلاب و حزب هم این «تشنگی» رومانتیک را سیراب نمی‌کند:

«او درون تضاد احساس و افکار خود سرگردان بود. گاهی می‌دید حزب

۱. *کتاب کیوان*، صص ۱۶۳-۱۶۴.

او، وطن او، مردم او، فکر و وجود و هستی و زندگی اوست و زمانی تصور می‌کرد حزب او هم مثل زندگیش بی‌حاصل است: آخرش چی، گیرم موفق شدند، گیرم پیروز شدند، گیرم به زندگی شکل دیگری دادند. آن شکل دیگر، مگر در آن یکنواختی و ابتذال نخواهد بود؟»[1]

در خودنگاری‌های کیوان، عصارهٔ فرهنگی «رومانتیسم ایرانی» بی‌دروغ و بی‌نقاب در جلوی چشمان خواننده قرار می‌گیرد. نسلی که فریب‌خورده و بی‌تاب است. هیچ چیز از احساس فریب‌خوردگی و بی‌تابی او کم نمی‌کند:

«من همیشه در زندگی مغبون بوده‌ام. همیشه یا خود را فریب داده‌ام یا از زندگی فریب خورده‌ام...» برخلاف تصور دیگران و دوستان در مطالعه هم شتابزده و سطحی است:

«... سفارش می‌کرد کتاب بخوانم. کتاب‌های علمی و اقتصادی مطالعه کنم و ادبیات مارکسیستی بیاموزم. او از همان گروه فعال حزب من بود. قبول می‌کردم که مطالعهٔ این‌گونه کتاب‌ها برای هر مبارز سیاسی و هر فرد اجتماعی ضروری است تا با سلاح علم و منطق مجهز شود و به خود مایه دهد و مدد بخشد. اما چه می‌توان کرد که حوصلهٔ مطالعهٔ یک «نوول» را نیز به زحمت به دست می‌آوردم...»[2]

تصویری که دیگران از پرکاری و فعالیت‌های مستمر فرهنگی او دارند در نوشته‌های خودش رنگ می‌بازد: «عنکبوت زمانه بر گرداگرد من شبانه‌روز، تار می‌تنید. اینجا و آنجا برای خود کار تهیه می‌کردم. کارهایی که روز اول به من مربوط نبود اما سرانجام مرا در خود اسیر می‌کرد. کتاب آن شخص را به چاپ می‌رساندم. ترجمهٔ دوستی را می‌خواندم و انشاء و طرز جمله‌بندی‌های آن را اصلاح می‌کردم. در تهیه یک کار فرهنگی

---

۱. همان اثر، ص۱۶۸. نوشته از خود کیوان است. (خودنگاری).
۲. همان اثر، ص ۱۷۱.

راهنمای این و آن می‌شدم. فلان کس را که به تألیف یک کتاب همت گماشته بود دلگرمی می‌دادم و به او کمک می‌کردم. از دوستان و آشنایان هر کس می‌خواست کتابی چاپ کند، تنظیم آن، تأمین زیبایی چاپ آن و تهیهٔ شکل جالبی برای آن برعهدهٔ من بود. خیال می‌کردند من برای این‌گونه کارها سلیقهٔ خوبی دارم و صاحب‌نظرم! خودشان مرا ساخته بودند. بعد مرا لایق‌تر از خودشان می‌پنداشتند.»[۱]

در این «خودشان مرا ساخته بودند» نیز تلخی و احساس غبن و فریب زندگی رومانتیک کیوان به‌خوبی پیداست:

«همه مرا می‌پسندیدند زیرا برای همه نافع بودم و خودم را وقف آنها کرده بودم. در این میانه خودم همه‌کاره و هیچ‌کاره بودم. گاهی بر کتابِ دوستی مقدمه می‌نوشتم. گاهی شعر می‌سرودم. گاهی نیز مقاله‌های ادبی یا سیاسی می‌نوشتم.»[۲]

هیچ‌یک از اینها اما ارضا کنندهٔ احساسات پرشور و ناکامی و تشنگی روشنفکر رومانتیک ما نیست:

«وقتی سراغ خود می‌رفتم می‌دیدم رنج از ناکامی، از ناملایمات، از درک‌های تأثرآور، از نامرادی و درماندگی، از احساس‌های دردناک و از بینوایی و عقب‌ماندگی، مانند موریانهٔ سمجی همیشه مرا می‌جویده است.»[۳]

این درماندگی، این استیصال فرهنگی که از آن در نیمای جوان به تفصیل نوشتم بر پیشانی رومانتیسم ایرانی می‌درخشد. این استیصال در روشنفکر رومانتیک ما نوعی التهاب درونی دائمی تولید می‌کرد. انتظار شکوهی که هرگز برآورده نمی‌شد و او را تشنه‌تر و بی‌قرارتر می‌کرد:

۱. همان اثر، ص۱۷۲.
۲. همان‌جا.
۳. همان‌جا.

«در زندگی من یک التهاب و ناراحتی و خلجان باطنی همیشه در حال تموج بوده است. روحیهٔ من هیچ‌وقت انتظام نیافته است و من چون کشتی بی‌بادبانی در معرض بادهای شدید در تلاطم و سرگردانی بوده‌ام. امواج این التهاب که نمی‌دانم از هوسبازی بوده یا از انتظار یک آیندهٔ باشکوه، از ناکامی بوده یا از توقع یک هستی عالی و با جلال، همیشه مرا از خواندن پی‌درپی کتاب، از توجه دامنه‌دار به یک کار خاص و سرگرمی ممتد با یک موضوع بخصوص واداشته است. من همیشه در نگرانی و انتظار بوده‌ام. گویی گمشدهٔ نازنینی داشته‌ام و پیوسته در جست‌وجوی آن بوده‌ام. نه نگرانی مبهم خود را به خوبی می‌شناخته‌ام و نه به راز انتظار پنهانی خود به درستی پی می‌برده‌ام. غبن من از همین‌ها بوده است. من همیشه مغبون بوده‌ام. من هیچ‌وقت در زندگی به سلیقهٔ خاص خود توانا و کامکار و راضی نبوده‌ام. من همیشه در ملال و اندوه به‌سر برده‌ام. زیرا هیچ‌چیز را مطابق دلخواه و آرمان خود نیافته‌ام ...»[1]

کم خواندن، پراکنده خواندن، یک التهاب درونی دائم، احساس رنج و غم و ناکامی و عقب‌ماندگی و درماندگی، احساس نگرانی و انتظار و هرگز هیچ‌چیز را در حد آرمان خود نیافتن، همه مرزهای جغرافیایی این «استیصال فرهنگی» را برای ما ترسیم می‌کنند. این استیصال یک «فرافکنی فرهنگی» را در پی خود دارد. روشنفکر رومانتیک ما اول رومانتیک بودن خود را انکار می‌کند، خود را چنان‌که هست نمی‌بیند و نمی‌پذیرد. کیوان در نقدی که بر کتاب *آهنگ‌های فراموش شده* احمد شاملو می‌نویسد، می‌گوید:

«اشعار شاملو از قید «رومانتیسم» و «ایده‌آلیسم» رها نشده است. وی یا نخواسته یا نتوانسته است که از چنگ اژدهای «رومانتیسم» رهایی یابد

۱. همان اثر، صص ۱۷۴-۱۷۵.

و گاهی هم که برای آزادی خود از «رومانتیسم» کوشش کرده و خواسته است به «رئالیسم» بگراید- و این کوشش در شعرهای یتیم و *قصه‌ای نه تازه* آشکار است- باز اژدهای «رومانتیسم» او را با نفس افسون‌کنندهٔ خود به کام خویش کشیده است.»[۱]

صحبت کردن از رهایی از چنگ «اژدهای رومانتیسم» با نفس افسون‌کننده‌اش وقتی کیوان و شاعران همنسلش از هضم رابع این اژدها گذشته‌اند هم از نشناختن رومانتیسم و هم از فرار از رویارویی با خود سرچشمه می‌گیرد. این «فرافکنی» با مقصر نشان دادن و منحط نشان دادن تمامیت فرهنگی ایران کامل می‌شود. او زوال روزافزون خود را در فرهنگی می‌بیند که او را احاطه کرده است:

«فرهنگ ما سیمای درخشان خود را از دست داده و گرد و غبار انحطاط چهرهٔ زیبای آن را تیره کرده است. آزادی و بهروزی ما در گروگان جنبش و پیکار مردم ماست. اما چون بنایی که بر شن استوار شده باشد کوشش و تکاپوی بی‌دوام ما ناچار بی‌حاصل می‌ماند.»[۲]

چنین است که حتی جنبش و پیکار مردم نیز «نجات‌دهنده» نیست. برای روشنفکر رومانتیک ما در این دایرهٔ استیصال تنها تشنگی و التهاب باقی می‌ماند. و از این روست که باید دیر یا زود به قربانی کردن خود دست بزند. «حسرت و ناکامی» و «امید و آرزو»[۳] دو قطب نیرومندی هستند که این زندگی استیصال‌آمیز را در سلطهٔ خود می‌گیرند. وجود مغبونی که «احساس‌های دردناک، بینوایی و عقب‌ماندگی مانند موریانه‌های سمجی» او را از درون جویده و خالی کرده است.

«شهید کیوان» تنها نبود. معلمان و شاعران و نویسندگان رومانتیک

۱. همان اثر، ص۳۱۱.
۲. همان اثر، ص۱۷۵.
۳. همان اثر، صص۱۶۳-۱۶۴.

ما به موفقیتی چشمگیر دست یافته بودند. آنها با خطابه‌ها، مقالات، اشعار و داستان‌هایشان نسلی را خلق کرده بودند که روحیه‌ای چون «شهید کیوان» داشت. نسلی که کم و پراکنده می‌خواند و در یک استیصال فرهنگی موریانه‌های عقب‌ماندگی و بینوایی او را از درون تهی کرده بود. نسلی تشنه که با التهاب درونی دائم خود «پیوسته خواهان زندگی انقلابی و پرحادثه» بود. نسلی از «شهید کیوان»ها، دستاورد بزرگ «رومانتیسم ایرانی» بود. نسلی که از «نژاد آتش بود» اما سرنوشت خود را خاکستر می‌دید. نسلی که خود را در شبی دراز و غمناک مغبون و ملتهب یافته بود. «شبی» که در آن «شب‌گرفتگان» راه سپیده را گم کرده بودند و به شهیدانی محتاج بودند که راه را با ستارهٔ وجود خویش روشن کنند. نسل مغبون و ملتهب یک استیصال فرهنگی دستاورد بزرگ رومانتیسم ایرانی بود.

روشن کردن سرچشمهٔ این استیصال، این «سیمای ایرانی رومانتیسم»، اما اول نیازمند درنگی بر رومانتیسم اروپایی است.

فصل هشتم

سیمای اروپایی رومانتیسم

«روی کلمهٔ «رومانتیک» باید قدری درنگ کنیم. ژورنالیسم بی‌سواد حاکم بر مطبوعات ایران در چهل سال اخیر، کلمهٔ رومانتیک را چندان با استهزا به‌کار برده است که اگر بگویند فلان شاعر رومانتیک است، مردم از آن «آبکی» بودن و «سطحی» بودن و «سوزناک و بی‌ارزش» بودن را می‌فهمند و نمی‌دانند که بزرگترین جنبش فرهنگی و ادبی و هنری تاریخ بشری در اروپا و آمریکا جنبش رومانتیسم است... ما از رومانتیسم چه می‌دانیم؟ کدام شاهکار رومانتیک جهان را خوانده‌ایم؟ یا ترجمهٔ آن را به زبان فارسی ارائه داده‌ایم؟ آنچه ما از «رومانتیسم» این بزرگترین جریان هنری تاریخ اطلاع داریم ترجمهٔ چند قطعه شعر از آلفرد دومرسه و لامارتین است، آن‌هم به ترجمهٔ یکی دو مترجم ناتوان روزنامگی. حال آن‌که این چند قطعه شعر با این‌گونه ترجمه‌ها، شبحی بسیار کمرنگ و نامرئی است از رومانتیسمی زار و نزار....»

محمدرضا شفیعی کدکنی، *با چراغ و آینه*.

آیزایا برلین در کتاب ریشه‌های رومانتیسم دربارهٔ بانیان جنبش رومانتیسم می‌نویسد: «چه کسانی بودند اینها که ارادهٔ انسانی را بزرگ می‌داشتند و از ثابت بودن طبیعت واقعیت متنفر بودند و به طوفان‌ها اعتقاد داشتند. به رام‌نشدنی‌ها، این خلأهای غیرقابل پل‌زدن، این جریان‌های غیرقابل تشخیص. دشوار است برای آنها توضیح جامعه‌شناسانه‌ای بیابیم اما برای درک این جنبش باید بر این دشواری غلبه کرد. تنها توضیحی که من قادر بوده‌ام دربارهٔ آنها کشف کنم، از مشاهدهٔ اینکه رومانتیک‌ها چه‌جور کسانی بودند، به‌خصوص در آلمان، منشأ می‌گیرد: حقیقت این است که آنها آدم‌هایی به‌شدت محلی و بومی (غیرجهانی)، فقیر، هراسان و اهل کتاب و مطالعه بودند و در جامعهٔ خود وصله‌ای ناجور به‌حساب می‌آمدند. به‌سادگی مورد تمسخر قرار می‌گرفتند. می‌بایست معلمی مردان بزرگ و مرفه را برعهده بگیرند و دائم سرشار از احساس توهین و سرکوب بودند. واضح است که دنیای آنها محدود و کوچک بود... البته به «پروسیا» هم ربطی داشت که همه از آنجا می‌آمدند، از جایی که فردریک کبیر آن را آمرانه و پدرسالارانه اداره می‌کرد. او مرکانتیلیست بود و ثروت «پروسیا» را افزایش داد. ارتش آن را گسترش داد و آن را بدل به یکی از ثروتمندترین و نیرومندترین ایالات آلمان ساخت. ولی در همان حال دهقان‌هایش را فقیرتر کرد و برای بیشتر شهروندانش فرصت اقتصادی کافی فراهم نیاورد. این واقعیت دارد که بیشتر این مردان، فرزندان روحانیون بودند و خدمتگزاران دولت و در این بستر از تحصیلات عالیه

برخوردار بودند. تحصیلاتی که در آنها شکل خاصی از آرزوهای عاطفی و روشنفکری را بیدار می‌کرد و از آنجا که در پروسیا شغل‌های زیادی به افراد به‌خاطر موقعیت خانوادگی‌شان تعلق می‌گرفت و تبعیضات اجتماعی با شدت و حدت خود باقی مانده بودند، آنها نمی‌توانستند برای تحقق آرزوهای خود عرصه‌ای بیابند و در نتیجه خشمگین مشغول ساختن هر نوع فانتزی ممکن شدند...»[1]

سخن برلین از «رومانتیسم آلمانی» و «پروسیا» به عنوان گهوارۀ آن است. فردریک کبیر و پروسیا را با رضاشاه و ایران پس از انقلاب مشروطه و نیز رومانتیسم آلمانی (اروپایی) را نمی‌توان با آنچه «سیمای ایرانی رومانتیسم» می‌نامم، مساوی فرض کرد. تلاش می‌کنم ابتدا تصویری از «رومانتیسم اروپایی» و برخی از آخرین تحقیقات و مناظره‌های مطرح دربارۀ آن برای خوانندۀ ایرانی ترسیم کنم. آن‌گاه از این چارچوب برای نگاه به شرایط تاریخی‌ـ فرهنگی نیما و فرهنگ غالب روشنفکران ایران در این دهه سود خواهم برد و تأثیر آن را بر آنچه «سیمای ایرانی رومانتیسم» نامیده‌ام نشان خواهم داد.

به‌راستی که بودند این چهره‌های درخشان و گوناگون، این جمعی که جمع اضداد بودند و به قول منتقدین همزمان و یا به تناوب «انقلابی و ضدانقلابی، فردگرا و جامعه‌گرا، جهان‌وطن و ناسیونالیست، فعال و درون‌گرا، ارتجاعی و آرمان شهری، شورشگر و افسرده، سفید و سرخ، عارف و تن‌کامه‌خواه، همه با هم بودند؟»[2] تا آنجا که برخی از منتقدان تنها وجه مشترک همۀ آنها را همین تضادها و تناقضات دانسته‌اند. این مشکل حداقل از قرن نوزدهم غامض‌تر هم می‌شود چرا که عادت کرده‌ایم

---

1. Isaiah Berlin, *The Roots of Romanticism*, pp. 130-131.
2. Michael Lowy and Robert Sayre, *Romanticism against the tide of Modernity*, p.1.

کلمهٔ «رومانتیک» را نه فقط برای شاعران، داستان‌نویسان و هنرمندان، بلکه برای توصیف برخی دیدگاه‌های فلسفی و سیاسی نیز به‌کار ببریم. اما چگونه چنین پدیدهٔ رنگارنگ، چنین طیف متنوعی که در حوزه‌های بسیار متفاوت فعالیت فرهنگی از شعر و نقاشی تا فلسفه و اقتصاد و سیاست شکل گرفته می‌تواند از یک ایده سرچشمه گرفته باشد؟ آسان‌ترین راه حل این مشکل، حذف صورت مسئله است. پیشنهادی که یکی از منتقدان معروف رومانتیسم، «لاوجوی» پیش روی ما می‌گذارد در واقع جز این نیست:

«رومانتیسم حالا شامل آنقدر پدیده‌های مختلف می‌شود که به خودی خود هیچ معنایی ندارد. تنها راه حل رادیکال این مشکل، که می‌ترسم کسی حاضر نباشد از آن پیروی کند، استفاده نکردن از این کلمه است.»[1]

این راه حل اما همان‌طور که دیگر منتقدان تذکر داده‌اند، چیز تازه‌ای به ما نمی‌آموزد و حتی قدرت تجزیه و تحلیل ما را در این حوزه عقیم می‌کند. این روش را در مقابله با واژه‌های دشوار دیگر هم، در حوزه‌های مختلف می‌توانیم اعمال کنیم. مثلاً دربارهٔ رئالیسم (در حوزهٔ ادبیات)، چپ (در حوزهٔ سیاست)، کاپیتالیسم (در حوزهٔ اقتصاد)، روشنفکران (در حوزهٔ سیاست و فرهنگ)، به‌خاطر گوناگونی تناقضات درونی پدیده می‌توانیم از نامیدن و تجزیه و تحلیل آن خودداری کنیم. زبان را می‌توان از همهٔ کلمات مبهم و پیچیده پاک کرد اما ما در آن صورت، زبانی اگر چه صریح و روشن اما بسیار فقیر خواهیم داشت که از تجزیه و تحلیل پدیده‌های پیچیده و مبهمی که در حوزه‌های متفاوت فعالیت انسانی شکل گرفته‌اند عاجز است.

---

1. Arthur O. Lovejoy, *The need to distinguish Romanticism*, in *Romanticism: Problems of Definition, Explanation and Evaluation*, ed John B. Halsted. p. 39.

یکی از مشکلات «لاوجوی» تفاوت‌های فرهنگی و جغرافیایی رومانتیسم است. او بین رومانتیسم آلمانی و رومانتیسمی که در فرانسه و انگلیس شکل می‌گیرد تفاوت‌های مهمی می‌بیند. از این رو تمایل دارد که دربارهٔ رومانتیسم نه به عنوان پدیده‌ای جهانی بلکه در چارچوب ملی و جغرافیایی خاص سخن بگوید. اما همان‌طور که یکی از منتقدان مهم «لاوجوی» مشاهده کرده است، این تفاوت‌های ملی و جغرافیایی رومانتیک‌ها صرفاً یک مشکل محدودیت زبان‌شناسی تاریخی «فیلولوژیک»[1] است و یگانگی جوهر این پدیده را زیر سؤال نمی‌برد.[2] به عبارت دیگر این تفاوت‌ها از سبک و تاریخ و تفاوت‌های زبانی سرچشمه می‌گیرد و نه از عناصر اندیشه‌ای که پشت آنها قرار گرفته است. به هر حال چنان‌که خود «لاوجوی» پیش‌بینی می‌کند تلاش برای ممنوع کردن استفاده از کلمهٔ «رومانتیسم» چندان موفق نبوده است. بیشتر منتقدان چنین عقیده دارند که «هرجا دود هست، آتشی هم هست» و به قول سعدی هر «صفتی را دلیل معرفتی هست». پس سؤال اصلی به خصوصیات مهم و کلیدی آن «آتش نهفته» باز می‌گردد وقتی نویسندگانی از ژان‌ژاک روسو تا ادموند برک و از نوالیس تا فردریک شلگل در این طیف می‌گنجند.

برای نشان دادن جوهر این «آتش نهفته»، در اینجا به آن نه‌تنها به عنوان یک سبک ادبی، بلکه یک «جهان‌بینی» نگاه خواهیم کرد. از بستر تاریخی آن آغاز می‌کنیم که آلمان قرن هفده و هیجده گهوارهٔ تولد رومانتیسم است (اگرچه چنان‌که خواهیم دید رهبران ادبی آن از فرانسه و انگلیس نیز سر برمی‌کشند).

---

1. Philological.
2. Lowy and Sayre, p. 3.

بر این رومانتیسم آلمانی به‌خاطر تأثیر مهمش بر روشنفکران ایران تکیه بیشتری خواهیم داشت. آیزایا برلین دربارهٔ این «گهوارهٔ فرهنگی» با صراحت می‌نویسد:

«حقیقت آلمان قرن هفده و هیجده این است که آنها تا حدودی یک منطقهٔ عقب‌مانده بودند... در قرن شانزدهم آلمان‌ها مترقی و پویا بودند و در رشد فرهنگ اروپایی نقش سخاوتمندانه‌ای داشتند. اما اگر به آلمان قرن هفدهم و اوائل قرن هیجدهم نگاه کنید، به دلایل مختلف، جز شخصیت استثنایی لایبنیتس که فیلسوفی در سطح جهانی است، دشوار می‌توانید در میان آلمان‌ها کسی را بیابید که بر اندیشه یا هنر دنیا تأثیر مهمی داشته‌اند.»[1]

برلین از آنجا که خود را تاریخ‌دان نمی‌داند، در ورود به بحث چرایی این وضعیت تاریخی آلمان‌ها چندان راغب نیست. اما به نظر من یک نکتهٔ کلیدی را می‌توان از لابه‌لای نظریه‌پردازی‌های او استخراج کرد: آلمان‌ها در قرن هفده و هیجده به دلایل متعددی، برخلاف انگلیس و فرانسه، موفق به استقرار یک دولت مرکزی نیرومند نشدند. آنها تحت حاکمیت نزدیک به سیصد شاهزاده و هزار و دویست پیشکارشاهزاده زندگی می‌کردند. به عبارت دیگر بستر تاریخی- سیاسی رشد رومانتیسم آلمانی نوعی ملوک‌الطوایفی اروپایی بود. امپراتور بیشتر به ایتالیا علاقه نشان می‌داد و سرزمین‌های آلمان را اغلب نادیده می‌گرفت. عامل تاریخی مهم دیگر، آسیب همه‌جانبهٔ فیزیکی، فرهنگی، اقتصادی و روانی ناشی از جنگ‌های خونین سی ساله بود. جنگ‌های ۱۶۱۸-۱۶۴۸ را یکی از مخرب‌ترین جنگ‌های تاریخ بشری بوده‌اند. نزدیک به هشت میلیون کشته نه فقط حاصل درگیری‌های نظامی بلکه نتیجهٔ خشونت، قحطی و

1. Berlin, *Roots of Romanticism*, p. 34.

خشکسالی سال‌های جنگ بود. به قول برلین در طی این جنگ: «سپاهیان لویی چهاردهم و دیگران بخش بزرگی از جمعیت آلمان را کشتند و آنچه را که می‌توانست یک توسعهٔ فرهنگی باشد در دریایی از خون له کردند.»[1] این جنگ روحیهٔ آلمان را خرد کرد و حکومت و فرهنگ آن به مناطق کوچک محدود و تجزیه شد. «آلمان‌ها از این دولت‌های غربی که سبب خرد شدن و نابودی سرزمین‌شان شده بودند، به‌خصوص از فرانسه‌ای که در برابرشان با زرق و برق و در اعتلای فرهنگی خود نشسته بود و تحقیرشان می‌کرد، فرانسه‌ای که در همهٔ سطوح زندگی انسانی بر آنها پیشی گرفته بود و فخر می‌فروخت، نفرت داشتند. فرانسه و انقلابش، پرچمدار رنسانس و روشنگری بودند و میراث انقلاب فرانسه، تفوق علم و عقل، آنها را خشمگین می‌ساخت... پاریسی وجود نداشت. مرکزی وجود نداشت. زندگی و غروری وجود نداشت. احساس رشد و دینامیسم و قدرت از میان رفته بود. فرهنگ آلمانی از طرفی به‌سوی افراط در فضل‌فروشی به سبک لوتران (نوعی تحقیق خشک و آکادمیک در جزئیات بی‌اهمیت) و از سوی دیگر به طرف درون‌گرایی و اندیشه دربارهٔ «روح انسانی» رفت.»[2] در بستری از فاجعهٔ تاریخی جنگ و سرکوب و عقب‌ماندگی، فرهنگ آلمانی از «پائتیست‌ها»[3] نیز متأثر می‌شود. شاخه‌ای از لوترانیسم که بر مطالعهٔ دقیق انجیل اصرار داشت و احترام و تمرکز آن بر رابطهٔ شخصی انسان با خدا بود. در این تکیه بر زندگی روحانی، تنفری نسبت به مناسبات رایج اجتماعی، آموزش، آداب و رسوم، مجالس و محافل اشرافی و تشریفات مرسوم در جامعه به چشم می‌خورد. در برابر این همه، تکیهٔ اصلی رومانتیک‌ها بر رابطهٔ شخصی فرد با عالم روحانی بود، رنج و

---

1. ibid.
2. ibid.
3. Pietists.

غم روح انسانی و رابطهٔ انسان با خدایش. وقتی راه‌های طبیعی بیرونی برای انسان‌ها برای رسیدن به آرمان‌هایشان بسته شود، آنها به دنیای درونی خود کشیده می‌شوند تا سعی کنند آنچه را که «نیروهای شیطانی» در بیرون از آنها دریغ داشته‌اند در درون خود بسازند. بزرگداشت غم و غصه‌های روحی نیز از همین نکته برمی‌خیزد. اگر در دنیای بیرون نمی‌توانید به شادی و خوشبختی دست پیدا کنید باید به خود بیاموزید که اصلاً به شادی و خوشبختی علاقه‌ای ندارید. رستگاری شما در غم و غصه و رنج است و این بزرگداشت چیزی است که بدان به‌راحتی می‌توانید دست پیدا کنید. چنین است که خوانندهٔ «برلین» می‌تواند کنایه و طنز تلخ کلام او را بهتر بفهمد وقتی در مشاهدهٔ رهبران جنبش پائتیست می‌نویسد: «سپنر (Spener)، فرانک (Francke)، زینزندورف (Zinzendorf)، آرنولد (Arnold)، همهٔ این بنیادگذاران جنبش پائتیست توانستند آرامش و رستگاری فراوانی برای تعداد زیادی انسان‌های از نظر اجتماعی خرد شده و از نظر سیاسی بدبخت به ارمغان بیاورند.»[1] در این «بازگشت به خویش» و مقابله با دستاوردهای انقلاب فرانسه (برتری دادن به خرد و علم) ارزش‌هایی چون فراست[2] و شهودگرایی (به‌جای علم، روش علمی و منطق)، و صمیمیت و صداقت و با شور و حرارت زندگی کردن اولویت می‌یافت.

این وفاداری به «روح انسانی» به «ودیعه‌ای الهی» که در ما انسان‌ها بود و علم بر اینکه «ما نخواهیم همه کس شد ولی بدون اشتباه می‌توانیم خودمان باشیم.»[3] در این صداقت، خلوص و صمیمیت[4] ارزشی بالاتر از

1. Berlin, *Roots of Romanticism*, p. 34.
2. intuition.

۳. *نامه‌ها، ص ۶۴۳.*

4. authenticity.

محتوای خود فکر و پیامدهای آن نهفته بود. به عبارت دیگر قبل از رومانتیسم محتوای حرف افراد، اعتقاداتشان، منطق و نظریه و نتایج مترتب بر آن منطق و نظریه از اهمیت اولیه برخوردار است و نه حرارت و صداقتی که با آن حضور خود را بر صحنۀ زندگی اعلام می‌کنند. «برلین» به ما یادآوری می‌کند شوالیه‌های مسیحی که خود را برای پیکار با مسلمانان آماده می‌کردند هرگز به این مسئله که مسلمانان تا چه حد در اعتقادات خود صادقند و یا با چه شدت و حدتی از آن دفاع می‌کنند، اهمیت نمی‌دادند. برای آنها مسئلۀ اصلی محتوای اعتقادات و نتایج برآمده از آنها بود. اما با رومانتیسم صداقت، صمیمیت، شدت و حرارت[1] حضور در درجۀ اول اهمیت قرار می‌گیرد. به عنوان مثال یک روشنفکر رومانتیک ممکن است گرایشی لائیک و یا مارکسیستی داشته باشد، اما یک چهرۀ انقلابی مذهبی را به‌خاطر صداقتش، ایمان و اعتقاد راسخش، سازش‌ناپذیری، بی‌اعتنایی به مادیات و حضور پر شورش در صحنۀ سیاست ستایش و حمایت کند. چرا که محتوای اعتقادات و پیامدهای آن در درجۀ اول اهمیت نیست. اهمیت اصلی در خلوص و شوری است که فرد با آن حضور خود را بر صحنۀ زندگی اعلام کرده است. از آنجا که حدت و شور اولویت داشت دنیا و زندگی انسانی نیز با آن «زیبایی» می‌یافت. اما مشکل این بود که زندگی عادی همیشه سرشار از این شور و شراره‌های احساسی نبود. پس دنیا و زندگی عادی و کسالت‌بار به «بازسازی» نیاز داشت و این بازسازی فقط می‌توانست در ذهن و تخیل صورت بگیرد. «نوالیس» می‌گوید دنیا باید به‌طور «رومانتیک» بازسازی شود تا واقعیت زندگی معمول و عادی با شدت و حدت بیان شود. این بازسازی در حوزۀ تخیل اتفاق می‌افتد و

---

1. intensity.

رومانتیک‌ها از این رو برای قوهٔ تخیل در برابر خرد و عواطف در برابر شعور برتری قائل بودند. اما اگر به‌نظر آنان جهان امروز را دستاوردهای انقلاب فرانسه، علم و خرد و جامعهٔ صنعتی از نظر ارزشی و اخلاقی به اضمحلال کشیده بود و زندگی امروز انسان جذابیتی نداشت پس قوهٔ تخیل می‌بایست ما را به گذشته، جایی گمشده و بهتر از امروز ببرد. از همین رو روشنفکر رومانتیک خواهان رسیدن به بهشتی گمشده است. دورانی طلایی که معمولاً در گذشته وجود داشته است. اینجا به یکی از عناصر مهم جهان‌بینی رومانتیسم می‌رسیم و آن نوستالژی است. تلاش برای بازیابی آنچه از دست رفته است. روشنفکر رومانتیک نقطه و یا زمانی در گذشته را انتخاب می‌کند و می‌خواهد به آن بازگردد. عصر طلایی، آتلانتیس گمشده، مکان و یا زمانی آرمانی که هنوز هجوم مدرنیته آن را خراب نکرده است.

برای رومانتیک‌های اولیه، «قرون وسطا» عصر طلایی بود. دوران جوانمردی، عشق، ایمان. دورانی که پدیده و کلمه هر دو با هم زاده می‌شوند.[1] اما پس از پیشگامانشان، رومانتیک‌ها گذشته‌های طلایی دیگری را هم انتخاب کردند. جوامع بدوی، مردم دوران ظهور مسیح، یونان قدیم، روم، رنسانس، رژیم پادشاهی قبل از انقلاب فرانسه، همه در آثار رومانتیک‌ها چنین نقشی را بازی کرده‌اند. ریشهٔ این عصر طلایی و بازگشت به گذشته هم برای رومانتیسم آلمانی و هم رومانتیک‌های دیگر در واکنش آنها به مدرنیته، سرمایه‌داری و پدیده‌های وابسته به آن است. ظهور رومانتیسم و واکنش آن به روشنگری و دنیای مدرن به قول برلین خصوصیتی «آلمانی» داشت. روند شتابان صنعتی شدن دیر به آلمان رسید. حتی لوکاچ، منتقد برجستهٔ مارکسیست، به پدیده‌ای به

---

1. Furst, *European Romanticism*, p. 9.

اسم «بدبختی آلمانی» اشاره می‌کند و معتقد است. «استیصال آلمان‌ها منشاء «ساده‌گرایی‌های آزاردهنده‌ای» شده بود.»[1] در قرن ۱۸، آلمان در حال صنعتی شدن وسیع و شتابانی بود (و حتی در زمینه‌های آهن و ذغال‌سنگ از بقیهٔ اروپا گوی سبقت را ربود). کاپیتالیسمی که در این قرن در آلمان پا گرفت در مقایسه با فرانسه و انگلیس بیشتر به‌وسیلهٔ دولت کنترل می‌شد.[2]

«فریدریش کبیر از سال ۱۷۴۰ به مدرنیزه کردن اقتصاد پروسیا به‌وسیلهٔ بوروکراسی دولتی پرداخت. در پروسیا دولت، بازرگان، بانکدار و سرمایه‌دار صنعتی اصلی بود. از این رو نقد مدرنیتهٔ اقتصادی و سیاسی در رومانتیسم آلمانی مکانی ویژه اشغال کرد.»[3] اما مخالفت رومانتیسم با کاپیتالیسم و مدرنیته ریشه در دیدگاه فلسفی آن داشت و به رومانتیک‌های آلمانی محدود نماند. رومانتیسم را از این رو بسیاری از منتقدان در بستر تاریخی رشد کاپیتالیسم می‌سنجند. رشد و تکامل «فردیت» و «حقوق فردی» با تاریخ کاپیتالیسم و پیش‌زمینهٔ تاریخی ظهور آن ارتباطی مستقیم دارد. افراد و «هویت فردی» همراه کاپیتالیسم و به‌خاطر آن زاده شده اما در عین حال به یکی از مهم‌ترین تضادهای جامعهٔ مدرن تبدیل شدند. («فردیتی» که زادهٔ جامعهٔ مدرن و سرمایه‌داری بود در رویارویی با شبکهٔ پیچیده‌ای از روابط تولیدی، بوروکراسی و اشکال مختلف کنترل به مقاومت یا شورش دست می‌زد. طیف گسترده‌ای از ادبیات معاصر غرب از دشمن مردم ایبسن تا ۱۹۸۴ اورول مقابلهٔ فرد با جامعه یا یک مجموعهٔ حاکم را تصویر می‌کنند.) اما تئوری رادیکال و ضدسرمایه‌داری رومانتیک‌ها برخلاف تصور بسیاری به

---

1. *Goethe and His Age, The Sorrows of Young Werther*, 1936, Translated by Robert Anchor.
2. Lowy and Sayre, p. 50.
3. ibid, p. 51.

مارکس جوان و نظریهٔ «از خودبیگانگی»[1] باز نمی‌گردد. این نظریه شاید برای اولین‌بار در نوشته‌های لوکاچ دربارهٔ «آگاهی طبقاتی» و در مفهوم تئوری «جابه‌جایی افراد و اشیاء»[2] بیان می‌شود. کاپیتالیسم باعث ظهور افرادی شد که می‌توانستند فعالیت‌های اقتصادی، بوروکراتیک و اجتماعی آن را انجام دهند. اما وقتی این افراد به «ذهنیت فردی»[3] دست یافتند در مکاشفه‌ای درونی و ارزیابی احساسات شخصی خود را در تضاد با جهان استاندارد شده و «بیگانه» سرمایه‌داری یافتند. تمامی مدرنیته (و نه تنها مدرنیزاسیون) در سطوح مختلف در این تضاد درگیر بود. (شکل شناخته شده‌تر این رویارویی، تهدید هویت شخصی به‌وسیلهٔ مدرنیزاسیون و «ماشین» است آن‌گونه که مثلاً در عصر جدید چاپلین بر پردهٔ سینما تصویر می‌کند و یا مکانی که «ماشین» در *تئوری غرب‌زدگی* آل‌احمد اشغال می‌کند).

افرادی که می‌خواستند قوهٔ خلاقیت آنها برای تغییر جامعه آزاد باشد با مرزهای آهنینی روبه‌رو شدند که نظام سرمایه‌داری ایجاد کرده بود. از این دیدگاه می‌توان گفت رومانتیسم یکی از اشکال مقاومت افراد در برابر «جابه‌جایی افراد و اشیاء» و نمایندهٔ شورش ذهنیت‌های سرکوب شده بود.

---

1. alienation

۲. reification: نظریهٔ لوکاچ بر اساس «خوانش دقیق» او از مفهوم «فتیشیسم کالا» در «سرمایه» مارکس است. بسیاری از محققان مکتب فرانکفورت (هورکهایمر، آدورنو در دیالکتیک روشنگری، هربرت مارکوزه) از او تأثیر گرفتند. این نظریه در آثار محققان معاصر چپ مانند ماکس ستیونر، گاجو پتروویچ، رایا دونایفسکایا، ریموند ویلیامز، راکسل هانت و سلاویو ژیژک نیز مورد بحث قرار گرفته است. در فرهنگ لغات *اندیشهٔ مارکسیستی* نوشتهٔ گاجو پتروویچ در تعریف «reification» می‌خوانیم:

«عمل (و یا نتیجهٔ عمل) دگرگونی خصوصیات، روابط و اعمال انسانی به خصوصیات، روابط و اعمال «چیزهایی» که انسان تولید کرده و آن‌گاه مستقل از انسان بر زندگی او حکومت می‌کنند. همچنین دگرگونی وجود انسان‌ها به «شبه وجود»هایی که نه به شکل انسانی بلکه بنا به قوانین جهان-اشیاء (در برابر جهان-انسان) رفتار می‌کنند. این «جابه‌جایی افراد و اشیاء» شکل و مورد خاصی از خودبیگانگی (alienation) و رادیکال‌ترین و گسترده‌ترین مشخصهٔ شکل جامعهٔ سرمایه‌داری مدرن است.»

(Gajo Petrovic, *A dictionary of Marxist Thought*, Cambridge, Massachusetts, Harvard University Press, 1983, pp. 411-413).

۳. subjective individual در مقابل numeric individual از مفاهیم جورج سیِمل، جامعه‌شناس آلمانی است.

آنچه در درک رومانتیسم اهمیت دارد استقلال انتقاد آن از نقد مارکسیستی جهان سرمایه‌داری است. مارکس و انگلس نسبت به نقد رومانتیک‌ها به جامعهٔ سرمایه‌داری بی‌اعتنا نبودند و دربارهٔ آن به تفصیل نوشتند. نامهٔ انگلس به خانم هارکنس[1] دربارهٔ بالزاک شاید به لحاظ ادبی از معروفترین این نوشته‌ها باشد. بالزاک کانون اصلی مناظرهٔ مارکسیست‌ها دربارهٔ ساختار رومانتیسم است. در نامهٔ معروفش به هارکنس در سال ۱۸۸۸، انگلس مدعی می‌شود که دربارهٔ جامعهٔ فرانسه و تاریخش از بالزاک بیشتر از همهٔ تاریخ‌دانان و اقتصاددانان عصرش آموخته است.[2] او ادعا می‌کند که در بالزاک «رئالیسم» بر پیش‌داوری‌های سیاسی و محافظه‌کاری (سلطنت‌گرایی) نویسنده پیروز شده است! این جملهٔ انگلس مبنی بر پیروزی «رئالیسم» در بالزاک باعث شد منتقدان ادبی بسیاری از «رئالیسم بالزاکی» بنویسند و «پیروزی رئالیسم» کانون اصلی نگاه آنان به نویسندگانی چون بالزاک، یا دیکنز شد.[3] نکتهٔ مهم اینجاست که در رومانتیک‌ها، رئالیسم انتقادی آنان در تضاد با خواسته‌های آنها در رجعت

۱. مارگارت هارکنس دوست انگلس و نیز دوست صمیمی دختر مارکس، النور، نویسنده‌ای کمتر شناخته شده است. دربارهٔ زندگی او مطالب زیادی در دست نیست. او در سال ۱۸۵۵ در خانواده‌ای مذهبی متولد شد. پدرش کشیش بود و در سال‌های دههٔ ۱۸۸۰ در لندن و در فقیرترین منطقهٔ لندن (انتهای شرقی) زندگی می‌کرد. پدرش او را از ارث محروم کرده بود و او حرفهٔ خبرنگاری برگزیده و دربارهٔ فقر شدید این محلهٔ لندن می‌نوشت. داستان معروف او در *تاریک‌ترین لندن* در سال‌های اخیر مورد توجه منتقدان قرار گرفته است چرا که به‌خصوص از نظر جزئیات تاریخی این محله را در آن سال‌ها دقیق و مفصل توصیف می‌کند.
H. G. Klaus, ed, *The Rise of Socialist fiction*, Harvester press, 1987. Flore Janssen, Margaret Harkness: *In Darkest London* 1889- Londonfictions.com, 2014. Andrzej Diniejko, *Margaret Harkness: A Late Victorian New Woman and Social Investigator*; www.victorianweb.org.

2. Karl Marx and Friedrich Engels, *Marx and Engels on Literature and Art*, 1984, p 91.

۳. برخی نیز این فرضیهٔ شتابزده را مورد سؤال قرار دادند از این جهت که می‌خواستند ثابت کنند رئالیسم انتقادی نویسنده با جهان‌بینی سیاسی محافظه‌کار و ارتجاعی او در تضاد نبوده است. اما راه حل این قضیه را اغلب در این می‌دیدند که به نوعی ثابت کنند «بالزاک» کاراکتری مترقی و دموکراتیک داشته است. به عنوان مثال جن. او. فیشر، محقق چک، در کتاب درخشانش، رومانتیک رئالیسم اصرار دارد بالزاک را دموکراتیک و مترقی بخواند و بگوید که چارچوب اصلی تلاش او برای احیای سلطنت و فعالیت سیاسی ارتجاعی او همه دموکراسی بوده است. این بحث قانع کننده به نظر نمی‌رسد چرا که تکیه‌اش بر این است که مثلا بالزاک از «منافع مردم» و یا علاقه‌اش به مردم کوچه و بازار سخن می‌گوید. در حالی‌که چنین صحبت‌هایی را می‌توانیم از طرفداران دیکتاتوری‌های رنگارنگ و حتی فاشیست‌ها هم بشنویم.

به گذشته نیست. برای درک این وجه رومانتیک‌ها، ما باید تقدسی را که منتقدان ادبی مارکسیسم برای رئالیسم و سوسیال‌رئالیسم قائل بوده‌اند کنار بگذاریم. در درون آن رئالیسم، گرایشی نیرومند به گذشته وجود دارد که کانون اصلی جهان‌بینی رومانتیسم است. آنچه که لوکاچ برای اولین‌بار «رومانتیک ضد کاپیتالیست» می‌نامد بنا به طبیعتش با سرمایه‌داری مخالف است چرا که خواستار بازگشت به وضعیت ماقبل سرمایه‌داری است. پیش از لوکاچ نیز مارکسیست‌ها (و از جمله خود مارکس) بر این مفهوم وقوف داشتند. نمونهٔ نوشته‌های توماس کارلایل[1] است که مارکس و انگلس به آن نگاه مثبتی دارند. نقد رومانتیک‌هایی مانند کارلایل از سرمایه‌داری دقیق و مؤثر بود. مارکس و انگلس خود را وامدار این نقد می‌دانستند و در مانیفست از آن به عنوان «فئودال سوسیالیسم» یاد می‌کردند:

«فئودال سوسیالیسم چنین ظاهر شد: نیمه‌ای در حسرت گذشته، نیمه‌ای افشاگر، نیمی پژواک زمانی سپری شده و نیمی تهدید آینده، و گاه با شوخ‌طبعی تلخ و تیز انتقادش درست بر مرکز قلب بورژوازی ضربه می‌زد. ولی همیشه نتیجه‌اش مسخره بود چرا که کاملاً از درک حرکت تاریخ مدرن ناتوان بود... این تفکر با دقت زیادی تضادهای درونی شرایط تولید مدرن را تشریح کرد. این تفکر معذرت‌خواهی ریاکارانهٔ اقتصاددانان (بورژوازی) را برهنه ساخت و تأثیرات فاجعه‌بار ماشین و تقسیم نیروی کار، تمرکز زمین و سرمایه در دست عده‌ای معدود، تولید اضافه و بحران‌ها را بی‌تردید نشان داد و به نابودی ناگزیر خرده‌بورژوازی و دهقانان، بدبختی پرولتاریا، آنارشی تولید و نابرابری تقسیم ثروت اشاره کرد.»[2]

با وجودی که نویسندگان انقلابی مانیفست تأثیر مهم این نگاه رومانتیک

---

1. Thomas Carlyle.
2. Marx, Engeles, *Manifesto of the Communist Party*, 1848, 6: 507-509.

به جامعهٔ بورژوازی را بر خود گوشزد می‌کنند اما «حسرتی برای بازگشت به گذشته» ندارند. آنها در عین حال قدرت و رهبری بورژوازی را در نابود کردن ساختار کهن و حرکت به‌سوی سرمایه‌داری مدرن و جهانی، تحسین می‌کنند.[۱] در نوشته‌های مارکس، انقلاب صنعتی سرمایه‌داری و کل دنیای روابط مسخ شده‌ای که با خود خلق می‌کند به‌طور همزمان آزادیبخش و سرکوبگر تصویر می‌شوند.

«عصر روشنگری و فرزندان یوتیلیترین (utilitarian) آن بر جنبهٔ آزادیبخش سرمایه‌داری تکیه کرده بودند و رومانتیک‌ها بر جنبهٔ سرکوب‌گرش. مارکس تنها کسی بود که هر دو روی این سکه را در درون نظریه‌ای واحد منسجم می‌ساخت.»[۲]

اما نویسندگان جنبش رومانتیسم در مخالفت دقیق و گسترده و همه‌جانبهٔ خود با نظام سرمایه‌داری خواهان بازگشت به نظام سیاسی، اقتصادی و اخلاقی (نمونه چارلز دیکنز) پیش از سرمایه‌داری بودند. این عطش برای گذشته، گذشته‌ای بهتر و دست نیافتنی که یکی از مهمترین عناصر جهان‌بینی همهٔ رومانتیک‌هاست با خود کشش و انرژی غیرقابل انکاری داشت و کسانی چون مارکس و انگلس که نه تنها نظریه‌پرداز و فیلسوف بلکه افرادی انقلابی نیز بودند، نمی‌توانستند از کنار این عنصر نیرومند، عنصری که می‌تواند سازنده احساسات انقلابی دامنه‌داری باشد، با بی‌اعتنایی عبور کنند. پتانسیل انقلابی «نوستالژیا» بزرگتر از آن بود که از دید روشنفکرانی انقلابی مانند مارکس و انگلس مخفی بماند. دلیل اصلی تأثیر رومانتیسم بر پیشگامان مارکسیسم هرچه که باشد خود این تأثیر انکارناپذیر است.

از ۱۸۶۰ به بعد مارکس و انگلس سمپاتی هرچه بیشتری برای بعضی

۱. این تحسین مارکس و دفاع او از سرمایه‌داری در برابر ساختارهای سنتی جوامع ماقبل سرمایه‌داری را می‌توان در نوشته‌هایش دربارهٔ هند و ایرلند نیز دید.

2. Lowy and Sayre, p. 91.

تشکل‌های اجتماعی ماقبل سرمایه‌داری نشان دادند. عنصر اصلی نگرش تاریخی رومانتیسم در آنها تأثیر مهمی گذاشته بود. «هیجان خاص آنها در مورد جوامع کشاورزی بدوی از یونان تا آلمان و روسیه از اینجا ریشه می‌گرفت که اعتقاد داشتند این جوامع کیفیت‌هایی داشتند که با تمدن جدید از دست دادند. کیفیت‌هایی که پیش‌پرداخت برخی از خصوصیات جامعهٔ کمونیستی آینده را در آنها می‌توان دید.»[۱] پیشینهٔ این اندیشه به «روسو» و *قرارداد اجتماعی* او می‌رسید و آنچه او به عنوان «وحشی شرافتمند» (noble savage) توصیف کرده بود، انسان اولیه‌ای که والاتر از انسان امروز می‌زیست. به عبارت دیگر پیشگامان اندیشهٔ مارکسیستی در تلاش خود برای ساختن و حتی تصور جامعهٔ فردا، در گذشته‌ای دور، جامعه‌ای می‌دیدند که در آن انسان‌ها گرد هم شادتر و خوشبخت‌تر می‌زیستند. گذشته‌ای که هنوز با مالکیت خصوصی و بهره‌برداری افراد از یکدیگر، با حضور ماشین و روابط تولیدی سرمایه‌داری «فاسد» نشده بود. مفهوم «کمون اولیه» حالا جایی خاص در ادبیات مارکسیستی اشغال می‌کرد. مهمترین رهبر حزب کمونیست آلمان، رزا لوکزامبورگ، بیش از نیمی از کتاب *دیباچه‌ای بر اقتصاد سیاسی* خود را به «کمون اولیه» اختصاص داد.[۲] اما تأثیر رومانتیسم بر مارکسیست‌ها به بحث «کمون اولیه» و جوامع دهقانی/کشاورزی ماقبل از سرمایه‌داری محدود نمی‌شود. به عنوان نمونه توجه لوکاچ از جمله نه به «کمون اولیه» بود و نه شکل اقتصادی خاصی از «ماقبل سرمایه‌داری» را در نظر داشت. علاقهٔ او بیشتر به سوی

1. ibid, P. 92.

۲. او را بیشتر با کتاب *انباشت سرمایه* می‌شناسند و حتی در چاپ سال ۱۹۵۱ کتاب او در مقدمهٔ «انستیتوی مارکس- لنین- استالین» که در برلین شرقی منتشر شده کمترین اشاره‌ای به این نکته که نزدیک به دو سوم کتاب دربارهٔ «کمون اولیه» و جوامع بدوی است به چشم نمی‌خورد. این نکته را بیوگرافی پال فرالیش به خوبی نشان می‌دهد:

Paul Frolich, *Rosa Luxemburg*, Haymarket books, Nov. 16, 2010.

نوعی تشکل فرهنگی در گذشته بود. این تشکل فرهنگی، دنیای هومر در یونان قدیم، نوشته‌های ادبی و روحانی روسیه و سنت عرفانی مسیحی، هندو و یهودی همه را در بر می‌گرفت.[۱] از نظر او گذشتهٔ فرهنگی درخشانی وجود داشت که روابط تولیدی و تجاری سرمایه‌داری آنها را نابود کرده بود و با سوسیالیسم و نابودی سرمایه‌داری امکان یک «بازسازی فرهنگی» جامعهٔ انسانی وجود داشت. از این نظر لوکاچ بیشتر از مارکس و انگلس و لوکزامبورگ از رومانتیسم و به‌خصوص رومانتیسم آلمانی متأثر بود.

عنصر «بازگشت به گذشتهٔ» رومانتیسم با عنصر مهم دیگری در جهان‌بینی رومانتیسم ارتباطی تنگاتنگ دارد و آن «طبیعت» است. از دیدگاه مارکسیستی این تضاد رومانتیسم با سرمایه‌داری منطقی جلوه می‌کند: اهداف سرمایه‌داری در بهره‌برداری از طبیعت با جهان‌بینی رومانتیسم که زندگی در طبیعت و هماهنگ بودن با آن را تجویز می‌کند در تضاد هستند. رومانتیسم طبیعت را بکر و دست‌نخورده می‌خواهد. سرمایه‌داری با دخالت مدام در طبیعت در کار ساختن نظام خود و سودآوری است. شهرها و کارخانه‌ها بر فراز جسد دهات و درختان، با ویرانی طبیعت و گاه با آلودگی مستمر آن بنا می‌شوند.

خواستهٔ رومانتیسم بازسازی «جامعهٔ انسانی» است. جامعه‌ای که در آن افرادش با هم ارتباطی واقعی و «ارگانیک» دارند و در صلح و هماهنگی در آغوش طبیعت زندگی می‌کنند.[۲] این خواست ریشه در قدیمی‌ترین

---

1. Lowy and Sayre, pp. 104-105.

۲. گرایش به طبیعت بنیاد فلسفی عمیقی در رومانتیسم دارد که به قول یکی از محققان «رومانتیسم آلمانی» از تلاش رومانتیک‌ها برای آشتی دادن اسپینوزا با فیخته (فیشته) ناشی می‌شود. برای فیخته چیزی خارج از آگاهی ما وجود نداشت. طبیعت و جهان بیرون از انسان به‌واسطهٔ آگاهی انسان واقعیت می‌یافت. ذهن فرد بر جهان بیرون مقدم بود. در مقابل اسپینوزا طبیعت را واقعیتی مستقل از ذهن و آگاهی انسان می‌دید. واقعیتی که مستقل و پیش از آن آگاهی و با قوانین خود موجودیت داشت. به‌جای اینکه طبیعت فقط برای «ذهنیت» وجود داشته باشد ذهنیت خود بخشی از آن طبیعت بود. رومانتیسم آلمانی در پی آشتی دادن و ترکیب این دو فلسفهٔ متعارض بود.
(Beiser, Frederick.C., *The Romantic Imperative, The Concept of Early German Romanticism*, Harvard University Press, 2003, pp. 131-141.

اسطوره‌های بشری دارد. انسانی که با گناه اولیه از بهشت رانده شده و نمی‌تواند به آن بازگردد:

من ملک بودم و فردوس برین جایم بود
آدم آورد در این دیر خراب آبادم

اسطوره‌های رانده شدن از بهشت همه دربارۀ مجازات انسانی است که وضعیت «طبیعی»اش را ترک کرده است. پرومته آتش را می‌دزدد و بخاطرش مجازاتی ابدی می‌بیند. (اگر چه فروید در اسطورۀ پرومته آرزوهای جنسی پنهان و سرکوب شده می‌بیند). «استراوس» به ما می‌گوید که این داستان بنیادی‌ترین تضاد درونی بشر، تضاد بین زندگی اجتماعی-فرهنگی او و طبیعت است. پرومته با دزدیدن آتش به طبیعت پشت می‌کند.[1] با داشتن آتش، انسان مجبور نیست شب‌ها به‌خاطر تاریکی بخوابد و یا گوشت شکار کرده‌اش را بلافاصله بخورد. آتش برای انسان زندگی اجتماعی و فرهنگی می‌آورد. این زندگی اما همراه با پشت کردن به طبیعت و فاصله گرفتن از موقعیت «طبیعی» اوست. دزد آتش حالا درختان را برای سوخت خود قطع می‌کند و برای ساختن خانه و زندگی اجتماعی طبیعت اطرافش را تغییر می‌دهد. در این روند او خود را از بقیۀ جانوران متمایز می‌کند و نیز این طبیعت است که او را به‌خاطر «خیانتش» مجازات می‌کند: عقابی که هر روز جگر او را می‌خورد. انسانی که از طبیعت فاصله گرفته و بهایی روزانه را برای این «فاصله» می‌پردازد. او از این فاصله «ناراحت» است اما این ناراحتی باعث نمی‌شود که از زندگی اجتماعی- فرهنگی‌اش چشم بپوشد، ولی باعث تضادی می‌شود که «نوستالژی» و «طبیعت»، دو عنصر مهم جهان‌بینی رومانتیسم در مرکز آن قرار دارد.

1. Claude Levi- Strauss, *Structural Anthropology*.

بهشت‌های گمشده، عصرهای طلایی، طبیعتی که از دست رفته و باز نمی‌گردد، و ادبیات شبانی همه در این بستر به یکدیگر وصل می‌شوند. قدم بعدی رومانتیسم رسیدن به آن بهشت گمشده، آن گذشتهٔ طلایی، در زمان حال است. چگونه می‌توان آن دوران طلایی، بهشت طبیعی (و طبیعت بهشتی) را بازسازی کرد؟ این بازسازی اول در حوزهٔ تخیل روی می‌دهد. برای پیشگامان جنبش رومانتیسم قوهٔ تخیل نیرومندترین قوهٔ خلاقه بود و آن را والاترین بخش ذهن انسان می‌خواندند. از راه این «والاترین» نیرو بود که انسان از «ودیعه‌ای الهی» برخوردار بود و مانند خداوند قادر به خلق کردن بود. بیان این قوهٔ خلاقه از طریق تصویر طبیعت برای بسیاری تجلی حضور الهی و یا از نگاه پانته‌ایست‌ها با آن برابر بود. قوهٔ خلاقه قادر بود طبیعت را تفسیر کند و رومانتیک‌ها در تصاویر و نمادهای شعری خود بر طبیعت تکیه می‌کردند. قوهٔ تخیل فردی برای رومانتیک‌ها نیروی شورش و انقلاب هم بود. شورش بر خرد، سیستم، و قوانین. اینجا می‌توانیم بر واکنش رومانتیسم به روشنگری، خرد، و دستاوردهای انقلاب فرانسه تأکید کنیم. از درون نقد فلسفی ادموند برک و اصرار ژان ژاک روسو بر فردیتی که نیاز به رهایی از قید و بند سیستم داشت شورشی در برابر فرهنگ مسلط خرد و علم سر برمی‌کشید. رومانتیسم بر فرهنگی شورش می‌کرد که جامعهٔ انسانی را در حال پیشرفتی مداوم، پیشرفتی تابع قوانین علمی می‌دانست و معتقد به تحقیق برای کشف این قوانین و تابعیت از آنها بود. رومانتیسم مخالف با خرد یا علم نبود اما انسان را فراتر از علم و قوانین علمی می‌دید و خرد را تنها یکی از جنبه‌های ذهن انسانی می‌دانست. وجه والاتر و مهم‌تر، تخیل و قوهٔ خلاقه بود. از نظر رومانتیک‌ها قوانین علمی را انسان‌ها «خلق» کرده بودند و بنابراین می‌توانستند آنها را تغییر دهند. شورش آنها بر

الگوهای از پیش آماده شده‌ای بود که می‌خواست ذهن بشری را در خود محدود کند. آنها نمی‌خواستند بشر اسیر مخلوقات خود باشد. آنچه زنده و پویا بود تلاش برای خلق بود و حاصل روند خلاقیت مرده‌ای بیش نبود. پس این ذهن خلاق بود که می‌بایست ساختارهای حاکم را درهم بشکند. اسطوره‌ها حاصل فعالیت قوهٔ تخیل انسان بودند و علم محصول منطق و خرد بود. رومانتیک‌ها تخیل را برتر از خرد می‌دانستند اما در جهانی زیست می‌کردند که علم اسطوره‌ها را خُرد کرده بود. برلین از قول رومانتیک‌ها دیدگاهشان را این‌گونه وصف می‌کند:

«این تصورات یونانی برای ما مرده‌اند. چون ما یونانی نیستیم... مفهوم بازگشت به دیونیسوس[1] یا اودین[2] احمقانه هست. بنابراین ما باید اسطوره‌هایی مدرن داشته باشیم و چون اسطوره‌های مدرنی وجود ندارد، چون علم آنها را کشته است و یا محیط برای آنها مساعد نیست، باید این اسطوره‌ها را خلق کنیم.»

و از اینجا برای رومانتیک‌ها روند آگاهانه، دردناک و دشوار «اسطوره‌سازی» آغاز می‌شود. شاید مهمترین اسطوره‌ای که رومانتیک‌ها می‌سازند اسطورهٔ هماهنگ ساختن کامل فرد و جامعه است. آنها خواستار فردیت لیبرالیسم نبودند و نیز چون لیبرالیسم تضاد این فردیت با اجتماع را نمی‌پذیرفتند، فردیت‌گرایی رومانتیسم برای رسیدن به جامعه‌ای بود که در کل ارگانیک خود، اشخاص مکمل یکدیگر بودند. به عبارت دیگر این تلاش اسطوره‌ساز، فرد را از یک‌سو با جهان (طبیعت) و از سوی دیگر با جامعهٔ انسانی هماهنگ می‌خواست. در این جهان‌بینی اگر بپذیریم که قوانینی بر ما حاکم نیستند و علم مخلوق خود ماست و پیشرفتی در کار

---

1. Dionysus.
2. Odin.

نیست. ارزش‌های جامعهٔ انسانی نسبی هستند و ارزش‌هایی در گذشته وجود داشته‌اند که برتر از ارزش‌های امروز ما هستند، بنابراین طبیعی‌ست که در جست‌وجوی آن ارزش‌ها ذهن خلاق به گذشتهٔ برتر رجوع و آن را بازسازی کند. هنرمند رومانتیک در تلاش برای گسستن از جامعه‌ای که از آن بیگانه شده، با خودداری از حل شدن در آن، به انزوا پناه می‌برد چرا که می‌خواهد از قوانین و رسوم مسلط و رایج سرپیچی کند. این انزوا را او لازمهٔ استقلال و خلاقیت و گوهری گران‌بها می‌داند. در بینش رومانتیک این انزوا راهی است برای ارتباط بهتر با طبیعت و با آن جامعهٔ انسانی که با هنرمند از نظر مکانی و زمانی دور است. در این انزوا «ارادهٔ آهنین» هنرمند رومانتیک بر بنیادهای نوستالژیا و پارانویا استوار می‌شود و این هر دو برای او نارضایتی به‌بار می‌آورد. مفهوم نوستالژیا را در بالا توضیح داده‌ام. اینجا اضافه می‌کنم که هنرمند رومانتیک می‌خواهد به بی‌نهایتی دست یابد که دست‌نیافتنی است. گذشته‌ای که باز نمی‌گردد. به عبارت دیگر این تلاش دائم برای رسیدن به وحدت وجود صوفیانه اما از نوع غیرمذهبی آن است. چیزی که به دست نمی‌آید و جوینده دائم در تشنگی، در حسرت رسیدن به آن باقی می‌ماند. این نوستالژیا درست نقطهٔ مقابل آنچه بود که ما از روشنگری آموخته بودیم. میراث روشنگری این بود که روش درست و دقیقی از درک دنیا وجود دارد که ما با آموزش می‌توانیم به آن دست یابیم. «رومانتیک‌ها اما می‌گویند جهان نامتناهی و دائماً در حال تغییر است. روش درستی وجود ندارد. به‌قول فردریک شلگل، جهان یک موج دائمی است. وقتی ما می‌خواهیم این موج دائم را تصویر کنیم یک بستر آب راکد ارائه می‌دهیم. ما نمی‌توانیم جهان را تشریح کنیم و از توصیفش عاجزیم. اما توصیف نکردنش نیز مساوی سکوت، مساوی زندگی نکردن است. برای رومانتیک‌ها زندگی

کردن، انجام کار خلاقه، بیان طبیعت خود است. بیان رابطهٔ خود با جهان. اما رابطهٔ شما با جهان بیان‌نشدنی است. تلاش دائم شما در بیان یک بیان‌نشدنی، یک شکنجهٔ دائم است.»[۱]

ریشهٔ نوستالژیای هنرمند رومانتیک، این تسخیرناپذیری جهانی است که باید برای دست یافتن بر آن تلاش کند و پیشاپیش می‌داند در این تلاش شکست می‌خورد. آیا نیروهایی مرموز در کارند، نیروهایی تاریخی یا در ناخودآگاه ما که مانع پیروزی و آزادی ما می‌شوند؟ جهانی که قرار نیست آسان رام هنرمند رومانتیک باشد در سرسختی خود به پارانویا (توهم)ی هنرمند دامن می‌زند. در حوزهٔ هنری این پارانویا تصاویری زیبا از سیاهی‌های مرموز و رام‌نشدنی، هیولاهای نامرئی و دست نیافتنی برگرد ما می‌سازد. این عنصر در دیدگاه‌های اجتماعی و سیاسی رومانتیک‌ها مبنای تئوری توطئه است. تاریخ یا کسی علیه ما توطئه‌ای کرده است تا ما را از آزادی باز دارد. در پس این توطئه همیشه دست‌هایی است که متعلق به یهودیان یا فراماسون‌ها یا کسان مشکوک دیگریست.

در عین حال رومانتیک‌ها به ما می‌گویند که هر چیزی امکان‌پذیر است. هر نظمی را انسان و ارادهٔ انسانی خلق می‌کند. هیچ قانونی ورای ارادهٔ انسان وجود ندارد. پس اگر قوانین تاریخی و علمی ساختهٔ ارادهٔ انسان هستند و با گذشت زمان به تکامل زندگی بشری و افزایش دانش و علم او لزوماً به پیشرفت و بهتر شدن زندگی نمی‌رسیم و اگر جایی در گذشته، زندگی روحانی و معنوی او بهتر از زمان حال بوده است پس ارادهٔ انسان می‌تواند تلاش کند ما را به آن گذشتهٔ درخشان باز گرداند. در این راه موانع گاه تاریخی و گاه در ناخودآگاه ما، گاه در بیرون و گاه از درون ما توطئه می‌کنند تا ما را از رسیدن به آن گذشتهٔ طلایی باز دارند.

---

1. Berlin, p. 105.

چنین است که برلین به ما هشدار می‌دهد که رومانتیک‌ها «هم می‌توانند انقلابی باشند، هم ارتجاعی و هم هر دو با هم! این بر هم زدن قوانین و نظم موجود و نپذیرفتن آن، تلاش برای رهایی انسان و مخالفت با دولت و اساس آن، همه در جهت تحولی رادیکال تعبیر انقلابی رومانتیک‌هاست و نیز همزمان گاهی این تغییر را برای باز گرداندن به گذشته‌ای دور طلب می‌کنند.»[1]

خلاصه کنیم: رومانتیسم در بستر فرهنگی و فلسفی غرب، در واکنش به انقلاب فرانسه و دستاوردهای آن، خود دستاوردهای فلسفی و هنری بزرگی داشت. در مقابله با آن و یا به تأثیر از آن مارکسیسم و روانشناسی فرویدی (پسیکآنالیز) شکل گرفتند. دو دیدگاهی که در پی روشن کردن و بیان آن «نیروهای مرموز و ناشناخته» حاکم بر انسان در حوزه‌های اقتصاد و ناخودآگاه انسان بودند. از سویی رومانتیسم طلایه‌دار مدرنیسم شد و از سویی هم در انقلاب‌های رادیکال چپ و هم در جنبش‌های فاشیستی اروپا بیان سیاسی یافت. در علم و بیولوژی به برتری نژادی و تقسیم نژادی جهان و در فلاسفه‌ای چون «برگسون» به نفی عقل و علم و برتری دادن به عرفان و کشف و شهود رسید. بسیاری از جمله «برلین» حتی اگزیستانسیالیسم را میراث آن می‌دانند. پایه‌های اساسی این جهان‌بینی اعتقاد به ارادهٔ انسان، مخالفت با ساختار و نظم، برتری تخیل و خلاقیت و شهود بر منطق و عقل و علم، علم و تاریخ را ساختهٔ انسان‌ها و نسبی شمردن، مخالفت با سرمایه‌داری، انقلاب صنعتی و جامعهٔ مدرن، بازگشت به ماقبل از سرمایه‌داری، به دامان طبیعت، انزوا برای ارتباط بیشتر و بهتر با طبیعت و معنویت، و سرانجام بازگشت به گذشته‌ای از دست رفته، عصری طلایی را می‌توان به‌شمار آورد. به بحث شعر و تئوری رومانتیسم

1. ibid, p. 127.

در ادبیات، در نقد شعر و تئوری نیما در دههٔ ۱۳۱۱-۱۳۲۱ بازخواهیم گشت تا تأثیر این همه را در نوشته‌ها و سروده‌های نیما نشان دهیم.

اما پیش از آن به چگونگی و تاریخ تأثیر این رومانتیسم (و به‌خصوص رومانتیسم آلمانی) بر روشنفکران آن عصر ایران می‌پردازیم. چرا و چگونه رومانتیسم، روشنفکر ایرانی را فتح کرد؟ و حاصل این فتح و تأثیر چه بود؟

فصل نهم

سیمای ایرانی رومانتیسم

«باری در سال‌های ۱۳۰۰ تا ۱۳۳۰ نوعی رومانتیسم محلی، اشک‌آلود و شورافکن باب روز بود.»
«شاهرخ مسکوب»

«در دورهٔ بیست ساله قسمی رمان احساساتی و عاطفی رواج می‌گیرد که پر از آه و ناله‌های سوزناک و رومانتیک است.»
عبدالعلی دستغیب،
«کالبدشکافی رمان فارسی»، گزارش، شماره ۷۲، بهمن ۷۵

«یکی از علل توجه نویسندگان رمان‌های اجتماعی [ایران] به فواحش را باید در تأثیرپذیری آنان از نویسندگان رومانتیک فرانسوی دانست. این رمان‌نویسان اصلاح‌طلب و تجددخواه متأثر از ویکتور هوگو، الکساندر دوما و دیگر نویسندگان رومانتیک کوشیدند ارزش انسانی زنان بدکاره را در قالب دنیای اشرافیت به آنها بازگردانند.»
حسن میرعابدینی، صد سال داستان‌نویسی در ایران، ۱۳۷۷

«هوگو از آنهایی‌ست که کاملاً سرشار است و در روسیه پوشکین. چون نمی‌خواهم باز مثل بزنم به شما توصیه می‌کنم آثار هوگو را بخوانید.»
نیما، حرف‌های همسایه، ص ۱۱.

«[نیما] با تعبیری که بوی رومانتیسم از آن برمی‌خیزد هر تجربهٔ شاعرانهٔ جدیدی را ناشی از احساس شخصی تازه‌ای، احساس درد تازه‌ای می‌داند.»
جلال آل‌احمد، دربارهٔ نیما، از هفت مقاله، ص ۵۷.

صبح روز سه‌شنبه ششم ژوئن ۱۹۱۳ (۱۲۹۲)، کشتی موریتانیا که بزرگترین و سریع‌السیرترین کشتی آن دهه بود، در حالی به آب‌های بندرگاه نیویورک و جزیرهٔ الیس نزدیک می‌شد که در بین بیش از دو هزار و صد مسافر خود، یک جوان مضطرب ایرانی هم جزو مسافرانش بود، مسافری که علی‌رغم ظاهر شیک و آراسته‌اش، انقلابی ۳۵ ساله و انبانی از تجربیات جنگ، انقلاب، زندان و مبارزهٔ خونین سیاسی را بر دوش داشت.

حسن تقی‌زاده، این سفر را پنج روز پیش، از لندن آغاز کرده بود. این اولین سفر انقلابی تبعیدی ما به آمریکا بود و میزبانش کاردار سفارت ایران در واشنگتن، علیقلی‌خان ضرابی کاشانی بود که با جمعی از دوستان ایرانی‌اش به پیشواز این مهمان ویژه آمده بود. معمولاً انقلابیون تبعیدی از سوی مأموران ارشد دولتشان مشمول چنین پذیرایی و توجهی نمی‌شوند اما این مهمانی و میزبانی حکایت از شرایط خاص و بحرانی ایران و جهان در آن سال‌ها داشت. دنیا در آستانهٔ جنگ جهانی اول قرار داشت و نزدیک به یک سال پس از این سفر اعلام جنگ ملل آشکار و رسمی می‌شد. چهار سال از پایان استبداد صغیر و پیروزی مشروطه‌خواهان ایران می‌گذشت. انقلابیِ جوان و نمایندهٔ مجلس، دورهٔ سرکوب آزادیخواهان و به توپ بسته شدن مجلس را از سر گذرانده بود. در مجلس رهبر اقلیت تندرو و اصلاح‌طلب مجلس و جزو هیئت نه نفره‌ای بود که مسئولیت تدوین متمم قانون اساسی را برعهده گرفتند. پس از سقوط محمدعلی شاه عضو هیئت مدیرهٔ موقت

مجلس شد. هیئتی که شیخ فضل‌الله نوری را اعدام کرد. پس از گشایش مجلس، بیان صریح نظریاتش، او را به مقابلهٔ بیشتر با علما کشیده بود. فتوای آیت‌الله محمدکاظم خراسانی و آیت‌الله مازندرانی مبنی بر «فساد مسلک سیاسی» او را به اتهام دست داشتن در ترور آیت‌الله بهبهانی به خروج از کشور و تبعید مجبور کرد. به استانبول و سپس پاریس رفته و به کمک پروفسور براون مدتی در لندن زندگی کرده بود. در لندن از سوی «آلمان‌ها» دعوت به همکاری و آن‌گاه راهی سفر امریکا شد. او در حالی به امریکا وارد می‌شد که ایران تحت سلطه و نفوذ سیاسی روس و انگلیس به‌سر می‌برد. از سال ۱۹۰۷ و مطابق عهدنامهٔ سن‌پترزبورگ، ایران میان روس و انگلیس تقسیم می‌شد. منطقهٔ شمالی به روسیهٔ تزاری و جنوبی به بریتانیای کبیر اعطا شده بود و «منطقهٔ میانی» می‌بایست به عنوان منطقه بی‌طرف کار می‌کرد.

احساس روشنفکران آن زمان ایران را، از این شعر ایرج میرزا به‌خوبی می‌توان دریافت:

گویند که انگلیس با روس
عهدی کرده است تازه امسال
کاندر پلتیک هم در ایران
زین پس نکنند هیچ اهمال
افسوس که کافیان این ملک
بنشسته و فارغند از این حال
کز صلح میان گربه و موش
بر باد رود دکان بقال

اما علی‌رغم تقسیم ایران به مناطق تحت نفوذ انگلیس و روس، کم‌کم

چهرهٔ قدرت خارجی سومی آشکار می‌شد. سال ۱۸۹۰ اولین سفارتخانهٔ آلمان در تهران شروع به کار کرد و روابط اقتصادی بین دو کشور به سرعت توسعه یافت. در طول دههٔ اول قرن بیستم صادرات ایران به آلمان از ۱/۳ میلیون رایش مارک به ۱۶ میلیون رایش مارک، صادرات آلمان به ایران نیز از ۸۰۰ هزار به ۳/۷ میلیون رایش مارک افزایش یافت. در سال ۱۹۰۶ اولین مدرسهٔ آلمانی در تهران افتتاح شد و اولین فارغ‌التحصیلانش در سال ۱۹۱۱ عازم آلمان می‌شدند[۱]. توسعهٔ روابط اقتصادی و سیاسی و گشایش باب آموزشی و فرهنگی بر روشنفکران و محافل سیاسی ایران تأثیری بلافاصله می‌گذاشت و روشنفکران آن نسل در دشمنی خود با انگلیس و روس، به رقیب جهانی آنها، آلمان، نگاهی دوستانه و مثبت داشتند:

«بیشتر ایرانیان به دولت و ملت آلمان به چشم منجی می‌نگریستند. پیر و جوان، زن و مرد، کوچک و بزرگ در صورت مواجهه با یک نفر آلمانی کوشش داشتند خدمتی نسبت به او انجام دهند، هرچند ناچیز باشد.»[۲]

جمشید بهنام می‌نویسد:

«دربارهٔ علت همکاری اندیشمندان سرشناس ایرانی با آلمان‌ها بسیار نوشته‌اند. گاهی در تأیید و گاهی در انتقاد. باید به‌خاطر داشت که آلمان‌دوستی در ایران از سال‌ها پیش آغاز شده بود... آلمان‌ها دشمن روس‌ها و انگلیس‌ها، یعنی دشمن دشمنان ایران بودند و بنابراین از دوستان ایران به‌شمار می‌آمدند. ایرانی‌ها می‌خواستند از آلمان به عنوان

1. Matthias Kuntzel, *Germany and Iran, from the Arian Axis to the Muclear Threshold*, Telos Press, 2014, p. 9.

۲. کمال‌زاده ۱۳۶۳ ، ص ۵۹.

یک «نیروی سوم» علیه انگلیس و روس استفاده کنند.»[۱]

تقی‌زاده دربارهٔ احساسات خود و روشنفکران نسل خود می‌نویسد:

«ما شوق زیادی به آلمان داشتیم. ایرانی‌ها آلمان را مثل پیغمبر حضرت داوود می‌دانستند که آمده آنها را نجات دهد. ما همه برای آلمان سینه می‌زدیم بدون اینکه ارتباطی با آنها داشته باشیم.»[۲]

واقعیت آن است که در ادبیات و شعر آن نسل، آلمان جایگاهی ویژه یافت و شاعران نامدار نسل قبل از نیما در مدح آلمان و پیروزی‌هایش و قیصر آن اشعار بسیاری سرودند. وحید دستگردی می‌سراید:

اوضاع روزگار پریشان است
بیش از همه پریشان ایران است
بنگرکه چون به آتش جنگ امریک
با اسم صلح بر زده دامان است
امریک نیست صلح و سلامت‌جو
گرگ دژم به کسوت چوپان است
الحق لمن غلب به جهان گوید
حق ملک مطلق ملت آلمان است

و بهار در توصیف حملهٔ آلمان به لهستان می‌سراید:

قیصر گرفت خطهٔ ورشو را
در هم شکست حشمت اسلو را
جیش تزار را یورشش بگسیخت
چون داس باغبان علف خودرو را

---

۱. جمشید بهنام، *برلنی‌ها*، ص۸.
۲. حسن تقی‌زاده، *زندگی طولانی*، صص ۱۸۳-۱۸۶.

دیر نمانده کز یورشی دیگر
مسکوف ز کف گذارد مسکو را

و ادیب پیشاوری که با *قیصرنامه* (چهارده هزار بیت) سراپا ستایش آلمان و قیصر آن بود و خطاب به قیصر آلمان سرود:
همهٔ مردم ایران برای تو اند
کمر بسته اندر وفای تو اند
شگون همه دیدن مهر توست
به جانشان برآمیختن مهر توست
برآرند از جان خصمت دمار
به چنگال شیر و به دندان مار

علاقهٔ آلمان در آن روزها به هندی‌ها، ترک‌ها و ایرانی‌ها نیز از استراتژی سیاسی قیصر آلمان در برابر انگلیس و روسیه نشأت می‌گرفت. این سیاست تنها به‌خاطر رقابت اقتصادی با انگلیس و روسیه و توسعهٔ منافع اقتصادی آلمان در مستعمرات و کشورهای تحت نفوذ انگلیس و روسیه نبود. بلکه بنا به گفتهٔ یک محقق آلمانی ریشه‌هایی در بازی قدرت و نیز فکری رومانتیک داشت.[1] دنیای اسلام برای متفکران و شرق‌شناسان آلمانی ایده‌آلیزه شده بود و آنها آن را «فاسد نشده» (چون از دیدگاه رومانتیک آلمانی دنیای مدرن مساوی فساد بود) و متعلق به عصر «ماقبل مدرن» و در نتیجه متحدی بالقوه علیه «غرب» می‌دیدند. تمرکز اصلی این سیاست بر امپراتوری عثمانی بود و نه ایران. اما دامنهٔ آن به سرعت ایران و هند را در بر گرفت. مسافرت معروف و دیدار قیصر ویلهلم دوم از ممالک

---

1. Matthias Kuntzel, *Germany and Iran*, p. 10.

شرق در سال ۱۸۹۸ اعلام رسمی این سیاست بود. در «کنستانتینوپل» (قسطنطنیه) با جمعیت کثیری از استقبال‌کنندگان روبه‌رو شد و در ۲۹ اکتبر همان سال به دمشق و به مزار صلاح‌الدین ایوبی برای ادای احترام به فاتح اورشلیم در سال ۱۱۸۷ رفت و مسافرتش را با پیامی پایان داد که مردم منطقه را از کازابلانکا تا کلکته به آلمان جلب می‌کرد:

«سیصد میلیون مسلمان این منطقه اطمینان داشته باشند که امپراتور آلمان برای همیشه دوست شما خواهد بود.»[1]

بنیانگذار اصلی این فکر نیز متفکر و سیاستمدار آلمانی، ماکس فرایهر فون اوپنهایم،[2] بود. این خاورشناس و کارمند عالیرتبهٔ وزارت خارجه معتقد بود: آلمان قادر است با استفاده از سنت «جهاد» در جوامع اسلامی، مسلمانان را علیه انگلیس و روسیه بسیج کند. نگاه رومانتیک قیصر به شرق باعث می‌شد امپراتور از طرح «جهاد اپن‌هایم» استقبال کند. این نکته که «دیدگاه رومانتیسم» در این رابطهٔ متقابل کارکردی دوسویه داشت کمتر مورد بررسی قرار گرفته است. «رومانتیسم آلمانی» در «شرق» ایده‌آلی برای اتحاد و مغلوب ساختن رقبایش در دنیای مدرن یافته بود و «رومانتیسم ایرانی» در این رابطه نجات کشور عقب‌مانده و تحقیر شدهٔ خود را می‌خواست. با شروع جنگ جهانی اول، در اکتبر ۱۹۱۴ اپن‌هایم را به برلین فراخواندند و او رسالهٔ ۱۳۶ صفحه‌ای‌اش را با عنوان «انقلابی کردن مناطق اسلامی تحت سلطهٔ دشمنان ما» به مقامات بالای دولت آلمان عرضه کرد. در این رساله او پیشنهاد تشکیل یک جبههٔ مشترک آلمانی- ترکی برای متحد کردن همهٔ مسلمانان در صفوف جهاد علیه دشمن مشترک می‌داد. هدف استراتژیک این مبارزه، ضعیف کردن دشمن و کم کردن فشار در جبهه‌های اروپایی

۱. این پیام بر روی کارت‌های پستی و ترجمهٔ ترکی، فارسی و عربی، مجانی در کشورهای مسلمان پخش شده بود..
2. Max Freiherr Von Oppenheim.

جنگ بود. بنابراین طرح اپن‌هایم، آلمانی‌ها جبهه را با پول، تسلیحات و پرسنل تقویت می‌کردند و عثمانی‌ها آن را از نظر نظامی به مرحلۀ عمل درمی‌آوردند.[1] در پانزده اوت ۱۹۱۴، قیصر آلمان طی نامه‌ای از انورپاشا آغاز جهاد را خواستار شد: «سلطان عالی‌مقام، باید مسلمانان آسیا، هند، مصر و آفریقا را برای شرکت در یک جنگ مقدس برای خلافت احضار کنند.»[2] به این درخواست جواب مساعد داده شد. شیخ‌الاسلام ارگوپلو حایری (Urguplu Hayri) با صدور پنج فتوا مسلمانان جهان را به جهاد با متفقین خواند و اعلام کرد مرگ در این جنگ، آنان را به مقام شهادت نائل می‌سازد. این آغاز ورود امپراتوری عثمانی در جنگ به عنوان متحد آلمان بود.

در سال‌های جنگ «ستاد آلمانی تحریک جهاد» در واحد اطلاعات شرق به‌وسیلۀ اپن‌هایم بنیاد گذاشته شده و فعال بود. نزدیک به پانزده شرق‌شناس آلمانی که به‌وسیلۀ وزارت امور خارجه انتخاب شده بودند در کنار مسلمانان از ایران، ترکیه، گرجستان، قفقاز، هند و آفریقای شمالی با یازده مترجم و یازده کارمند دیگر در این ستاد مشغول کار بودند.[3] وظیفۀ ستاد تحریک مسلمانان کشورهای تحت سلطه و یا نفوذ انگلیس و فرانسه برای قیام، جمع‌آوری اطلاعات از این مناطق و رساندن اطلاعات و حمایت مالی به آنها بود. در شش ماه اول کار این ستاد، ۵۲۶۶ مجله و روزنامۀ مختلف در تیراژهایی بین ۲۵۰۰ تا ۲۶۰۰۰ نسخه منتشر شدند.[4]

اما کارایی و نفوذ دستگاه تبلیغاتی (پروپاگاند) و جاسوسی دولت آلمان تنها به بازدهی وسیع و مهمش در کشورهای استعمارزدۀ آسیا محدود نمی‌شد. در

---

1. Wolfgang G. Sahwanitz, Max Freiherr Von Oppenheim und der Heilige Krieg. Zwei Denk-Schriften zur Revolutionierung Islamischer Gebiete 1914 und 1940. Sozial Geschichte, 19/3, 2004 (1), pp. 45-47. (From Kuntzel, p. 11).
2. Wolfdieter Bihl, Die Kaukasus- Politik der Mittelmachte, Wien, 1975, p. 40.
3. ibid, p. 14..
4. Tim Epkenhans, Die iranische modern im Ekil, Berlin, 2000, p. 24.

سال‌های قبل از جنگ سازمان اطلاعاتی و جاسوسی آلمان یکی از بزرگترین و مؤثرترین شبکه‌های جاسوسی را در اروپا ایجاد کرده بود و از سال‌های ۱۹۱۳-۱۹۱۴ به بعد دامنهٔ آن را به امریکا نیز کشانید. این شبکه با عملیات تروریستی در داخل خاک امریکا در دوران جنگ سعی در اختلال در بارگیری کشتی‌های انگلیسی در بنادر نیویورک و نیوجرسی داشت.[۱] حتی در سال‌های بین دو جنگ آلمان به تنفری که نسبت به قدرت‌های استعماری انگلیس و روس در بین آزادیخواهان هند و ترک و ایرانی در اروپا وجود داشت کاملاً آگاه بود و قصد داشت با ادامهٔ حمایت و سازماندهی آنها بخش‌های وسیعی از مردم مستعمرات ساکن اروپا و امریکا را علیه آنها بسیج کند و اختلال و جاسوسی را از طریق شبکه‌های هند، ترک، عرب و ایرانی انجام دهد. بر چنین بستر تاریخی و فرهنگی و نزدیک به یک سال قبل از آغاز جنگ جهانی اول است که انقلابیِ جوان اما با تجربهٔ ما به امریکا وارد می‌شود و اگر خاطرات او را در این چارچوب بخوانیم به آسانی از «مرموز بودن» سفر امریکای تقی‌زاده می‌کاهیم.[۲] تقی‌زاده سال‌ها بعد در خاطراتش می‌گوید: «وقتی به نیویورک رسیدم علیقلی‌خان که گفتم شارژ دافر بود به استقبال آمده بود کنار دریا... گفت چون اینجا دارد گرم می‌شود و من یک جایی در کوه اجاره کرده‌ام که با زن و بچه آنجا می‌روم، شما هم بیایید... روز دوم و سوم بود با ایشان رفتم آنجا، به محلی در کوه از ایالات نیویورک... به اسم کتسکیل[۳] ... مهمان او

---

1. Witcover, Jules. *Sabotage at Black Tom: Imperial Germany's secret war in America 1914-1917*, 1989; Millman, C. *The detonators: The secret plot to Destroy America and an Epic hunt for Justice*, 2006; Blum, H. *Dark Invasion: 1915: Germany's secret war and the hunt for the first Terrorist cell in America,*. 2014.
۲. برخی از محققان سفر تقی‌زاده به امریکا و توضیحات او را «مرموز» خوانده‌اند: «دوره‌ای که تقی‌زاده در امریکا سپری کرد، (مه ۱۹۱۳ ـ نوامبر ۱۹۱۴) در هاله‌ای از اسرار پیچیده شده است.» از:
Marashi, A. *Nationalizing Iran*, p. 52.
۳. Catskill: کتسکیل در سال‌های بعد به‌عنوان یکی از مخفی‌گاه‌های مهم جاسوسان آلمان در خاک امریکا معروف می‌شود. حتی تا به امروز شایع است که آلمان‌ها پس از جنگ گنج بزرگی را در آنجا دفن کرده‌اند.

شدم. یک جوان هندی هم بود که از انقلابیون هند بود و به عنوان ایرانی آنجا زندگی می‌کرد.»

این آغاز ورود انقلابی جوان در حلقهٔ انقلابیون طرفدار آلمان است. چنین است که خواننده نباید تعجب کند وقتی دو سال بعد از سوی کنسول آلمان در نیویورک در نامه‌ای به آلمان دعوت می‌شود. این دعوت و سفر تقی‌زاده به برلن آغازگر حرکت فرهنگی و سیاسی تأثیرگذاری است که بعدها به «برلنی‌ها» مشهور شدند:

«در یکی از روزهای سرد زمستان ۱۹۱۵ تقی‌زاده به ادارهٔ پست محلهٔ شارلوتنبرگ[۱] شهر برلن رفت و نامه‌هایی به پاریس، لندن، ژنو و اسلامبول فرستاد. این نامه‌ها فراخوانی بود خطاب به روشنفکران و آزادیخواهان ایرانی که در این سوی و آن سوی اروپا در مهاجرت به‌سر می‌بردند، برای ایجاد کمیته‌ای از ملیون با هدف مبارزه علیه روس و انگلیس که در آن زمان خاک ایران را تصرف کرده بودند. پس از چند ماه در پاسخ دعوت تقی‌زاده جماعتی در برلن گرد آمدند: کاظم‌زادهٔ ایرانشهر، محمد قزوینی، ابراهیم پورداوود و اشرف‌زاده کار تحقیق را رها کردند و از پاریس به برلن آمدند؛ نصرالله‌خان جهانگیر و سعدالله‌خان درویش و مرتضی راوندی از سوئیس و محمدعلی جمال‌زاده از شهر دیژون فرانسه راهی برلن شدند. غنی‌زاده، اسماعیل یکانی و میرزاآقا (ناله ملت) که در اسلامبول کسب و کاری راه انداخته بودند دکان‌ها را بسته و همراه با اسماعیل نوبری و اسماعیل امیرخیزی به جمع برلنی‌ها پیوستند...»[۲]

اینان همه آزادیخواهان و مشروطه‌خواهانی بودند که یا پس از کودتای محمدعلی شاه و دورهٔ استبداد صغیر (۱۹۰۸-۱۹۰۹) و یا پس از هرج و

1. Charlottenberg.

۲. جمشید بهنام، *برلنی‌ها، اندیشمندان ایرانی در برلن*، ص ۷-۸

مرج سیاسی سال ۱۹۱۰ و فتواهای روحانیون و یا در پیِ اشغال تبریز از سوی روس‌ها (۱۹۱۲) از کشور خارج شده بودند. سایهٔ شکست انقلاب مشروطه بر سر همهٔ آنها سنگینی می‌کرد. این صدای کسروی را می‌توانیم در گوش آنها طنین‌انداز بدانیم که دربارهٔ انقلاب مشروطه نوشت:

«با پاکدلی‌ها آغازید ولی با ناپاکدلی‌ها به پایان رسید و دست‌هایی از درون و بیرون به میان آمده آن را بر هم زد و ناانجام گذاشت و کار به آشفتگی کشور و ناتوانی دولت و از هم گسیختن رشته‌ها انجامید و مردم ندانستند آن چگونه آمد و چگونه رفت و انگیزهٔ ناانجام ماندنش چه بود.»[۱]

آن‌گاه که این مهاجران در برلن گرد هم آمدند برخی از ایرانیان مقیم برلن نیز چون ابوالحسن علوی، طاهرزاده بهزاد، عزت‌الله‌خان هدایت و ابراهیم علی‌زاده به آنها پیوستند.[۲] بعدها انقلابیون رادیکال‌تری مانند حیدرخان عمواوغلی و یا امین رسول‌زاده نیز به برلن آمدند. این گروه که مورد حمایت مالی دولت آلمان قرار داشتند با شروع به فعالیت‌های سیاسی و فرهنگی و فرستادن گروهی از اعضای خود به ایران تبدیل به یکی از مهمترین و تأثیرگذارترین جمع روشنفکری زمان خود شدند. ما در اینجا با فعالیت‌های سیاسی آنان کاری نداریم. اما بر اندیشه، فلسفه و ادبیات آنها درنگ می‌کنیم.

تأثیر آشکار رومانتیسم آلمانی را بر اندیشه‌ها و نوشته‌های این روشنفکران به آسانی می‌توان نشان داد. اما واقعیت آن است که «شبح رومانتیسم» از سال‌ها قبل از آن در بین روشنفکران ایران در گشت و گذار بود. در نوشته‌های آخوندزاده، روشنفکر منحصر به فردی که همهٔ نسل برلنی‌ها از او تأثیر گرفته بودند علاوه بر آموزه‌های انقلاب فرانسه

۱. احمد کسروی، *تاریخ مشروطه ایران*، ج ۱، ص ۱.
۲. جمشید بهنام، *برلنی‌ها، اندیشمندان ایرانی در برلن*، ص ۱۷.

و روشنگری (اصلاح دینی، مخالفت با تلفیق سنت و مدرنیته)، آرمان ناسیونالیسم و بازگشت به ایران باستان حضوری انکارناپذیر داشت. این شبح حالا در نشریات «برلنی‌ها» چهره‌ای سازمان یافته و سیاسی‌تر می‌یافت که برای تحول سیاسی و فرهنگی کشور خود نقشه و برنامه داشت.

اولین نشریهٔ آنها مجلهٔ *کاوه* است که در دو دوره و در مجموع ۵۲ شماره منتشر می‌شود. دورهٔ اول از ۱۹۱۶ تا ۱۹۱۹ و دورهٔ دوم از ۱۹۲۰ تا ۱۹۲۲.[۱] به دنبال تعطیلی مجلهٔ *کاوه*، مجلهٔ *ایرانشهر* آغاز می‌شود (۱۹۲۲-۱۹۲۷) و پس از آن مجلهٔ *نامهٔ فرنگستان* (۱۹۲۴-۱۹۲۵). در نگاه اول دلمشغولی این جمع و نشریات آنان چون نسل روشنفکران پیش از آنان (*طالبوف*، میرزا آقاخان کرمانی و میرزا ملکم خان) اندیشهٔ تجدد است.[۲] تقی‌زاده می‌گوید:

«خواندن کتب طالبوف و آنچه نظیر آنها به دست می‌آمد و مخصوصاً نوشتجات میرزا ملکم خان (که از هر چیز بیشتر این یکی در من تأثیر عظیم نمود) و مطالعهٔ مرتب روزنامه‌های *اختر* منتشر در استانبول (که صاحبش آقا محمدطاهر تبریزی و مدیر و نویسنده‌اش حاج میرزا مهدی تبریزی بود) و *ثریا* و *پرورش* و *حکمت* منتشر در مصر و *حبل‌المتین* منتشر در کلکته و خواندن *سیاحت‌نامه* ابراهیم بیک که از کتب ممنوعه بود و جرائد «ژون ترک‌ها» که در پاریس منتشر می‌شد و محرمانه به ایران می‌رسید مانند *شورای امت*، افکار مرا به‌حدی نضج داد که در سال ۱۳۱۶ حوزه‌ای از اشخاص بیدار و متجدد تبریز تشکیل دادیم.»[۳]

و یا در جای دیگر اعتراف دارد:

۱. همان اثر، ص ۴۱.
۲. عباس میلانی، *تجدد و تجددستیزی در ایران*، صص ۱۶۷-۱۸۳.
۳. *زندگی طوفانی*، ص ۲۶-۲۷.

«از اول مایه اطلاعات و فهم سیاسی من صدی هشتادش از میرزا ملکم خان بود. از همه جا کتاب‌های او را پیدا کرده می‌خواندم. در مسیر زندگی سیاسی من تأثیر عمده‌ای کرد.»[1]

میراث طالبوف و میرزا ملکم خان از یک‌سو تحت تأثیر مستقیم دستاوردهای انقلاب فرانسه و روشنگری بود و از سویی جوانه‌های آنچه در سال‌های بعد پایه و مایهٔ رومانتیسم ایرانی را می‌ساخت در خود داشت. آنها از یک‌سو خواهان اصلاح دینی و تفکیک آن از بقیهٔ بنیادهای جامعه، برابری در برابر قانون و محدود ساختن (مشروط ساختن) قدرت مطلقهٔ حاکمیت سیاسی بودند و با هرگونه تلفیق میان سنت و مدرنیته مخالفت می‌ورزیدند و از سوی دیگر تحت تأثیر «فریدریش کبیر» ناسیونالیست بودند و در بازسازی یک «هویت ملی» چشم به «ایران باستان» داشتند.

کم و بیش منابع تأثیرگذار ایرانی بر همهٔ روشنفکران نسل تقی‌زاده و به‌خصوص «برلنی‌ها» همین‌ها بود. اعتقاد داشتند «ایران باید ظاهراً و باطناً و جسماً و روحاً فرنگی مآب شود و بس.»[2] تکیه نسل اول بر استقرار قانون و آموزش عمومی بود و چون بیشتر از انقلاب فرانسه، روشنگری و دستاوردهای آن تأثیر گرفته بود تا رومانتیسم آلمانی. نگاه آنها به خرد، نقش دین، فرهنگ استبدادی و نیاز به تحول انقلابی جامعه از آنجا نشأت می‌گرفت. در «مانیفست» نویسندگان *کاوه* که فهرستی از ۱۷ مورد «اصلاحات لازم» در ایران است، تأثیر اندیشهٔ نسل قبل به خوبی به چشم می‌خورد:

«۱. تعلیم عمومی، ... ۲. نشر کتب مفید، ترجمه کتب فرنگی... ۳. اخذ اصول و آداب و رسوم تمدن اروپایی و قبول بلاشرط آن...»

همهٔ بنیاد اندیشهٔ تجدد با نگاه به غرب را می‌سازد. اصول دیگر

---

۱. همان‌جا.
۲. طالبوف می‌نویسد: «... دولت باید مثل فریدریش کبیر قدغن کند که هیچ‌کس چه در شهر و چه در روستا و ایالات و دهات نباید فرزند خود را از سنین ۹ تا ۱۵ سالگی به کاری جز خواندن و نوشتن مجبور کند.»

اصلاحات لازم عبارتند از:

«۴. ترویج فوق‌العاده و خیلی زیاد از انواع ورزش‌های بدنی به ترتیب اروپایی؛

۵. حفظ وحدت ملی ایران؛

۶. حفظ زبان ملی ایران یعنی فارسی از فساد؛

۷. اعلان جنگ بی‌امان برضد تریاک و وافور و الکل؛

۸. جنگ بر ضد تعصبات جاهلانه و مساوات‌نامهٔ حقوق پیرامون مذاهب مختلف؛

۹. محاربه برضد امراض عمومی و مخصوصاً مالاریا، امراض تناسلی، سل، محرقه و حصبه و امراض اطفال؛[1]

۱۰. حفظ استقلال ایران؛

۱۱. آبادی مملکت به ترتیب اروپایی و مخصوصاً داخل کردن ماشین؛

۱۲. آزادی زن‌ها و تعلیم و تحصیل حقوق و اختیارات آنها؛

۱۳. جنگ شدید و آتشین بر ضد دروغ؛

۱۴. جهد و اهتمام در برانداختن صنعت خبیثه اسباب چینی...؛

۱۵. برانداختن رسم نوین عشق غیرطبیعی که از قدیم‌الایام یکی از بدترین رذایل قوم ما بوده و از موانع عمده تمدن است؛

۱۶. جنگ بر ضد شوخی و هزل و مبالغه و یاوه‌سرایی...؛

۱۷. احیای سنن و رسوم مستحسنهٔ قدیمی ملی ایران».[2]

چنان‌که مانیفست نسل جدید مشروطه نشان می‌داد حالا آنها در پی یک تحول گستردهٔ فرهنگی و نه فقط سیاسی بودند. از ورزش تا آزادی زنان، و از مبارزه با دروغ و شوخی تا هدف براندازی همجنس‌گرایی و توصیف آن به عنوان یکی از «موانع عمدهٔ تمدن» ما با روشنفکرانی

۱. دلیل تأکید بر این هدف، رواج بیماری‌های همگانی فراگیر مانند وبا و تیفوس بود که به مرگ نزدیک به یک میلیون ایرانی در سال‌های جنگ (نزدیک به ده درصد جمعیت) انجامید.

۲. *کاوه*، شمارهٔ ۲۳، ژانویهٔ ۱۹۲۰.

سروکار داریم که رفته رفته تحت تأثیر رومانتیسم آلمانی قرار می‌گیرند. آنها شکست جنبش مشروطه و هرج و مرج پس از آن را دیده‌اند و کشورشان غوطه‌ور در استیصال و ضعف فرهنگی، اقتصادی و سیاسی در اشغال بیگانگان است. در آغاز اندیشهٔ این روشنفکران جبران عقب‌ماندگی و رسیدن به پیشرفت‌های اروپا از طریق اخذ تمامیت آن است:

«قبول و ترویج تمدن اروپا بلاشرط و قید و تسلیم مطلق شدن به اروپا و اخذ آداب و رسوم و ترتیب علوم و صنایع و زندگی و کل اوضاع فرنگستان بدون هیچ استثناء جز از زبان و کنار گذاشتن هر نوع خودپسندی و ایرادات بی‌معنی که از معنی غلط وطن‌پرستی ناشی می‌شود و آن را «وطن‌پرستی» کاذب توان خواند.»[1]

اما در ظرف مدت کوتاهی اخذ «آداب و رسوم» را دشوارتر از اخذ «علوم و صنایع» می‌بینند و کم‌کم اندیشهٔ بازگشت به «سنن و رسوم مستحسنهٔ قدیمی ملی» بیشتر جا باز می‌کند. اگر چه هنوز تأثیر روشنفکر نسل اول در بیان حفظ ملیت و زبان فارسی، و وحدت ملی و مساوات اقلیت‌های مذهبی در برابر قانون باقی مانده است.

از سال‌های ۱۹۲۲ به بعد اما نسل دومی در برلن شکل می‌گیرد:

«نسل دوم برلنی‌ها با نسل اول از نظر منشاء اجتماعی و طرز فکر تفاوت‌هایی داشتند. پدران نسل اول، روحانی، تاجر و یا از روحانیون مرتبط با بازار بودند. آنها تحصیلات قدیمه داشتند و محیط سیاسی دوران مشروطیت و سال‌های بعد از آن را می‌شناختند و به عنوان مهاجر سیاسی به اروپا آمده بودند. اما نسل دوم بیشتر فرزندان دیوانیان زمان قاجار بودند که برای تحصیل به اروپا آمده بودند و هزینهٔ تحصیلاتشان از طرف خانوادهٔ آنها تأمین می‌شد. این جوانان به قشر ممتاز درس‌خوانده‌ای از

---

۱. همان‌جا و. برلنی‌ها، ص۱۸۹.

بورژوازی تازه‌پا تعلق داشتند.»[۱]

به‌خوبی می‌توان درک کرد که این نسل دوم به زبان آلمانی و نویسندگان و فلاسفهٔ مطرح آن دسترسی بیشتری داشتند و بنابراین بیشتر و عمیق‌تر از «رومانتیسم آلمانی» عصر خود تأثیر می‌گرفتند.[۲]

این تأثیر از رومانتیسم محدود به برلنی‌ها نبود. مشفق کاظمی می‌نویسد:

«گردش‌های عصر در خیابان لاله‌زار و اجتماع در مقابل گراند هتل... ادامه داشت و بیشتر روزها رضا کمال (شهرزاد) به یکی از ستون‌ها تکیه می‌داد و با حرارت تمام بیاناتی از هر جا می‌کرد و برای هر گفتهٔ خود از نوشتهٔ یکی از نویسندگان اروپایی مثالی می‌آورد: از ویکتور هوگو، آلفرد دوموسه، تئوفیل گوتیه و گوستاو فلوبر می‌گفت و حکایت مادام بوواری...»[۳]

تأثیر فرهنگی، ادبی و سیاسی «رومانتیسم آلمانی» را بر همهٔ برلنی‌ها چه راست‌گرا، چه معتدل و چه کمونیست‌های ایرانی از همین سال‌ها می‌توان مشاهده کرد. در فاصلهٔ بین دو جنگ جهانی این تأثیر عمیق‌تر می‌شود. اگر چه جمشید بهنام در کتاب *برلنی‌ها*، در فصل «ایرانیان در جمهوری وایمار» این سال‌ها را «سال‌های تمایل به ایدئولوژی‌های گوناگون» و برخورد عقاید، سال‌های عقاید متفاوت و متضاد می‌داند. سایه سنگین رومانتیسم آلمانی و بیان سیاسی آن را به آسانی می‌توان در همهٔ این نوشته‌ها و گفته‌های متفاوت روشنفکران برلن دید. اعتقاد به افکار روشنگری و علم و پیشرفت جامعه در بستر سیاسی قدرت مشروط

۱. *برلنی‌ها*، ص ۶۰.

۲. ابراهیم پورداوود نمونهٔ بارز از روشنفکران این نسل است. پس از جنگ جهانی اول او به برلین رفت و در دانشگاه اورلانگن حقوق آموخت و با خاورشناسان آلمانی آشنا شد. تأثیر ژوزف ماراکوارت، مترجم گاتها، بر او باعث شد به تحصیل ادبیات و فرهنگ باستانی ایران بپردازد. در سال ۱۲۹۹ با دختری آلمانی ازدواج کرد و به آموختن زبان اوستایی پرداخت. در سال‌های جنگ نیز مدافع سرسخت آلمان بود و از همین رو به بغداد رفت و به انتشار روزنامهٔ رستخیز و تبلیغ مبارزه علیه متفقین پرداخت.

۳. *برلنی‌ها*، ص ۶۰.

و محدود به قانون در برابر «طوفان رام نشدنی» رومانتیسم، اعتقاد به ارادهٔ انسانی و بیان سیاسی آن یعنی یک دولت مقتدر و متمرکز و در رأس آن یک دست «توانای آهنین» رنگ می‌بازند. رومانتیسم ایرانی پایهٔ فلسفی اندیشهٔ سیاسی رایجی است که خودکامهٔ نیکوکار (استبداد منور) می‌طلبد. بناپارتیسم ایرانی صبغه‌ای آلمانی داشت.

نگاهی به بحث‌های این روشنفکران این را به خوبی نشان می‌دهد. بهنام می‌نویسد: «در ایتالیا موسولینی به قدرت رسیده بود و جوانان ایرانی موفقیت‌های او را دنبال می‌کردند.»[1] مشفق کاظمی در خاطرات خود می‌نویسد:

«شام و ناهار را بیشتر با دوستان ایرانی گرد میزی در یکی از رستوران‌های خیابان «کورن فروستن‌دام» می‌خوردیم. در سر میز شام بین آقای فروهر و من غالباً مباحثهٔ سختی درمی‌گرفت... فروهر به جنبهٔ اشرافی خود زیاد تکیه می‌کرد و خشونت ویلهلم و بیزمارک‌ها و شعار معروف «آهن و خون» صدراعظم مشهور آلمان را کار پسندیده‌ای می‌دانست...»[2]

اما خود مشفق کاظمی و روشنفکرانی چون او نیز کم‌کم به نتایجی مشابه می‌رسند:

«چون تصادفاً در همان روزها غالباً در جراید می‌خواندیم که موسولینی در ایتالیا دست به اصلاحات بزرگ زده و به وضع پریشان آن کشور ضعیف سروسامان داده است، کم‌کم چنین عقیده پیدا کرده بودم که در ایران هم در آغاز کار برای تکان دادن وضع جز پیدایش یک دست توانا یا دستهٔ توانا که به امور جهانی آشنا بوده و به نیازمندی‌های حقیقی کشور واقف

---

۱. برلنی‌ها، ص ۶۵.
۲. مشفق کاظمی، روزگار و اندیشه‌ها، ص۱۸۳؛ برلنی‌ها، صص ۶۷-۶۸. همچنین او می‌نویسد: «تحت تأثیر این فکر طی یکی از مقالات خود در مجلهٔ نامهٔ فرنگستان، وجود دیکتاتور صالح و آشنا به اوضاع جهانی را برای نجات ایران از واجبات شمردم تا شاید به روزگار ناگوارمان پایان دهد.» روزگار و اندیشه‌ها، ص ۱۸۳؛ برلنی‌ها، ص۶۸.

باشد راه دیگری نیست...»[1]

بیان سیاسی این رومانتیسم را در کمونیست‌های انقلابی ایران آن دوره نیز به آسانی می‌توان تشخیص داد. در مانیفست «فرقهٔ جمهوری انقلابی ایران» می‌خوانیم:

«درهم‌شکستن زنجیر تسلط اجنبی، استقرار حکومت ملی به پشتیبانی قوهٔ مسلح طبقهٔ زحمتکش ایران عزم و ارادهٔ ماست... برای ما که به آثار معجزه‌آمیز انقلاب ایمان آورده‌ایم تمام جنبش‌های اخیر ایران و شکست آنها در مقابل قوای اشراف درس عبرت بوده یک اصل مسلم را در مقابل چشم ما مجسم نموده است: تا زمانی که توده قوای اجتماعی خود را در یک تشکیلات منظم آهنین جمع‌آوری نماید، تا زمانی که یک حزب مسلح پیشوای انقلاب نشود، هر جنبش و شورشی برای تحصیل آزادی، خواهی نخواهی محکوم به زوال بوده تیشه به ریشهٔ خود خواهد زد. بنابراین ما که به پشت‌گرمی تودهٔ زحمتکش و منورالفکر ایران به نام فرقهٔ جمهوری انقلابی ایران در تحت لوای انقلاب جمع شده‌ایم...»[2]

در عبارت «استقرار حکومت ملی» به زور اسلحه، «آثار معجزه‌آمیز انقلاب» و «مقابله با اشراف» با «تشکیلات منظم آهنین» به همان اندازه که تأثیر برخی از افکار کمونیستی را می‌توان دید تأثیر تبلیغات حزب «ناسیونال سوسیالیست» نیز پیداست. حتی روشنفکران چپ‌گرا در این دوره به ناسیونالیسم و گاه ناسیونالیسم افراطی که در *ایرانشهر* و *نامهٔ فرنگستان* وجه غالب را داشت گرایش دارند. نمونه تقی ارانی است که در مقاله‌ای در *ایرانشهر* بر وحدت ملی و تمرکز و رهبری قوی تأکید می‌کند و سال‌ها بعد در این باره می‌نویسد:

---

۱. همان‌جا.
۲. حمید احمدی، فرقهٔ جمهوری انقلابی ایران، ص۱۵۶.

«نگارندهٔ این سطور برحسب تقاضای سن و محدود بودن معلومات چنان‌که از مقالات *ایرانشهر* و *نامهٔ فرنگستان* برمی‌آید تابع این نهضت بودم...»[۱]

تأثیر فلسفی و فرهنگی رومانتیسم آلمانی از سال‌های ۱۹۲۱-۱۹۲۲ به بعد را به بهترین و روشن‌ترین صورت می‌توان در مجلهٔ *ایرانشهر* نشان داد که به مدیریت کاظم‌زاده در ژوئن ۱۹۲۲ و چند ماه پس از تعطیلی مجلهٔ *کاوه* شروع به انتشار می‌کند. نگاه به مقالات این مجله نشان می‌دهد که حالا عناصری مانند «نژاد»، «ملیت و روح ملی ایرانی»، افتخار به «مفاخر اجدادی» و «اعادهٔ عظمت و شرافت» گذشتهٔ پرافتخار آریایی، بخش مهمی از گفتمان تحول و تجددطلبی روشنفکر ایرانی را می‌سازد. مفاهیم «استبداد منور» و «مرد آهنین» در رأس یک هرم سیاسی اندیشهٔ غالب آن نسل می‌شود.[۲] برخی از تأثیر رومانتیسم آلمانی از طریق اندیشهٔ ناسیونالیسم ترکان جوان به این نسل می‌رسد. اسلامبول مرکز ایرانیان تبعیدی دههٔ پیش بود و «ایرانیان چنان با ترکان جوان نزدیک شده بودند که نام «ایرانیان جوان» به آنها داده شده بود».[۳]

بخش دیگر این تأثیر چنان‌که نشان دادم از زمان انتشار *کاوه* و با

---

۱. تقی ارانی، مقالهٔ «زبان فارسی»، مجلهٔ *دنیا*، شماره‌های ۱۰ و ۱۱.

۲. *برلنی‌ها*، صص ۱۴۵-۱۴۸.

۳. همان اثر، ص ۱۴۷؛ «ترکان جوان» اغلب فرزندان خرده‌بورژوازی و طبقهٔ متوسط بودند. ترک‌های جوان همه چون همهٔ رومانتیک‌های دیگر، می‌خواستند به گذشته‌ای طلایی بازگردند: به دوران طلایی امپراتوری عثمانی. آنها در صدد بودند که امپراتوری جدیدی از مردم ترک از اروپا تا آسیای میانه و مرکزی بسازند. برداشت آنها از آلمان و رومانتیسم آلمانی این بود که آلمان‌ها با ناسیونالیسم به یکی از کلیدی‌ترین عناصر لازم برای ساختن «امپراتوری جدید» رسیده‌اند. آنها هم چون روشنفکران ایرانی همعصرشان به نقش زبان و مذهب توجهی خاص داشتند. مشکل بزرگ آنها این بود که همهٔ طبقات اجتماعی ترک، ترکی صحبت نمی‌کردند. علما به عربی صحبت می‌کردند، تحصیلات «مدرسه» به عربی بود. بوروکراسی عثمانی هم زبان مخلوطی به‌نام «عثمان لیکا» (مخلوطی از ترکی، فارسی و عربی) بود. آنچه همهٔ آنها را به هم پیوند می‌داد مذهب اسلام بود و نه زبان ترکی. برای همین «اتحاد اسلام» بخش مهمی از ایدئولوژی آغازین ترکان جوان شد.

DoGu Ergil, *Areassessment: The Young Turks, their Politics and Anti-Colonial Sfruggle*

Ernest Ramsaur, *The Young Turks, Prelude to Revolution of 1908*, New Jersey, Princeton Press, 1957.

Feroz Ahmad, *The Young Turks*, Oxford, 1969.

اندیشه‌های نسل تقی‌زاده آغاز شده بود. اینان اگرچه به تأثیر از اندیشهٔ روشنگری به علم و قوانین تکامل تاریخ معتقد بودند به تأثیر از فلسفهٔ رومانتیسم به «ارادهٔ آزاد» انسانی در بر هم زدن نظم تاریخ گرایش یافته بودند و همزمان با این گرایش، وجه دیگری از رومانتیسم یعنی «بازگشت به گذشته» و «عصر طلایی» در اندیشه‌های آنان چهره نشان می‌داد. این گذشته که «ارادهٔ آزاد» انسان ایرانی می‌توانست به آن بازگردد «گذشتهٔ طلایی» قبل از تسلط اسلام و بخش فرهنگی آن، آیین زرتشتی و تعالیم اوستایی بود. و بنابر تفسیر روشنفکران رومانتیک ما، آن آیین قدیمی ارادهٔ آزاد انسان را قدر نهاده بود:

«آیین زرتشتی به‌کلی برخلاف جبر است و نهایت مباینت را با رضای به قضا و قدر و تسلیم عاجزانه به گردش سپهر یا تقدیرات ازلی دارد. بنابر تعلیم اوستا تمام مخلوقات خوب در عالم وجود از اهورامزدا و تمام مخلوقات شر و موذی و مضر از اهریمن است و این دو منشاء خیر و شر تمام موجودات مادی و معنوی خلقت را میان خود تقسیم کرده‌اند و فقط یک چیز تنها در عالم وجود هست که از قلمرو هر دو مصدر ایجاد خارج بوده و حکم آنها بر آن جاری نیست و آن چیز مستقل بالذات ارادهٔ انسانی است...»[۱]

عنصر دیگر رومانتیسم، یعنی واکنش به روشنگری و علم و تاریخ و قواعد اقتصادی و قوانین تکامل نیز در اینجا قابل رؤیت است آنجا که می‌نویسد:

«در نتیجهٔ این کشفیات فنی و علمی، «اگوست کنت»، فیلسوف فرانسوی، فلسفهٔ اثباتی (پوزیتیویسم) خود را وضع کرده گفت فقط چیزی که وجود آن را با قوا و حواس خود می‌توانیم ثابت کنیم، حقیقت و وجود دارد و خارج از آن هیچ چیز وجود و حقیقت ندارد. سپس داروین انگلیسی

۱. کاوه، ۸ ژوئن ۱۹۲۱.

قوانین نشو و ارتقا و غلبهٔ قوی بر ضعیف و تنازع بقا را کشف و نشأت انسان را از میمون ادعا نمود و کارل مارکس آلمانی هم قواعد اقتصادی و مبارزهٔ طبقاتی و مسلک اشتراکی (کمونیسم و بلشویسم) را ترتیب و تنظیم داده عالم غرب را بدین قرار به گرداب مادیت و وحشیت انداخت.»[1]

از دیدگاه *ایرانشهر* برای سعادت بشر، ترقی و تمدن دوشادوش هم باید پیش بروند. اگر علم و فن ضامن ترقی است برای تمدن «اخلاق و فضیلت» لازم است:

«تمدن امروزی غرب با همهٔ دلفریبی و روح‌بخشی خود ذمه‌دار سعادت بشر نیست. این تمدن دارای بعضی معایب و مضرات است که از نفوذ و قبول آن باید بپرهیزیم.»[2]

این جدا کردن «ترقی» از «تمدن»، «علم» از «اخلاق» و مشاهدهٔ «گرداب مادیت و وحشیت» تمدن غرب حرکتی بزرگ در دور شدن از تأثیر روشنگری و اندیشهٔ «ایران باید ظاهراً و باطناً و جسماً و روحاً فرنگی‌مآب شود» و نزدیک شدن به رومانتیسم حاکم زمانه است. مسئله فقط این نیست که روشنفکران ما از کانت، داروین، مارکس و کلیت فرهنگ و فلسفهٔ اروپا درکی سطحی و ابتدایی داشتند، نکتهٔ اصلی در اینجاست که مخلوط عشق و تنفری که در آنها از مشاهدهٔ پیشرفت‌های غرب و عقب‌ماندگی ایران و نیز خشمی که از سلطهٔ انگلیس و روس بر کشور به آنها دست می‌داد، خمیرمایهٔ ذهن آنها را برای پذیرش تأثیر رومانتیسم آلمانی آماده می‌ساخت. اگر «ارادهٔ ملی» و رهبری آهنین قادر شده بود از آلمان عقب‌مانده قدرتی اروپایی در رقابت با انگلیس و روس بسازد و «روح آلمانی» را برای تحول و پیشرفت فراخواند و اگر تمدن

۱. *ایرانشهر*، ج ۴، ص۲۰۵؛ *برلنی‌ها*، ص ۱۷۰.
۲. *ایرانشهر*، ج ۱، ص۳۱۵؛ *برلنی‌ها*، ص ۱۷۱.

امروز غرب علی‌رغم پیشرفت‌های علمی در مادیت و «وحشیت» گرفتار بود پس ایرانی می‌بایست بتواند برای پیشرفت به جایی در گذشتهٔ خود توسل بجوید و از «روح ایرانی» خود مدد بگیرد:

«اما روح ایرانیت نمرده است و فقط حوادث روزگار خط سیر آن روح را تغییر داده و یک پردهٔ ضخیم، رخسار آن روح را پوشیده داشته است و آن پرده عبارت از جهالت و اسارت یعنی نداشتن علم و آزادی است... ملت ایران استعداد نژادی و ذکاوت آریایی خود را گم نکرده و باز قادر است تمدن درخشانی از خود بروز دهد.»[1]

پس روشنفکر ایرانی لازم داشت تا «خصایص این روح» را کشف کند. چرا که جوهرهٔ اصلی این روح علی‌رغم گذشت قرن‌ها ثابت مانده بود و فقط به کاشفان تازه‌ای نیاز داشت:

«روح ملت‌ها جوهر خود را عوض نمی‌کند بلکه فقط اشکال تجلی آنها تنوع می‌یابد. همین‌طور روح ایرانی در تمام ادوار تاریخی خود یکی بوده ولی نسبت به چگونگی محیط و زمان در شکل‌های مختلفی تجلی کرده است.»[2]

در کشف این «استعداد نژادی» و «ذکاوت آریایی» روشنفکر این نسل هنوز اقلیت‌های ایران را «غیرایرانی» نمی‌دانست و مانند همگنان آلمانی یا ترک خود در پی محو و نابود کردن آنها نبود. کاظم‌زاده می‌نویسد:

«ایرانیت یک کلمهٔ مقدس و جامعی است که تمامی افراد ملت ایران را بدون تفریق مذهب و زبان در زیر شهپر شهامت‌گستر خود جای می‌دهد. هر فردی که خون آریایی در بدن دارد و خاک ایران را وطن خود می‌شمارد خواه کرد و بلوچ و خواه زرتشتی و ارمنی باید ایرانی شمرده و

---

۱. ایرانشهر، ج ۲، ص ۱۹۴؛ برلنی‌ها، ص ۱۷۲.
۲. ایرانشهر، صص ۱۹۹-۲۰۴؛ برلنی‌ها، ص ۱۷۳.

ایرانی نامیده شود.»[1]

اگر چه در این نسل هویت ملی «خاک و خون» دین و زبان را در خود جای می‌داد، در ادبیات نویسندگان دهۀ ۱۳۱۱-۱۳۲۱ هم دین و هم زبان در روح ملت و ساختن «هویت ملی» از عناصر اصلی و مهم شدند. اگر *ایرانشهر* از «تصفیۀ خون ایرانی» که به‌واسطۀ «اختلاط نژاد» پدید آمده بود سخن می‌گفت، نسل دیگری نیز از راه رسید چون کسروی، ذبیح بهروز، محمد مقدم، صادق هدایت، بزرگ علوی و بسیاری از دیگر نویسندگان آن دوره که به تصفیۀ زبان و ضدیت با عرب و یهود (ضدیت با هر دو به عنوان سامی) پرداختند. در همین دهه، بنیادهای ضدیت با غرب و دنیای مدرن بر مبنای نقد رومانتیک‌های آلمانی و فرانسوی محبوب‌تر می‌شود. دهه‌ای که حامل معرفی هانری برگسون و نظریات او به روشنفکران ایرانی نیز هست. بر پیشانی مقاله‌ای دربارۀ برگسون و معرفی او، ترجمۀ نقل قولی از ژان ژاک شوالیه،[2] فیلسوف فرانسوی، به چشم می‌خورد:

«تمدن و دانش و حتی خرد ما که سخت رنگ ماده و ماده‌پرستی به خود گرفته، بیم آن می‌رود که به یکبارگی در گرداب تباهی و اضمحلال فرو رود. باید با کوشش و کششی مستمر، همچون شناگرانی که با جریان آب نبرد می‌کنند و بر ضد آن دست و پا می‌زنند دوباره روحانیت آهنگ کنیم و بدینسان تمدن و دانش و خرد خود را از این مهلکه رهایی بخشیم. ادای این مقصود را حکمتی متعالی و فلسفه‌ای الهی لازم است.»[3]

این مقاله ترجمه و تألیف یک دانشجوی جوان رشتۀ ادبیات به‌نام سیداحمد مهینی‌یزدی بود که سال‌ها بعد این علاقۀ خود به فلسفه را

۱. *ایرنشهر*، ص۷۵؛ *برلنی‌ها*، ص۱۷۷.
۲. Jean Jacques Chevallier: حقوقدان و مورخ و علاقمند به فلسفۀ اخلاق بود. اولین کار مطرحش را به نام *تکامل امپراتوری بریتانیا* منتشر کرد. بعدها کتاب *آثار بزرگ سیاسی از ماکیاولی تا روزگار ما* را نوشت که در ایران با ترجمۀ لی‌لا سازگار توسط نشر نی منتشر شده است.
۳. مصاحبه با بیژن عبدالکریمی، روزنامۀ *فرهیختگان*، ۱۴ دیماه ۱۳۹۲.

ادامه داد و دو سال پس از چاپ این مقاله نام خود را به سیداحمد فردید تغییر داد. یکی از شاگردان فردید می‌گوید:

«فردید جوان به این دلیل خواهان آن بود که فلسفهٔ این فیلسوف فرانسوی معاصر را به ایرانیان بشناساند که تصور می‌کرد اندیشه‌های برگسون می‌تواند به ما ایرانیان در مقاومت در برابر مسیر فرهنگ و تمدن کنونی و نیل به نوعی معنویت و تفکر دینی یاری رساند.»[1]

مقاومت در برابر فرهنگ و تمدن غرب برای پاسداری از معنویت حالا هم بنیادهای تئوریک می‌گرفت و هم قهرمانان و چهره‌های تأثیرگذار فردایش را می‌یافت. حماسهٔ نسلی که اصرار داشت برخلاف جریان آب شنا کند آغاز شده بود. اما اگر با پیشرفت و علم و فن، تمدن و اخلاق و فضیلت شایسته حاصل نمی‌شود، اگر با «ترقی» به گرداب تمدن «مادیت و وحشیت» رسیده‌ایم و از اخلاق و فضیلت کاسته‌ایم، پس طبیعی است که برای پیدا کردن «تمدن» واقعی باید تاریخ و گذشتهٔ خود را جستجو کنیم. از آن «روح ایرانی» پرده برداریم تا تمدن درخشانش دوباره نمایان شود:

«قطعاً باید ترقیات و تمدن فرنگ را قبول کرد لیکن نه با تمام مفاسد و معایب آن. حتماً باید ایران کهن را زنده و جوان ساخت ولی نمونهٔ فرنگستانش نباید کرد، بلکه باید اساسی نو ریخت و تمدن خاصی که حاوی مزایای تمدنات شرق و غرب باشد، ایجاد نمود و آن را تمدن ایران نامید.»[2]

نوشته‌های روشنفکرِ نامدارِ دیگر جمع «برلنی‌ها»، رضازاده شفق،

---

۱. همان جا.

۲. *ایرانشهر*، سال ۳، شمارهٔ ۹، ص۵۶۹؛ *برلنی‌ها*، ص۱۹۲. نگاه تیزبین جمشید بهنام در کتاب *برلنی‌ها*، نمی‌توانسته «رومانتیسمی» را که در این افکار موج می‌زده نادیده بگیرد. اگرچه چون این کتاب، از دیدگاه تأثیر مکتب رومانتیسم به این افکار نمی‌نگرد اما نمی‌تواند از این اظهار نظر خودداری کند: «در این مقاله‌ها **نوعی رومانتیسم** و خیال‌پردازی به چشم می‌خورد.» (*برلنی‌ها*، ص۱۹۳، تأکید از من است).

تبریزی انقلابی دیگری در این جمع که بعد از تعطیلی روزنامه‌اش شفق در ۱۲۹۰ به آلمان آمده بود و در سال ۱۳۰۷ از دانشگاه برلین دکترای فلسفه گرفته بود، نمونهٔ بارزی از «رومانتیسم آلمانی» غالب زمانه است. دیدگاهی که غرب و امریکا و انگلیس را در حال اضمحلال و فساد می‌بیند:

«تمدن دارد می‌میرد. این عقیده امروز در بین عقلای قوم مسلم است و تنها سؤالی که وارد است این است که آیا اسباب مرگ تمدن چیست که جواب‌های شبهه‌ناک از هر طرف داده می‌شود... اغلب مردم دو سبب برای انقراض آن نشان می‌دهند که آنها را تحت کلمهٔ «آمریکانیدن» ایهام می‌نماید: اولی از این دو سبب ماشین‌پرست کردن و دومی ماده‌پرست کردن عالم»[1]

در این نگاه بنیاد رویکرد محافظه‌کارانهٔ روشنفکری ایران در رویارویی با غرب و نیز تضاد اصلی درونی آن نهفته است. او به غرب نگاهی همزمان آکنده از تحسین، تنفر و هراس دارد. تحسین پیشرفت‌های علمی و فنی، تنفر از «گرداب وحشیت و مادیت» و هراس از این‌که «هویت ایرانی» خود را در این رویارویی از دست بدهد. در واقع پشت این هراس از «گرداب وحشیت و مادیت» هراس از عرفی شدن جامعه نیز جایی مهم داشت. علی‌رغم مخالفت با تعصب مذهبی، روشنفکران رومانتیک ما نمی‌خواستند جامعه با پشت کردن به مذهب به زعم آنان دچار بحران اخلاقی شود که در آن صورت:

«نه تنها عده‌ای از فلاسفه و حکمای قوم بلکه عامه نیز دستشان از یک رادع وجدانی و مایهٔ تسلیت روحانی خالی می‌شود و قسمتی از اخلاق حسنه که هزاران سال است تکیه بر دین دارد و در مزرع تربیت آن نشو و نما یافته پایه‌اش متزلزل و بلکه منهدم می‌شود و نتیجه آن می‌شود که

۱. *ایرانشهر*، سال ۴، شمارهٔ ۶ و ۷، ص ۴۷۴؛ *برلنی‌ها*، صص ۱۹۳-۱۹۴.

اخلاق اجتماعی آن ملت بغتتاً دچار بحران می‌شود.»[1]

محصول این مجموعهٔ تحسین، تنفر و هراس، تضادی مستأصل کننده و بحران‌زاست. مستأصل‌کننده‌ترین بخش این تضاد آن نیست که او تنها جنبه‌هایی از تمدن غرب را می‌خواهد بلکه در این است که چون به فرهنگ بومی خود و شرایط واقعاً موجود آن نگاه می‌کند، فرهنگ و هویت دلخواهی را که باید در برابر غرب حفظ کند، نمی‌یابد. آنچه او را احاطه کرده خرافات و عقب‌ماندگی و رسوم قبیله‌ای جامعه‌ای دهقانی و فقیر است. اینجاست که برای یافتن آن «هویت ملی» و «تمدن درخشان» باید به گذشته باز گردد. در این رویکرد «باستان‌گرا» او باید به گذشته نقبی بزند و مواد مورد نیاز خود را برای اختلاط با آنچه از غرب وام می‌گیرد از گذشته به حال آورد و این در حالی است که می‌خواهد مردم و کشور خود را به‌سوی آینده ببرد. شاهرخ مسکوب در تشریح همین تضاد اساسی است که در توصیف آنچه «ناسیونالیسم ایرانی» می‌خواند، می‌نویسد:

«شکل غالب ناسیونالیسم ایرانی همزمان عقب‌نگر و آینده‌نگر بود. به عقب نگاه می‌کرد تا به جلو برود.»[2]

آنچه که می‌خواهم اینجا به عنوان «سیمای ایرانی رومانتیسم» برای خواننده ترسیم کنم از جنبه‌های ناسیونالیستی و سیاسی آن فراتر می‌رود. آن ناسیونالیسم که مسکوب می‌گوید در کنار بلشویسم و دیگر گرایش‌های سیاسی آن روزگار (و به طور قابل بحثی حتی تا به امروز) از بستر رومانتیسم ایرانی برمی‌خیزد و عناصری چون باستان‌گرایی، بازگشت

۱. *کاوه*، دورهٔ جدید، شمارهٔ ۱۰، ۲ اکتبر ۱۹۲۱، صص۵-۹؛ میلانی در *تجدد و تجددستیزی در ایران* می‌نویسد: «البته نویسندگان *کاوه* در عین نقد بی‌پروا از تعصب مذهبی مخاطرات عرفی شدن جامعه را نیز می‌شناختند و معتقد بودند «سیل معرفت» بسیاری از مردم را مطلقاً از دین بیزار خواهد کرد.» ص۱۸۱.
۲. شاهرخ مسکوب، «ملی‌گرایی، تمرکز و فرهنگ»، *ایران‌نامه*، شمارهٔ ۱۲، صص۴۷۹-۵۰۸.

به عصر طلایی، عناد با فرهنگ شهر و شهرنشینی، مخالفت با تمدن غربی «ماده و ماشین‌پرستی»، و بازگشت به دامان طبیعت همه را در خود دارد. دربارۀ «عنصر بازگشت به طبیعت» مسکوب تأثیر آشکار رومانتیسم اروپایی را می‌پذیرد:

«این رابطۀ عاطفی شورانگیز با طبیعت و تأثیرش در دگرگونی روان‌رفتار پدیده‌ای تازه است که از نخستین سال‌های این قرن در اثر آشنایی با رومانتیسم فرانسه پیدا شد ... این ادبیات مستقیم یا از راه ترجمه‌های شکسته‌بستۀ آثار سرآمدانش چون شاتو بریان، لامارتین و ویکتور هوگو همزمان با پایان نخستین جنگ جهانی و در نومیدی از آرمان‌های مشروطه در دوره‌ای که دولت مرکزی و دیوان‌سالاری جدید داشت نطفه می‌بست به ایران رسید و یک چند به دل مردم اهل درد و اصلاح‌طلبان حساس که سخت از نابسامانی‌های اجتماعی سرخورده بودند، نشست و باب روز شد.»[1]

و در جای دیگر می‌نویسد:

«باری در سال‌های ۱۳۰۰ تا ۱۳۳۰ نوعی رومانتیسم محلی، اشک‌آلود و شورافکن باب روز بود. گروهی از نویسندگان، مترجمان، روزنامه‌نگاران و اهل ادب به این سبک نگارش روی آوردند.»[2]

اما چنان‌که اینجا نشان داده‌ایم، مسکوب تنها وجه کوچکی از این رومانتیسم را می‌بیند و نیز در حاشیه می‌نویسد:

«جمال‌زاده، نیما و هدایت از این جریان همه‌گیر برکنار بودند.»

واقعیت این بود که هیچ‌یک از آنها از این جریان همه‌گیر برکنار نبودند. «بازگشت به طبیعت» را در فصل «یک بچۀ کوهی» در کتاب *افسانه* و

---

۱. همان اثر، صص ۲۸۲-۲۸۳.
۲. همان اثر، ص ۲۸۴.

نیمای جوان، در نیما به تفصیل نشان داده‌ام. اینجا به آنچه که «سیمای رومانتیسم ایرانی» خوانده‌ام از جنبه‌های دیگر نگاه می‌کنم.

این رومانتیسم در دههٔ مورد بحث ما (۱۳۱۱-۱۳۲۱) پخته‌تر می‌شود، در سطح کشور بیان سیاسی و حکومتی می‌یابد و نمایندگان فرهنگی و ادبی جوان و تازه‌نفس آن بر صحنهٔ ادبی کشور عرض اندام می‌کنند.[۱] باستان‌گرایی دولتی و بیگانگی نیما با آن را در فصل «شام غریبان» به تفصیل توضیح داده‌ام. اینجا با اشاره به ادبیات این دهه سعی می‌کنم تصویر «سیمای ایرانی رومانتیسم» را کامل‌تر کنم. مهمترین نمایندگان جوان ادبی ایران در این دوره: نیما، هدایت و بزرگ علوی هستند. نمایشنامهٔ *مازیار* به قلم هدایت در سال ۱۳۱۲ در تهران با مقدمهٔ مفصل مجتبی مینوی انتشار می‌یابد.[۲] داستان *مازیار* از دید نویسنده و محقق ما، شورش سه سردار ایرانی: بابک، افشین و مازیار علیه دستگاه خلافت اسلامی برای احیای دین زرتشت و «انهدام نژاد عرب»[۳] است. مقدمه به خواننده می‌گوید که این داستان:

«دلچسب و فصل مهمی از تاریخ ایران است از رشادت و استقامت و زیرکی و کاردانی ایرانیان تا دو قرن پس از استیلای عرب... و نشان می‌دهد که هنوز ایرانیان برای استقلال خویش می‌کوشیدند و فرّ و شکوه دورهٔ ساسانی و برتری نژادی و فکری خود را به کلی فراموش نکرده بودند.

۱. آنچه که بسیاری از محققان و بخصوص انقلابیون مورخ و محقق «ساختن هویت ملی» و «باستان‌گرایی» نام نهاده‌اند و آن را به عنوان پروژه‌ای حکومتی و تحمیل شده از بالا جلوه داده‌اند با تاریخی که نشان دادیم و با تلاش گستردهٔ روشنفکران پس از انقلاب مشروطه شکل گرفته بود و تنها در این دهه شکل بیان سیاسی و حکومتی یافت. آنچه که با نام «هویت ملی ساختگی» و یا ساختن هویت ملی از سوی دستگاه حکومتی رضا شاه عنوان کرده‌اند از عناد با هویت ملی و یا دستگاه حکومتی رضا شاه سرچشمه می‌گیرد تا تحقیق بی‌طرفانه دربارهٔ این پدیده. از جمله نمونه‌های این وارونه و با پیش‌داوری خواندن تاریخ نگاه کنید به:
Afshin Marashi, *Nationalizing Iran*, University of Washington Press, 2007.
Mostafa Vaziri, *Iran as Imagined Nation*, Gorgias Pr LLC, 2013.
تاریخ قدیمی‌تر این «هویت ملی» را بسیاری از محققان ایران در جواب به آثار بالا نشان داده‌اند.

۲. در همین سال (۱۹۳۳) هیتلر به عنوان صدراعظم آلمان انتخاب می‌شود.

۳. *مازیار*، ص۱۱۷.

نوشتن این داستان‌ها و روشن کردن این فصل از تاریخ زندهٔ ایران از اهم واجبات است.»[۱]

این مهم است که ما در این اثر بلوغ رومانتیسم ایرانی را ببینیم. حرکت فرهنگی که آغازش در *کاوه*، «احیای سنن و رسوم مستحسنهٔ قدیمی ملی ایران» است و در *ایرانشهر* استعداد نژادی و ذکاوت آریایی «روح ایرانی» را کشف می‌کند و حالا در این دهه به «برتری نژادی و فکری» خود اذعان دارد. در *مازیار* «جهودان، این قوم بدتر از عرب»[۲] از دشمنان اصلی ایرانیان هستند و نویسنده به ما یادآوری می‌کند که برای پاک کردن ایران به تصفیه «کثافت‌های سامی» نیاز داریم. علت سقوط تمدن درخشان ایران از نظر نویسنده «آمیزش نژادی» است که باعث پدید آمدن نسلی نیمه ایرانی- نیمه عرب است ...[۳] و راه حل نویسندگان ما نیز به تأثیر از آنچه در آلمان می‌گذرد جز این نیست که عوامل آلودگی را نابود کنند. سرمشق و الگوی مازیار پدربزرگش ونداهرمز است که در زمان حکومتش زنان ایرانی که شوهران عرب داشتند به فرمان او، شوهرانشان را به دست خود تسلیم کردند. نمایشنامهٔ *مازیار* را باید در کنار *پروین دختر ساسان* و آثار بعد هدایت در این دهه: *سایهٔ مغول* (۱۳۱۰)، *اوسانه* (۱۳۱۰)، *نیرنگستان* (۱۳۱۲) و *ترانه‌های خیام* (۱۳۱۳) ارزیابی کرد. حتی عمر خیام برای او به عنوان نمونه‌ای از قیام روح آریایی علیه اعتقادات سامی است.[۴] چهرهٔ دیگر ادبی با اهمیت این دوره، بزرگ علوی با زبان آلمانی آشناست و چون دیگر همنسلان خود از رومانتیسم آلمانی تأثیر گرفته است. «آقا بزرگ» (از سال ۱۳۰۱) از هفده سالگی در برلن بود و چنان‌که

۱. همان اثر، ص۱۳.
۲. همان اثر، ص۹۸.
۳. همان اثر، ص۱۱.
۴. ر ک: مقالهٔ درخشانی در این باره از مجید نفیسی: «صادق هدایت و برتری نژادی»، مارس ۲۰۱۱ (چاپ اول، ژانویه ۲۰۰۳).

خود بارها گفته مجذوب شیلر و گوته شده بود. تأثیر هدایت و کاظم‌زاده ایرانشهر نیز بر او غیرقابل انکار بوده است:

«در تهران با صادق هدایت آشنا شدم. اسمش را از کاظم‌زاده ایرانشهر که *فوائد گیاه‌خواری* را در آلمان ترجمه کرده و انتشار داده بود شنیدم. از خودم پرسیدم این چه جور ایرانی است که گیاه‌خوار است و گیاه‌خواری را ترویج می‌کند؟ در جست‌وجوی او نمایشنامهٔ *پروین دختر ساسان* را خواندم... آشنایی با او بر من عالم تازه‌ای گشود.»[1]

دیوانِ داستان دیو دیو چون دیوانِ نمایشنامهٔ *مازیار* و *پروین دختر ساسان* و دیوانِ روشنفکران این نسل ایرانی نیستند:

«دیوپردازی»[2] سیمای ایرانی رومانتیسم را کامل می‌کند. اگر چیزی به نام روح انگلیسی، فرانسوی یا آلمانی وجود دارد (چنان‌که رومانتیسم اروپایی به ما یادآوری می‌کرد)[3] چیزی نیز به نام «روح ایرانی» وجود دارد که بر پایهٔ «استعداد نژادی» و «ذکاوت آریایی» در طی قرون دست‌نخورده باقی مانده است و در برابر آن «ارواح خبیثه‌ای» وجود دارند ... که در سراسر تاریخ دیو باقی می‌مانند. هر رومانتیسم در پروژهٔ ناسیونالیستی‌اش به دیوی محتاج است. ادبیات این دههٔ ما با نویسندگان جوان و پیشرو و تازه‌نفس خود: صادق هدایت، بزرگ علوی، مجتبی مینوی، ذبیح بهروز این نیاز باقیمانده را برآورده می‌ساخت.[4] فراموش نکنیم که رومانتیک‌ها به تئوری توطئه، توضیح آن نیروهای تاریخی که مانع پیروزی و آزادی ما

---

۱. بزرگ علوی، *چشمهایش*، مقدمه، ص۱۰، انتشارات نگاه.
2. "Demenology"
3. David Simpson, *Romanticism, Nationalism, and the Revolt Against Theory*, pp. 39-41.
۴. شاملو، شاعر نامدار نسل بعد، نیز در این دوره به‌شدت تحت تأثیر رومانتیسم و بخصوص رومانتیسم آلمانی است. او با به پایان رساندنِ سال سوم در دبیرستان ایرانشهر تهران، به شوقِ آموختن دستور زبان آلمانی در سال اول دبیرستان صنعتی ثبت نام کرد. در دوران اشغال ایران به‌وسیلهٔ متفقین نیز مدتی «زندانی سیاسی» آنها بود. خودش می‌گوید که «من زندانی سیاسی متفقین بودم و آلت دست گروهی ابله‌تر از خود شدم که با شعار دشمن دشمنِ ما دوست ماست ناآگاهانه- گرچه از سر صدق- می‌کوشند.... آب به آسیاب دار و دستهٔ اوباشِ هیتلر بریزند.» *آدینه*، مرداد ۱۳۶۶. ص۲۲.

بوده‌اند، نیز محتاج بودند. در هدایت این توطئه از «نژاد سامی» می‌آید. در داستانِ بزرگ علوی دیو کودکی است که به آسانی در دنیای آریایی رخنه می‌کند. برای ذبیح بهروز توطئه‌گران، مانویان بودند. آنها در صحراهای مغولستان و عربستان می‌زیستند و با توطئه‌چینی راه را برای یورش اعراب و مغولان باز می‌کردند. برای چیره شدن بر این توطئه‌ها، برای بازسازی (یا کشف) «هویت ملی و روح ایرانی»، رومانتیسم ایرانی نیز چون همتای غربی خود نقطه‌ای در گذشته را نشانه رفته بود.

اما با چیرگی سیاسی این رومانتیسم و صنعتی شدن شتابان جامعه، بنیادهای فرهنگی سنتی تهدید می‌شدند. میراث قانون و دموکراسی مشروطیت (مجلس، انتخابات و ایجاد عدلیه برای تساوی افراد در برابر قانون) تحت‌الشعاع نیاز به دولت مرکزی مقتدر، حفظ امنیت، برانداختن قدرت‌های محلی و ایجاد ارتش نیرومند، نظام اقتصادی و سیستم بانکی قرار می‌گرفت. همان رومانتیسمی که برای تحول بنیادین به «استبداد منور»، «پنجۀ آهنین» و «مرد آهنین» متوسل شده بود، در بستر ویرانی نظام کهن و جانشین کردن نظامی متمرکز و بازار محور و توسعۀ روابط سرمایه‌داری، به واکنش فرهنگی دیگری در مقابل آن شکل می‌بخشید که به اندازۀ کنش حاکم رومانتیک بود.

در ظهور فرهنگ شهری و واردات غربی و برخاستن جامعۀ مصرفی، مذهب، عرفان و «احساسات پاک» مردم روستا و کوهستان قربانیان اصلی بودند و رویارویی با غرب و زندگی و فرهنگ غرب بحران هویت قربانیان را تشدید می‌کرد. تحول صنعتی و روند شهری شدن کشور، هم در صحنۀ سیاست و هم اقتصاد بازندگانی نیرومند داشت که تا پایان دهه و با جنگ دوم جهانی و سقوط حکومت امکان بروز و ساماندهی بیشتری یافتند. مسکوب می‌نویسد:

«اما در دوران جدید، شهر آورندهٔ فرهنگ و تمدن دیگری است که با سنت‌های دیرپای گذشته سر جنگ دارد. از آن نیرومندتر است و سرانجام ویرانش می‌کند. در این حال تحولی که از این پدیدهٔ تازهٔ اجتماعی یعنی تسلط شهر بر ده به‌وجود می‌آید، دردناک و سرشار از کشمکش و تنش بین گروه‌های اجتماعی، کشمکش روانی شهروندان و سردرگمی اخلاقی و عاطفی آنهاست. صفای روستایی و اخلاق و حیات دیرین که چون سنتی است آشنا و پسندیده و پذیرفتنی، جا تهی می‌کند و راه و رسم جدید شهری- که چون تازه است، ناآشنا، ناپسند و نپذیرفتنی است- خواه ناخواه جای آن را می‌گیرد.»[1]

به این بحث در فصل «یک بچهٔ کوهی» در کتاب *افسانه و نیمای جوان* به تفصیل پرداخته‌ام. اما مشکل روشنفکران ما تنها جنگ کهنه و نو نبود. جامعهٔ روشنفکری ما در سلطهٔ فرهنگ «رومانتیسم ایرانی» پرورش یافته بود و غالب و مغلوب، حاکم و محکوم هر دو به یک اندازه در آن غوطه‌ور بودند. باستان‌گرایی و در عطش نوستالژیای بازگشت به گذشته، سوختن منبع اصلی انرژی رومانتیسم است. و از این‌رو هم رومانتیسم حکومتی و هم رومانتیسم ناراضیان آن، باستان‌گرا و ضد غرب بودند.[2] جلال آل‌احمد به عنوان یکی از محبوب‌ترین نویسندگان و منتقدان رومانتیسم حکومتی در نقد آن باستان‌گرایی می‌نویسد:

«در آن دورهٔ بیست ساله، از ادبیات گرفته تا معماری و از مدرسه گرفته تا دانشگاه، همه مشغول زرتشتی‌بازی و هخامنشی‌بازی بودند و هدف اصلی‌شان این بود که بگویند حملهٔ اعراب (یعنی همان ظهور

۱. شاهرخ مسکوب، «میرزا حسین‌خان دیوانسالار و عشق زیبای شهرآشوب»، *ایران‌نامه*، سال دوازدهم، شمارهٔ۲، بهار ۱۳۷۳، ص ۲۶۱.

۲. محققان مارکسیست ایرانی مقیم غرب نزدیک به صد سال بعد از این پدیده اظهار شگفتی می‌کنند و از آن به‌عنوان «غرب‌زدگی حکومتی» نام می‌برند. ر ک: علی میرسپاسی و مهدی فرجی. ماهنامهٔ بنیاد و سیاست‌زدایی از غرب‌زدگی، *ایران نامک*، سال ۲، شمارهٔ ۲، تابستان ۱۳۹۶.

اسلام در ایران) نکبت‌بار بود و ما هر چه داریم از پیش از اسلام داریم... می‌خواستند برای ایجاد اختلال در شعور تاریخی یک ملت، تاریخ بلافصل آن دوره را نادیده بگیرند و شب کودتای رضاخان را یکسره به دمب کورش و اردشیر بچسبانند. انگار نه انگار که این میانه هزار و سیصد سال فاصله است.»[1]

در رومانتیسم ناراضی و محکوم آن دوره نیز سودای بازگشت به گذشته منبع الهام و انرژی‌ست اما نقطهٔ بازگشت متفاوت است. رومانتیسم منتقد، هم از باستان‌گرایی حاکم خوانشی متفاوت دارد هم گذشتهٔ طلایی دیگری در چشم او جان می‌گیرد:

«مردم از جنگ‌های با روم به جان آمده و از مالیات و مقررات خشک مذهب زرتشتی... این است که اهالی پایتخت آن روز، در کوچه‌های مداین نان و خرما پخش می‌کنند میان اعراب پابرهنهٔ گرسنه و مهاجم که برای غارت کاخ شاهی می‌دوند. ما به عنوان یک ملت هرگز از اعراب شکست نخورده‌ایم. آن چه از اسلام شکست خورد، تشکیلات پوسیدهٔ درباری و نظام ساسانی بود... در حملهٔ اسلام کاخی فروریخت اما تمدن ایرانی رونق گرفت و بر مرکب اسلام خود را تا پشت دروازهٔ گل رساند.»[2]

در این خوانش دیگر هم «دوران طلایی» برای بازگشت وجود داشت اما آن دوران نه پیش از حملهٔ اعراب بلکه به بعد از آن تعلق داشت:

«مسلم این است که ملت نجیب ایران در صدر اسلام به استقبال اعراب رفت... ایرانی‌ها از مدت‌ها پیش منتظر چنین قضیه‌ای بودند.»[3]

به تحولات سیاسی ناشی از «رومانتیسم ایرانی» کاری نداریم. اما یادآوری چند نکتهٔ کوچک دیگر در اینجا ضروری است. اول اینکه

۱. جلال آل احمد. *در خدمت و خیانت روشنفکران*، ص۳۲.
۲. همان اثر، ص۳۲۴.
۳. همان اثر، ص۵۴۶.

«رومانتیسم ایرانی» را نباید با رومانتیسم اروپایی (و یا حتی آلمانی، علی‌رغم تأثیرات آن) یکی دانست. در فرهنگی که مردمش در گیرودار حوادث تاریخ در رویارویی با دنیای مدرن به عقب‌ماندگی خود و پیشرفت غرب واکنش نشان می‌دهند، در فرهنگی که پایه‌های اندیشه و فرهنگ رنسانس اروپایی در آن شکل نگرفته، گرایش نیرومند به‌سوی رومانتیسم یک واکنش است و نیز در این واکنش نفی اندیشه، عقلانیت، دنیای مدرن و فرهنگ غرب طبیعی و قابل درک است. رومانتیسم ایرانی با سرچشمۀ خود تفاوت‌هایی مهم و آشکار دارد که اولین و مهمترین آن‌ همین است که بیرون از جریان تاریخی غرب شکل می‌گیرد. چنان‌که دیدیم رومانتیسم غرب در واکنش به انقلاب فرانسه و دستاوردهایش، در مقابله با سلطۀ کامل علم و خرد (و نه در نفی آن) و در دوران انقلاب صنعتی و رشد سرمایه‌داری، در انتقاد از کاپیتالیسم شکل گرفت. برای رومانتیک‌ها، انسان، ودیعۀ خداوند، پیچیده‌تر از آن بود که با علم و روش علمی تبیین شود. جنبشی بود که خیل عظیمی از متفکران، نویسندگان، شاعران و هنرمندان آن را پیش بردند و در بسترش شاهکارهای ادبی و هنری خود را خلق کردند. رومانتیسم در همان بستر نیز نقد شد، باعث و بانی پیدایش مدرنیسم و فلاسفه و هنرمندان بعد از خود بود و تا به امروز نیز کانون نقد و بررسی محققان، منتقدان است. رومانتیسم ایرانی چون «سرچشمۀ» اروپایی‌اش، واکنشی به فروپاشی جهان سنتی جامعه بود. اگر رومانتیسم اروپایی تأثیر پائه‌ایست‌ها را بر شانه می‌برد، رومانتیسم ایرانی قرن‌ها میراث اهل صوفیه را بر گردن خود داشت[1] و مانند منبع الهام اروپایی‌اش با تحول صنعتی، شهر و سرمایه‌داری در جدال بود. در باستان‌گرایی‌اش مانند رومانتیسم اروپایی

---

۱. مسکوب، *ایران‌نامه*، ص ۲۸۳.

تنها نوستالژیک نبود و عزم آن داشت گذشتهٔ از دست رفته را بازگرداند. حملهٔ ناعادلانه و اشغال از سوی روس و انگلیس و دست انداختن مرتب بیگانگان بر منابعش، در بستر رومانتیسم ایرانی «ضدیت با غرب» را می‌پروراند. اگر چه نسل‌های اول و دوم آن از آلمان کعبهٔ آمال ساخته بودند. شاید مهم‌ترین خصوصیت (و تفاوت آن از رومانتیسم اروپایی) آن «ناآگاهی بر خود» بود. اگر رومانتیک‌های اروپایی می‌دانستند که چه هستند و بنا به سنت فرهنگی خود در حال خلق و طرح سؤال بودند، رومانتیک‌های ایرانی بر رومانتیک بودن خود آگاهی نداشتند و حتی در صورت طرح سؤال آن را تکذیب می‌کردند.

رومانتیسم ایرانی چون سرچشمهٔ اروپایی‌اش با سرمایه‌داری و مدرنیته و با صنعتی شدن (به‌خصوص صنعتی شدن شتابان جامعهٔ ایران) عناد می‌ورزید و مانند همگنان اروپایی‌اش در تضاد با شهر و شهرنشینی و فرهنگ شهری، خواستار بازگشت به دامان طبیعت و حفظ روستا و فرهنگ روستایی از هجوم شهر و فرهنگ شهری بود. آن‌گاه که این رومانتیسم گفتمان غالب جامعهٔ روشنفکری شد باستان‌گرایی و گرایش به اتوریته (مرد آهنین، حزب آهنین) و دیکتاتوری صالح (استبداد منور، دیکتاتوری پرولتاریا) بر گفتمان سیاسی میراث مشروطه سایه انداخت. نقطهٔ بازگشت این باستان‌گرایی نیز بسته به منافع طبقات نیرومند جامعهٔ سنتی و شکل و هویت جامعهٔ سیاسی تغییر می‌کرد. این رومانتیسم اما ادبیات تازه‌ای خلق کرد و بر خلاف باستان‌گرایی، فرهنگ سیاسی و اجتماعی‌اش از سنت ادبی هزار و چند صد سالهٔ ایران گسست. گسست از گذشتهٔ ادبی همزمان با «بازگشت به دوران طلایی گذشتهٔ» خود حاوی تضادی مهم و انکارناپذیر بود که در فصل بعد بدان می‌پردازم.

شعری که از بستر این رومانتیسم سر بر می‌کشید و آیندهٔ ادبی ایران را فتح می‌کرد در بستر این تضاد به دوران بلوغ خود می‌رسید و بنیانگذارش، نیما، در این دهه به تدوین تئوری و بیان نظری آن می‌پرداخت.

فصل دهم

جدال با مدعی

در این گروه اشعاری را انتخاب کرده‌ام که در آنها شاعر با لحن خطابه‌ای ظاهر می‌شود. بسیاری از این اشعار در پاسخ به مدعیان شعر نو و یا منتقدان شاعر سروده شده‌اند. در این اشعار هم چون بسیاری از اشعار دیگر این دهه، شبِ «تاریک و سنگین» نیمایی حاکم است. اما مایهٔ اصلی این اشعار «جدلی» است. شاعر بر سکوی خطابه نشسته است و در جدال با طرفداران شعر سنتی، و در دفاع از شعر خویش می‌سراید. «مدعی» این اشعار «دشمن» است. با کله‌های مردگان و غبار قبرها فقط بلد است «سرگذشت زجر» بخواند. «بوجهلی» است مثل مگسی چسبیده به زیر دم آلودهٔ گاوی. نفس‌هایش به زهر آلوده است و از دندان‌هایش همچون شعاع خنجر عفریت برق خنده‌های باطل بیرون می‌جهد.

شعر *وای بر من* به خاطر تکیه‌اش بر «تاریکی و شب نیمایی» می‌توانست در بخش پیشین جای گیرد. اما «تم» اصلی این شعر تقابل و جدل نیما با طرفداران شعر کلاسیک است و تأثیری که این مبارزه بر شاعر دارد. شاعر «تیرهای درد» را از سینه بیرون می‌کشد، در حال غرق شدن در دریای تند و تیره و سنگین است، از دست مگس مزاحم، «بوجهل» خویش به کنجی می‌گریزد، نگران آیندهٔ شعر و تلاش‌های ادبی خویش است: «هر زمان اندیشم از من در جهان چیزی نماند غیر آهی». شاعر اغلب از پس این مبارزه، تلخ و خسته و خاموش گوشهٔ عزلت می‌گزینند.

وای بر من (۲۴ بهمن ۱۳۱۸)
آی آدمها (۲۷ آذر ۱۳۲۰)
بوجهل من (بهمن ۱۳۲۰)
بازگردان تن سرگشته (شهریور ۱۳۲۱)
من لبخند (خرداد ۱۳۲۰)

وای بر من

کشتگاهم خشک ماند و یکسره تدبیرها
گشت بی‌سود و ثمر
تنگنای خانه‌ام را یافت دشمن با نگاه حیله‌اندوزش.
وای بر من! می‌کند آماده بهر سینهٔ من تیرهایی
که به زهر کینه آلوده‌ست
پس به جاده‌های خونین کله‌های مردگان را
به غبار قبرهای کهنه اندوده
از پس دیوار من بر خاک می‌چیند
وز پی آزار دلِ آزردگان
در میان کله‌های چیده بنشیند
سرگذشت زجر را خواند.
وای برمن!
در شبی تاریک از این‌سان
بر سر این کله‌ها جنبان
چه کسی آیا ندانسته گذارد پا؟
از تکان کله‌ها آیا سکوت این شب سنگین
-کاندر آن هر لحظه مطرودی فسون تازه می‌بافد-

کی که بشکافد؟
یک ستاره از فساد خاک وارسته
روشنایی کی دهد آیا
این شب تاریک دل را؟
عابرین! ای عابرین!
بگذرید از راه من بی هیچ‌گونه فکر
دشمن من می‌رسد، می‌کوبدم بر در
خواهدم پرسید نام و هر نشان دیگر.
وای بر من!
به کجای این شب تیره بیاویزم قبای ژندهٔ خود را
تا کشم از سینهٔ پر درد خود بیرون
تیرهای زهر را دلخون؟
وای بر من!

۲۴ بهمن ۱۳۱۸

آی آدمها

آی آدمها که بر ساحل نشسته شاد و خندانید!
یک نفر در آب دارد می‌سپارد جان.
یک نفر دارد که دست و پای دائم می‌زند
روی این دریای تند و تیره و سنگین که می‌دانید.
آن زمان که مست هستید از خیال دست یابیدن به دشمن
آن زمان که پیش خود بیهوده پندارید
که گرفتستید دست ناتوانی را
تا توانایی بهتر را پدید آرید

آن زمان که تنگ می‌بندید
بر کمرهاتان کمربند
در چه هنگامی بگویم من؟
یک نفر در آب دارد می‌کند بیهوده جان قربان!
آی آدمها که بر ساحل بساط دلگشا دارید!
نان به سفره، جامه‌تان بر تن
یک نفر در آب می‌خواند شما را
موج سنگین را به دست خسته می‌کوبد
باز می‌دارد دهان با چشم از وحشت دریده
سایه‌هاتان را ز راه دور دیده
آب را بلعیده در گود کبود و هر زمان بی‌تابی‌اش افزون
می‌کند زین آبها بیرون
گاه سر، گه پا.
آی آدمها!
او ز راه دور این کهنه جهان را باز می‌پاید
می‌زند فریاد و امید کمک دارد
آی آدمها که روی ساحل آرام در کار تماشایید!
موج می‌کوبد به روی ساحل خاموش
پخش می‌گردد چنان مستی به جای افتاده، بس مدهوش
می‌رود نعره‌زنان وین بانگ باز از دور می‌آید:
- «آی آدمها» ...
و صدای باد هر دم دلگزاتر
در صدای باد بانگ او رهاتر
از میان آبهای دور و نزدیک

باز در گوش این نداها:
- «آی آدمها» ...

۲۷ آذر ۱۳۲۰

بوجهل من

زنده‌ام تا من مرا بوجهلِ من در رنج می‌دارد
جسته از زیر دم گاوی چه آلوده
چون مگسهای سگان است و نه جز این بوده تا بوده
او- آن آیین سماجت، آن طفیلی تن بپرورده – چو می‌پرّد پی آن است
تا یک‌جای بنشیند
بر سر هر جانور شکلی
روی گوش و زیر چشم و بر جبین پاکرویانی، بر هر آن پاکیزه‌کان بینی
زهر آلوده‌کان دانی
می‌مکد بوجهلِ من خون از تنِ هر جانور در هر گذرگاه
نیست او از کار من آگاه.
می‌پرد تا یابدم یک بار دیگر
من و لیکن می‌گریزم ز او
تا مرا گم کرده بنشیند
بر سر دیوار دیگر.

بهمن ۱۳۲۰

بازگردان تن سرگشته

دور از شهر و دیار خود شدم با تیرگان همخانه، آه از این بدانگیزی!
داغ حسرت می‌گدازد باقی عمر مرا هر دم!

من ز راه خود به‌در بودستم آیا؟
فاش کردم رازهایی را
یا نگفتم آنچه کان شاید ...
شمعی آیا بر سر بالینشان روشن شد از دستم؟
زیر کلۀ سرد شب در راه
لکۀ خونی به کس دادم نشانی؟
سخت می‌ترسم که این خاموش فرتوت
سقف بشکافد
بر سر من!
خاکدان همچون دل عفریت مرده گنده دارد تن
در بر من!
هر زمان اندیشم از من در جهان چیزی نماند غیر آهی
هم به همچند سری مو، راه جستن
در بساط خشک خارستان نیابم نقشه راهی،
ای رفیق روز رنج بینوایی!
از کدامین راه بر سوی فضای تیرگان این راه را دادی درازی؟
از همان ره رو به گلگشت دیاران بازگردان این تن سرگشته‌ات را
باشد آن روزی که وقتی از رهش چوپان پیری بازیابد کِشته‌ات را
و «سناور» که طلای زرد را مانَد به‌هنگامِ گل خود
بگسلد از خنده‌هایش بر مزار تو گلوبند.

شهریور ۱۳۲۱

من لبخند

از درون پنجرهٔ همسایهٔ من، یا ز ناپیدای دیوار شکستهٔ خانهٔ من
از کجا یا از چه کس دیری‌ست
رازپرداز نهان لبخنده‌ای این‌گونه در حرف است:
- من در اینجایم نشسته
از دل چرکین دم سرد هوای تیره با زهر نفس‌هاتان رمیده
دل به طرف گوشه‌ای خاموش بسته
راه برده پس برون تیرگی‌های نفس‌های به زهرآلوده‌تان در هر کجا، هر سو
که نهان هستید از مردم، منم حاضر
خوبتان در حرف‌ها دیده،
خوبتان بر کارها ناظر
در سراسر لحظه‌های سرد،
آن زمان که گرمی از طبع شما مقهور رفته
وز شما اندیشهٔ مفلوج باطل دوست
بر هوای راه‌های دور رفته؛
در سراسر لحظه‌های گرم
آن زمان که همچو کوران، همچو بی‌وزنان،
دست بر دیوار می‌پایید،
همچو مفلوجان بی‌پای و زمین‌گیر
سر به روی خاک می‌سایید
و نگاه بی‌هدفتان بر سریر سنگ‌های چرک سوده است.
آن زمان که بر جبین تنگتان تابان شراری می‌شود تبدیل
به جدار سرد خاکستر
لیک مشتی سرد خاکستر جبین تنگتان را سوخته یکسر.

آن زمانی که سفالی‌گوهریتان می‌نماید
در تک تاریک گور حدقهٔ چشم‌هاتان
نه دمی بر گوهری تابان
نگه‌تان می‌گشاید.
آن زمان که همچنان آب دهان مردگان،
آبریزان دروغ اشک‌هاتان می‌کند سرریز
روی سیمای خطرانگیز،
وز ره دندانتان، همچون شعاع خنجر عفریت
برق خنده‌های باطل می‌جهد بیرون.
در همه آن لحظه‌های تلخ یا ناتلخ
می‌دود چار اسبه فرمان نگاه من
گر به کار خود فرو باشید
یا به کار مردم دیگر
یا بکاهیده ز بار خود
یا بیفزوده به بار مردم دیگر،
دیده‌بانی می‌کنم ناخوب و خوب کارهاتان را
بی‌خیال از دستکار سردتان در من
کاوش بیهودهٔ مردم نمی‌بندد رهی بر من.
بیهده نشکسته‌ام من
بر عبث ننهاده‌ام نقشی شکسته بر شکسته
هرچه‌تان با گردش زنجیر من بسته.
گر به تلخی بر لب خاموش‌واری می‌نشینم
گر به حسرت می‌فزایم، یا به رنجی می‌گشایم،
من، من لبخندهٔ روزان تلخ و دردناک بیدلی خلوت گزینم.

خرداد ۱۳۲۰

فصل یازدهم

نظریه‌های ادبی نیما در دههٔ دوم (۱۳۱۱-۱۳۲۱)

نسل جوان و روشنفکران، بدون داشتن ایدئولوژی، در صدد تغییر دادن اوضاع و تغییر و تحول بخشیدن به آن برآمده بودند. بسیاری از جوانان پر شور و شر نمی‌دانستند که فاشیست هستند یا کمونیست، اما یک چیز را محقق و مسلم می‌دانستند و آن این بود که همه چیز باید تغییر کند و دنیای نویی طبق آمال و آرزوی همگانی به وجود آید...

خاطرات سیاسی خلیل ملکی، ص ۲۷۱.

۱. نیما در بستر تاریخ تحول‌طلبی

اریش آورباخ[1]، منتقد ادبی بزرگ آلمان، مهمترین اثر خود (و به ادعای اریش آروباخ بسیاری از منتقدان ادبی، مهمترین اثر نقد ادبی قرن اخیر) را در تبعید نوشت. او پس از ظهور ناسیونال‌سوسیالیسم در سال ۱۹۳۵ از آلمان به ترکیه رفت. او کتاب *وانمایی: نمایش واقعیت در ادبیات غرب*[2] را در حالی نوشت که به کتابخانه محبوب و عظیمش، کتابخانهٔ دولتی پروس، (جایی که سرپرستی آن را سال‌ها بر عهده داشت) دیگر دسترسی نداشت. آورباخ در مقدمهٔ کتاب خود اذعان می‌کند که اگر به آن کتابخانه و منابعش دسترسی داشت شاید این اثر هرگز نوشته نمی‌شد چرا که چنین تعمیم و اظهارنظرهای کلی و شجاعانه‌ای نیازمند تحقیقاتی گسترده بود و زمانی طولانی نیاز داشت. امکاناتی که در تبعید و ترکیه هرگز در اختیار او نبود.

ادوارد سعید بر همین مقدمهٔ آورباخ تکیه می‌کند که نشان دهد شرایط تاریخی خارج از متن در شکل دادن به آن نقشی غیرقابل تردید دارند.[3] در این مورد خاص بدون ظهور فاشیسم، آوارگی آورباخ و قطع شدن ارتباط او با منابع تحقیقی‌اش، چنان‌که خود نویسنده اعتراف می‌کند، این شاهکار هرگز نوشته نمی‌شد و یا شاید به‌صورتی دیگر و سال‌ها بعد انتشار می‌یافت.[4] ادوارد سعید اما خود نیز در موقعیتی مشابه آورباخ به سر برده

---

1. Erich Averbach.
2. *Mimesis: the representation of reality in Western Literature*.
3. Edward Saeid, *The World, the Text and the Critic*, Harvard University Press, 1983.
4. Kader Konuk, *East West Mimesis, Averbach in Turkey*, Stanford University Press, 2010.

است. فلسطینی بودن، آواره بودن، زندگی در لبنان و غرب همه و همه به دیدگاه‌ها و متن او شکل بخشیده‌اند. درس مهم چنین نمونه‌هایی جز این نیست که حتی چهره‌های نابغه و استثنایی روشنفکری، شاهکارهای نادر خود را مدیون شرایطی بیرون از خود متن هستند و عناصر تاریخی، جغرافیایی و روشنفکری بیرون از متن بر آن تأثیری اجتناب‌ناپذیر دارند. پس تأثیر اندیشهٔ روشنفکری معاصر نیما بر او را چگونه باید ارزیابی کرد؟ نیما در دههٔ ۱۳۱۱-۱۳۲۱ به نوشتن تئوری ادبیات و شعر خویش می‌پردازد و «شعرهای نیمایی» نیز از همین دهه آغاز می‌شوند. اشعار و نظریه‌هایی که از نوشته‌های نیمای جوان دههٔ ۱۳۰۱-۱۳۱۱ غایبند. این آثار نیما را باید در بستر تاریخی سیاسی و روشنفکری دههٔ ۱۳۱۱-۱۳۲۱ تجزیه و تحلیل کنیم.

تسلط «رومانتیسم» و تبعات سیاسی آن بر ایران این دو دهه را در فصل‌های پیش نشان داده‌ام. اینجا به بستر تاریخ روشنفکری «تجدد ادبی» و تأثیر آن بر اندیشهٔ نیما و تئوری ادبی او می‌پردازم و این اندیشه‌ها را به نقد و بررسی می‌کشم تا برخی دیگر از تأثیرات بیرون از متن نیما را بر نوشته‌های او روشن کنم. نیما نه فقط اولین شاعر به سبک نو نبود بلکه اولین نظریه‌پرداز تجدد ادبی ایران نیز نباید به حساب آید. نظریه‌پردازی دربارهٔ تجدد ادبی و نیز تجربه‌های خام و اولیه در راه سرودن اشعاری با قالب و فرم جدید از سال‌های دههٔ ۱۲۸۰ آغاز می‌شود. نیما وارث آن تجربه‌هاست. سی سال بعد و در دههٔ ۱۳۱۱-۱۳۲۱ آغاز نظریه‌پردازی منظم شعری اوست که اندیشه و تئوری او را نه تنها در مقاله‌های *ارزش احساسات* بلکه به‌خصوص در *نامه‌ها* و متن *حرف‌های همسایه* به نمایش می‌گذارد. دستاورد اصلی و مهم این دهه *ارزش احساسات* نیست بلکه در *نامه‌ها* و متن *حرف‌های همسایه* هست که او نه تنها نقد شعر کهن

بلکه نقد فرهنگی روزگار خود را با بیانی صریح و روشن بیان می‌کند. در *سفرنامه‌ها*، *نامه‌ها* و به‌خصوص در مقاله‌های کوتاه *حرف‌های همسایه* (آن دسته که در این سال‌ها نوشته می‌شوند) او یکی از اولین و شاید تأثیرگذارترین منتقدان ادبی و فرهنگی دوران پهلوی است.

در *نامه‌ها* و نثر نه چندان روان او نه تنها مبانی شعر نیمایی و دیدگاه ادبی او بلکه نقد بنیادی و بی‌رحمانه از تحولات بزرگ اجتماعی و فرهنگی جامعه به‌چشم می‌خورد. نقد بسیاری از ضعف‌های فرهنگی و تضادهای درونی اجتماعی آن دوران، از «هویت ملی» جدید، باستان‌گرایی حاکم، مدرنیسم از نظر او وارداتی و بی‌ریشه، ضعف سیستم آموزشی و نظام تازهٔ آموزش و پرورش، تا زوال ارزش‌های اخلاقی و فرهنگ سنتی جامعه، رواج مصرف‌گرایی در روند صنعتی شدن دیررس و شتابان جامعه‌ای در حال گذار از زندگی روستایی به شهرنشینی، همه پایه‌های دیدگاه فرهنگی تأثیرگذار او را می‌سازند.

هیچ‌یک از منتقدان نسل او در آن دوره قادر نشدند این نقد را چون او با دفاع از تحول ادبی و خلق نمونه‌های درخشان شعری این تحول در هم آمیزند. اما اندیشهٔ تحول ادبی در آن دوران در سایهٔ اندیشهٔ تحول سیاسی و اقتصادی جامعه شکل گرفته بود. فکر غالب و رایج جامعهٔ روشنفکری آن زمان این بود که ایران به تحولی همه‌جانبه و «ساختاری» تازه نیاز داشت و این شاید مهم‌ترین میراث انقلاب مشروطه بود. روشنفکران در «نیاز به ساختار تازه» خود را معماران و مهندسان بنایی نو می‌دیدند. ساختن هر «ساختمانی» به‌طور منطقی به مهندس و معمار و بنّا نیاز داشت و آن‌گاه که این دیدگاه تحول به ادبیات و شعر می‌رسید، تحول ادبی را در همین چارچوب ارزیابی می‌کرد. سخن از «ساختن کشور» بود و در «ساختن ادبیات» انتخاب بین «بازسازی» و «نوآفرینی» بود.

در بحث بین «بازسازی» به هدف تلاش برای «احیای» ادبیات

درخشان گذشته و «نوآفرینی» به منظور آفریدن ادبیاتی نوین و متفاوت با گذشته، آنچه که مورد توافق بود «ساختمان» بودن ادبیات و شعر بود.

نوشته‌های نقد ادبی نیما و اشعارش به عنوان درخشان‌ترین تلاش «نوآفرینان» اما وامدار چهرهٔ استثنایی و تأثیرگذار دیگری پیش از نیما بود و او میرزا تقی‌خان رفعت تبریزی[1] است و نظریه‌پردازی دربارهٔ تجدد ادبی به‌حق از او آغاز می‌شود.

منتقدان به نقش مهم تقی رفعت در تجدد ادبی ایران پیش از این اشاره کرده‌اند.[2] اگر چه متأسفانه از نقل قول و گفتن داستان نظریات و بحث‌های او با طرفداران شعر کلاسیک فراتر نرفته‌اند و به نقد نظریات او و یا تأثیر مهم او بر نیما نپرداخته‌اند، جز اینکه مانند شفیعی کدکنی به این تأثیر اشاره‌ای سطحی کنند و یا به تردید از آن سخن بگویند:

«ما نمی‌دانیم که نیما، چه‌قدر متأثر از حرف‌های رفعت و *آزادیستان* بوده است. آنچه از کارهای برجستهٔ نیما بعد از شهریور ۱۳۲۰ نشر یافته، چه مقدار، وامدار رفعت است؟ ولی این‌قدر هست که آنچه در شعرهای

---

۱. تقی رفعت (۱۲۶۸-۱۲۹۹)، دبیر دوم حزب دمکرات آذربایجان، سخنگو و مسئول امور آموزشی و فرهنگی حزب و یکی از تئوریسین‌های نهضت «آزادیستان» به رهبری شیخ محمد خیابانی بود. پدرش، آقا محمد تبریزی یکی از تاجران بنام تبریزی و ساکن شهر ترابوزان ترکیه بود. او در خانواده‌ای مرفه به دنیا آمد و پدرش علی‌رغم سکونت در ترکیه با مشروطه‌خواهان ایران همکاری داشت و در ساختن مدرسهٔ ایرانیان (مدرسهٔ ناصری) نقشی مهم داشت. این پدر روشنفکر و فعال سیاسی و اجتماعی به تربیت فرزند تیزهوش و استثنایی خود همت گمارد. از کودکی زبان فرانسوی را در اولویت تحصیلی فرزند قرار داد. تقی جوان دورهٔتحصیلات ابتدایی را در مدرسهٔ کاتولیک شهر تبریز (سنت وینسنت) به پایان رسانید و آن‌گاه در استانبول ادامهٔ تحصیل داد و به زبان‌های فرانسوی و ترکی عثمانی مسلط شد. در مدرسهٔ ناصری مدتی مدیر مدرسه بود و در جریان جنگ جهانی اول به تبریز آمد و در دبیرستان محمدیهٔ این شهر به تدریس زبان فرانسه پرداخت. در نوشته‌های او سری پر از شور انقلاب و نیز ذهنی کاوشگر و با مطالعه می‌یابیم. روشنفکری استثنایی که در شعر، نظریه‌پردازی ادبی، نمایشنامه‌نویسی، نقاشی، ترجمه از زبان‌های فرانسه و ترکی همه دستی چیره و قابل تأمل داشت. با شنیدن قتل شیخ محمد خیابانی، در اواخر شهریور ۱۲۹۹ در قریهٔ قزل دیزج خودکشی کرد. یاشار ناهیدی آذر، *چهرهٔ پنهان رفعت در گسترهٔ تاریخ*.

۲. یحیی آرین‌پور در *از صبا تا نیما* می‌نویسد: «تقی رفعت سردبیر روزنامهٔ *تجدد* که از طرفداران پرشور و صمیمی تجدد ادبی و اجتماعی ایران بود...» (ص۴۳۷)؛ محمدرضا شفیعی کدکنی می‌نویسد: «تقی رفعت در تجدد ادبی ایران سهم بسیار بزرگی دارد و در کنار نام نیما باید از او یاد کرد... آنچه از انتقاد ادبی و نمونهٔ شعر او باقی است نشان می‌دهد که وی در آن سال‌ها، در مقام نظریه، موفق‌ترین مدعی تجدد ادبی بوده است.» *با چراغ و آینه*، ص۲۳۶.

خوب نیما و اخوان و فروغ و شاملو و بسیاری دیگر از پیروان نیما دیده می‌شود، عملاً همان چیزی است که تقی رفعت، به‌گونه‌ای مبهم و نامعلوم، آن را احساس می‌کرده و در جست‌وجوی آن بوده است... باید او را، در نظریه، پیشاهنگ راستین تجدد شعر فارسی به حساب آوریم. این کمترین سپاسی است در حق او.»[۱]

در اندیشهٔ «تجدد ادبی» رفعت اینجا تأمل خواهیم کرد. قدر مسلم اینکه تقی رفعت احساس خود را روشن و صریح و بدون هیچ ابهامی مطرح می‌کند. یکی از دلایل مبهم بودن بحث او برای کدکنی شاید به این دلیل باشد که کدکنی تنها از روی آنچه در کتاب *از صبا تا نیما* از رفعت آورده شده قضاوت می‌کند و به اصل نوشته‌ها و مجلهٔ *آزادیستان* دسترسی ندارد. وقتی به سراغ منبع اولیه می‌رویم و مقاله‌های رفعت را در تمامیت خود می‌خوانیم جز درک روشن و بیان صریح چیزی نمی‌یابیم.[۲]

۲. پیشاهنگی با کلاه سرخ ویکتور هوگو

تعجبی ندارد که نظریه‌پردازی دربارهٔ تجدد ادبی در ایران با «سعدی» آغاز می‌شود. از دل ادبیات کلاسیک ایران «سخنوری» استادتر از سعدی برنیامده بود و دفاع از «صنعت ادبی» کهن با دفاع از بزرگترین «صنعتگر» آن لاجرم درهم آمیخت. سعدی تبلور و نمایندهٔ ادبیاتی بود که چند صد سال بر صحنهٔ فرهنگ ایران تسلط داشت. از همین رو برای تحول‌خواهان نیز حمله به آن دنیای کهن بدون نقد درخشان‌ترین نگهبان آن امکان‌ناپذیر بود. اولین انتقاد تحول‌خواهان در دی ماه ۱۲۹۶ با مقالهٔ «مکتب سعدی» نوشتهٔ علی‌اصغر طالقانی[۳] در نشریهٔ *زبان آزاد* منتشر شد که به سعدی

۱. شفیعی کدکنی، *با چراغ و آینه*، ص۲۳۹.
۲. اصل مجلات *آزادیستان* به همت دوست عزیزم، یاشار ناهیدی آذر در اختیار من قرار گرفت.
۳. او پدر مهندس خلیل طالقانی، وزیر کشاورزی دولت مصدق بود.

و مقام بلند او تاخته و پرسیده بود: «این کلیات سعدی چیست که بت مسجود ملل فارسی‌زبان شده است؟» انتقاد از سعدی، «توهین به مقام شامخ سعدی» جامعۀ ادبی و روشنفکری محافظه‌کار آن دوران را برآشفت و توقیف نشریه و حمله به ساختمان آن را در پی داشت. «مطبوعات تهران چنان‌که انتظار می‌رفت در دفاع از شاعر شیراز متحد شده و نویسندۀ گستاخ مقاله را به باد فحش و ناسزا گرفتند.»[۱] ملک‌الشعرای بهار پرچمدار این دفاع شد: «آیا دفتر سعدی و ملا را برخواهید چید؟ ... چه هنر و فضیلتی از خود بروز داده‌اید؟... من مدعی هستم که هر اصل و قاعده‌ای در *بوستان سعدی* و *غزلیات حافظ* موجود است»[۲]. آن‌گاه یکی از یاران او در محفل «دانشکده» غزلی به استقبال شیخ سعدی، در روزنامۀ *زبان آزاد* منتشر کرد.

«پیشاهنگ» ما از این فرصت استفاده کرد و در مقاله‌ای در جواب به این شعر نوشت: «عزیز من، کلاه سرخ ویکتور هوگو را در سر قاموس «دانشکده» مجوی! طوفانی در ته دوات نوجوانان تهران هنوز برنخاسته است.»[۳] نظریۀ تجدد ادبی ایران زادۀ دوئل قلمی بعدی میان پیشاهنگی با کلاه سرخ ویکتور هوگو و نگهبانی با ردای کهنۀ سعدی بود.

در رویارویی رفعت با بهار نکات مهمی وجود داشت که به ادبیات و نظریه‌پردازی ادبی در ایران در دهه‌های بعد شکل و جهت دادند. با وجودی‌که بخش‌هایی از این مناظرۀ ادبی در کتاب *از صبا تا نیما* چاپ شده و بعد به‌وسیلۀ دیگران (از جمله کدکنی) در کتاب‌های دیگر به آن اشاره شده است، نکات اصلی این مناظره و به‌خصوص دیدگاه رفعت هرگز نقد نشده است. بدون دوئل پیشاهنگی با کلاه سرخ ویکتور هوگو با سعدی و شیفتگان ذوب در زعامت او شاید اولین جوانه‌های

۱. *از صبا تا نیما*، ص۴۳۸.
۲. همان‌جا.
۳. همان‌جا.

تئوریک تحول ادبی در ایران شکل نمی‌گرفت. رقیب اصلی و نظریه‌پرداز محافظه‌کاران، ملک‌الشعرای بهار جوانی و کم‌تجربگی تحول‌طلبان را نشانه می‌گرفت.

در برابر او تقی رفعت اعتقاد داشت: «صدای توپ و تفنگ محاربات عمومی در اعصاب ما هیجانی را بیدار می‌کند که زبان معتدل و موزون و جامد و قدیم سعدی و همعصران تقریبی او نمی‌توانند با سرودها یا در واقع «لیتانی»های خودشان آنها را تسکین و یا ترجمه کنند. ما احتیاجاتی داریم که عصر سعدی نداشت. ما گرفتار لطمات جریان‌های مخالف ملی و سیاسی هستیم که سعدی از تصور آنها هم عاجز بود...»[1]

برای تحول‌طلبان، نیازهای جدید سیاسی و اجتماعی و فرهنگی، شعر و ادبیات خود را طلب می‌کرد و نه تنها شعر و ادبیات کهن بلکه افکار و اندیشه‌های بیان شده در آن ادبیات کهن پاسخگوی جامعهٔ آنها نبود بلکه حتی با «تأویل» و تفسیر شعر و ادبیات کهن احتیاجات نوین رفع نمی‌شدند: «تأویلی که اجدادمان تقریباً به همین خوبی می‌کردند، لذتی که قدما بهتر از ما احساس می‌نمودند و وقتی که در قلب ما زاییده می‌شوند، به غیر از اینکه ما را نایل به نعمت‌های موروثی کنند، چیزی به موجود ما نمی‌افزایند... آیا به‌راستی وقتی خودتان را به اندازه‌ای که ما ایرانیان هستیم از قافلهٔ تمدن دور می‌بینید هیچ دردی در ته دل احساس نمی‌کنید؟ خوب، کدام شعر و کدام شاعر شما این درد را به خوبی برای شما ترجمه می‌کند؟»[2]

۳. معماران و ساختمان کلنگی

این پیشاهنگان تحول ادبی به حق مسحور پیشرفت علمی و فرهنگی

۱. همان اثر، ص۴۳۹.
۲. همان اثر، ص۴۴۲.

غرب بودند. عقب‌ماندگی همه‌جانبهٔ جامعهٔ ایران آنها را به این نتیجه رسانده بود که «تحولی ساختاری» لازم دارند. لازمهٔ ساختار تازه، اول تخریب ساختار کهن و دوم ساختن ساختار جدید بود. از آنجا که این اندیشه را به تمامی وجوه اجتماعی، اقتصادی، سیاسی و فرهنگی جامعه تسری می‌دادند در شعر و ادبیات نیز خواهان «ساختاری تازه» بودند.

معماری دنیای تازه نیازمند «تخریب دنیای کهن» و ساختن «بنای نوین» بود و در این جهان‌بینی شعر و ادبیات «مصالح ساختمانی» و شاعران و ادیبان، معماران و مهندسان ساختمانی «کلنگی» بودند و بحث بین محافظه‌کاران و انقلابیون دربارهٔ چگونگی بازسازی این «بنا» بود. بنا به دیدگاه منتقدان و «نوآفرینان»، شعر کلاسیک ایران یا «بنایی کلنگی» بود که احتیاج به «ویران شدن» داشت و یا اگر ارزشی داشت، آن ارزش در جایی در «گذشته» بود و به درد دنیای امروز نمی‌خورد. «سیاست تازه، اقتصاد تازه و تحول همه جانبه نیازمند شعر و ادبیاتی تازه بود.»

معماران انقلابی ما و رقیبان طرفدار شعر کلاسیک آنها، هر دو شعر و ادبیات را به مثابه «ساختمانی» می‌دیدند که نیازمند تحول و تغییر بود. دسته‌ای از «معماران» این ساختمان را قابل تعمیر می‌دانستند و می‌خواستند بخشی از این بنای تاریخی را حفظ کنند و در مرمت و تعمیر آن بکوشند تا جوابگوی تقاضای «امروز» جامعه باشد و در برابر آنها «معماران انقلابی» خواهان تخریب آن و یا ساختن بنایی تازه بودند و اعتقاد داشتند که آن چارچوب دیروز پاسخگوی نیازهای امروز نیست.

اسطورهٔ شعر به مثابهٔ ساختمان و بنا و شاعر در نقش معمار و بنا کنندهٔ آن، از قرن‌ها پیش در ذهن شاعر ایرانی شکل گرفته بود. صدای یکی از تأثیرگذارترین پدران شعر کهن با آنها بود:

بناهای آباد گردد خراب   ز باران و از تابش آفتاب

پی‌افکندم از نظم کاخی بلند   که از باد و باران نیابد گزند

و آن‌گاه که خود را در سرزمینی ویرانه و اشغال شده به‌وسیلهٔ «بیگانه» و عقب‌مانده می‌دیدند، بناهای کهن صلابت خود را از دست می‌دادند. بنای کهن جوابگوی نیاز امروزین آنها نبود. سؤال اصلی این بود: آیا باید پایه‌ها و ستون‌های آن را حفظ کرد و به مرمت دیوارها و نمای بیرون پرداخت و یا باید آن را از اساس ویران کرد و بر ویرانهٔ آن ساختمانی نوین با مصالح امروز بنا کرد؟ مشکل اینجا بود که بنا، کاخ یا کوخ، عمارت مدرن یا قدیمی، خانهٔ محقر یا ویلای باشکوه یک چهره و نما بیشتر ندارد. ساختارش تنها می‌تواند یک «ساحت» معین داشته باشد.

اما ادبیات یا فرهنگ یک ملت «تک ساحتی» نیست. دیوارها و مرزهای مشخص و منجمدی ندارد. وجوهی از آن سریع‌تر و وجوهی کندتر تغییر می‌کند و برخی از ویژگی‌هایش ممکن است مدت‌ها بدون تغییر بمانند. رابطه‌اش با تحولات تاریخی و اجتماعی و اقتصادی و سیاسی نیز «تک‌ساحتی» و از پیش مقدر نیست. این همه مشکلات اولیهٔ «تحول‌طلبان» ما بود.

فراموش نکنیم که اندیشهٔ غالب، «تحول» بود. همه خواستار «تحول کشور» و رهایی از عقب‌ماندگی اقتصادی، سیاسی و اجتماعی جامعه بودند. اما در اندیشهٔ محافظه‌کارانِ تجددطلب (مانند بهار) کسی نمی‌خواست که این «تجدد را تیشهٔ عمارت تاریخی پدران شاعر و نیاکان ادیب خود قرار دهد»، بلکه می‌خواست این عمارت کهنه را فعلاً مرمت نموده و در پهلوی آن عمارت، «به ریختن بنیان‌های نوآیین‌تری که با سیر تکامل، دیوارها و جرزهایش بالا می‌روند» بپردازند.[1]

رفعت در چارچوب همین دیدگاه «معماری و ساختمان‌سازی» به

---

۱. همان اثر، ص ۴۴۶.

چالش اندیشۀ محافظه‌کارانۀ بهار و دوستانش می‌پردازد:

«چرا فکر خودتان را واضح‌تر نمی‌گویید؟ گیرم که تیشه به شالودۀ «عمارت تاریخی پدران شاعر خودتان» نخواهید زد، ولی چطور در همان زمان که عمارت مذکور را مرمت خواهید نمود، به «ریختن بنیان‌های نوآیین‌تری موفق خواهید شد؟ در سطرهای فوق، شما بر چند چیز معترف شدید:

اولاً- می‌ترسید، و در توی عمارات پدرانتان به‌سر خواهید برد.

ثانیاً- این عمارات محتاج به مرمت هستند و شما این کار را انجام خواهید داد.

ثالثاً- در پهلوی عمارات مذکور بنیان‌های نوآیین‌تری خواهید ریخت.

هیچ بنّا و هیچ معمار این طور نقشه نمی‌کشد. این خیال شما را به عدم موفقیت هدایت خواهد نمود. با ساروج عصر [قرن] بیستم شکاف‌های تخت‌جمشید را وصله خواهید زد؟ ... ولی آیا تصور نمی‌کنید چه معمورۀ عجیب و غریبی به حصول خواهید آورد؟ ... مانند سر و صورت یک شخص مجذوم، این عمارت شکسته‌بستۀ شما و پدران شما، یک ناصیۀ پریشان و خرد و خاش عرضه خواهد نمود... عمارت قدیم و نجیب تمام قیمت ذاتیه خود را از دست داده، مانند یک پادشاه متفکر در یک سفر مشکوک، از اثبات هویت خود عاجز خواهد ماند.»[1]

چنان‌که در فصل «پدران و پسران» توضیح داده‌ام مشخصۀ مهم «شاعر قوی» تشخیص سنگینی باری است که پدران بر دوش او نهاده‌اند. باری که از او می‌خواهد به جای شورش بر پدران از آنها تأثیر بپذیرد. رفعت این مفهوم را با نبوغ خاص خویش دریافته و به روشنی برای نسل خود توضیح می‌دهد: «... هر گاه این گلوله‌های سنگین را به پای طبع شعر و

---

۱. همان اثر، ص۴۴۷.

قریحهٔ ادبی خود ببندید، اعتلا برای شما محال خواهد بود. اگر ادیب و یا شاعر هستید، بدانید که شاعر یا ادیب «پیرو» نیست، «پیشوا» است.»[1]

و آن‌گاه ضربت نهایی و مؤثر خود را، آنجا که بند ناف شاعران ضعیف را به سعدی می‌بندد، وارد می‌کند:

«... امروز می‌بینید که شخصاً سعدی مانع از موجودیت شماست. تابوت سعدی گاهوارهٔ شما را خفه می‌کند! عصر هفتم بر عصر چهاردهم مسلط است. ولی همان عصر کهن به شما خواهد گفت: «هر که آمد عمارتی نو ساخت...» شما در خیال مرمت کردن عمارت دیگران هستید، در صورتی‌که اگر در واقع هر که می‌آمد عمارتی نو می‌ساخت، سعدی «منزل به دیگری» نمی‌توانست «پرداخت» و در خارج «هر که» «دیگری» را نمی‌یافت! ... در زمان خودتان اقلاً آن‌قدر استقلال و تجدد به خرج دهید که سعدی‌ها در زمان خودشان به خرج دادند. در زیر قیود یک ماضی هفتصد ساله پخش نشوید...»[2]

جواب محافظه‌کارانِ محفلِ دانشکده و ملک‌الشعرای بهار به این انتقاد نیز در چارچوب همان معماری و عمارت چنین بیان می‌شد:

«... در حالتی که صحبت ما در طرز ادای معانی است و «عمارت پدرانمان» یعنی پایه‌ها و کسوت‌های لغوی و صوری؛ این است آنچه ما در خرابی او جسارت نمی‌کنیم. نقش و نگار در دیوار شکسته- شکاف‌های تخت‌جمشید در مورد عمارات لغوی ما قیاس مع‌الفارق و مغالطه است. هر وقت ما دعوی محافظهٔ عادات و اخلاق و عقاید کهنسال را نمودیم فوراً شکاف ایوان کسری و انقاض پرسپولیس را به ما نشان بدهید. این دعوی کجا شده است؟ ... اگر شما متجددین لغات و اصطلاحات و تراکیب

۱. همان اثر، ص۴۴۹.
۲. همان‌جا.

ادبیه ایران را نظیر انقاض مداین می‌دانید، صریح و بدون ترس و واهمه بنویسید. ما به شما حمله نخواهیم کرد... فقط از شما خواهیم پرسید که عوض این آجرها و پایه‌های رویین و این مصالح حاضر و بی‌نظیر از کدام کوره و سنگلاخ سنگ و آجر خواهید آورد تا ما هم برویم و بیاوریم.»[۱]

جواب رفعت به این استدلال تکیه بر تجدد در تمام جنبه‌های ادبیات ایران است. می‌نویسد: «مسئلهٔ تجدد در ادبیات» را ما از سه نظر اساسی مورد تدقیق و مطالعه قرار می‌دهیم:

از نظر: ـ شکل
ـ زبان
ـ اسلوب

و از نظر کلی «صنعت ادبی» را طوری که عصر ما آن را تفسیر و تعبیر می‌کند، اخذ و قبول نموده امتثال به تعلیمات بین‌المللی «صنعت» را ضروری و واجب می‌شماریم.»[۲]

اشاره به «صنعت» و «تعلیمات بین‌المللی» در واقع اشاره به اصولی است که مورد قبول همهٔ آزادیخواهان و روشنفکران آن عصر بود. همه متفق‌القول بودند که در زمینهٔ «صنعت» عقب افتاده‌ایم و به «تعلیمات بین‌المللی»، به اروپای صنعتی، محتاج هستیم. آنچه دربارهٔ بحث رفعت بدیع است مرتبط کردن «صنعت» با «صنعت شعری» و بنیاد کردن نظریهٔ «تجدد ادبی» بر پایهٔ آن است. چنان‌که در فصل‌های پیشین آمده است نگاه متجددان و منتقدانِ محافظه‌کار آنها هر دو نگاهی رومانتیک است. در منظر این رومانتیسم، بنایی رفیع از شعر و ادبیات بر گستره‌ای عقب‌مانده و برهوتی محتاج تغییر ایستاده است. تفاوت این دو گروه در

---

۱. ملک‌الشعرای بهار، «انتقادات در اطراف مرام ما»، *دانشکده*، شمارهٔ ۳، یکم تیرماه ۱۲۹۷.
۲. *از صبا تا نیما*، ص۴۵۲.

رویکردشان و نقشهٔ آنها برای این بنای رفیع است. این منظر را آگاهانه و یا ناآگاه از کجا گرفته بودند؟ منبع الهام این رومانتیسم چنان‌که نشان دادیم «رومانتیسم آلمانی» بود. نگاه کردن از بلندی یک عمارت به گستره‌ای پهناور که در برابر چشم انسان گشوده می‌شود یکی از مهمترین مشخصه‌های ادبیات رومانتیک آلمانی بود.[۱] این گستره‌های پهناور هرگز واقع‌بینانه تصویر نمی‌شدند و همیشه مملو از آدمها و اشیاء و ساکنان گوناگونی بودند که نماد زندگی انسانی بود. هدف رومانتیک‌ها در تصویر این گوناگونی، دیدن فرم و وحدت و کشف تجربهٔ جهانی انسان‌ها بود. در تصویر رومانتیسم آلمانی ادبیات و فلسفه در دایره و به مرکزی گرفتار نبود. در نگاه رومانتیک‌های ایرانی اما «صنعت» و «علم» مرکزیت خود را حفظ می‌کرد. در استفادهٔ آنها از استعارهٔ «بنای رفیع» خود «بنا»، (استعاره) جنبهٔ واقعیت می‌گرفت و بحث معماری و مهندسی دربارهٔ تخریب یا نگهداری و یا مرمت آن به مرکز اصلی بحث تبدیل می‌شد.

گویی متجددان و منتقدان آنها به استعاری بودن بحث خود آگاه نبودند و یا آگاهی بر این امر را در بیان بحث از دست می‌دادند. تقلیل دادن ادبیات به ساختمان، آنها را از چندگونگی و یکدست نبودن آن غافل می‌کرد. پیوند دادن تحول ادبی به تحول سیاسی و اقتصادی اگر چه به محافظه‌کاران ارتباط این دو را یادآوری می‌کرد، استقلال «ادبیات» و «زیبایی‌شناسی» آن را به فراموشی می‌سپرد. اگر تحول ادبی دنبالهٔ اجتناب‌ناپذیر تحولات سیاسی و اجتماعی بود چگونه بود که بحث تحول ادبی پیش از متحول شدن سیاسی و اقتصادی جامعه ظاهر می‌شد و یا چرا علی‌رغم پیروزی تحول‌طلبان در زمینه‌های اقتصادی و سیاسی،

---

1. Marshall Brown, *The Shape of German Romanticism*, Cornell University Press, 1979, p. 43.

فرم‌های ادبی کلاسیک قدرت و سلطهٔ خود را در جامعه حفظ می‌کردند؟ بنیاد اصلی بحث نیز مشکل اصلی هر دورهٔ «بنیانگذار» بود. «بنیانگذار»ی که از پدیدهٔ جدید حرف می‌زند ولی هنوز نمونهٔ درخشانی که بتواند به سلطهٔ «قدیم» پایان دهد و خود به «پدیدهٔ مسلط» تبدیل شود عرضه نکرده است. حرف بهار و محافظه‌کاران در همین خلاصه می‌شد که اگر شما منتقد سعدی و ادبیات کلاسیک هستید پس نمونه‌های تازه و درخشان‌تری که برای ما به ارمغان آورده‌اید کجاست؟

تجددطلبان تأکید می‌کردند که «ادبیات قدیمی ما از منابع اولیهٔ خودش دور افتاده، در یک حوضهٔ وسیع تراکم یافته به حال رکود و سکون در آن تختخواب فراخ مستقر و متوقف شده است. یک سد سدید، که اختیار داریم آن را یک سد محافظه‌کاری بنامیم این امواج متراکم ادبی را در آن حوض وسیع محبوس داشته است. وقتی که ما می‌گوییم «متصدی هستیم در این زمینه جریانی به‌وجود بیاوریم» طبعاً معلوم می‌گردد که مقصود و نقشهٔ ما عبارت از رخنه انداختن در بنیان این سد سدید استمرار و رکود است.»[1]

به عبارت دیگر تحول‌طلبان «محبوس» بودن خود را پشت سد ادبیات قدیم دلیل نداشتن نمونه‌های درخشان معاصر می‌دانستند. هدف خود را «رخنه در سد» و تخریب برای باز کردن راه آفرینش ادبی جدید مطرح می‌کردند. در مقابل محافظه‌کاران به آنها می‌گفتند که «حق تخریب» را کسی دارد یا به دست می‌آورد که نمونه‌های بهتر و درخشان‌تری از شعر گذشته عرضه کند. نیما در گفت‌وگو و مقابله با چنین تفکری است. از همین رو خود را ملزم می‌بیند که اول اشعار «سبک جدید» خود را بسراید و بعد نظریه‌های ادبی خود را مطرح کند: «نظریات صنعتی‌ام را جداگانه

---

۱. از صبا تا نیما، ص ۴۵۲.

نشر می‌دهم ولی آن حرف است و حالیه پیش از حرف به عمل می‌پردازم و فقط مثل سابق عمل را نشان می‌دهم.»[1]

از همان آغاز تصویر «بنا» و «بنایی» بر نظریه‌های ادبی نیما حاکم است. آنجا که در مقدمهٔ *افسانه* نوشته بود: «این ساختمان که افسانهٔ من در آن جا گرفته است»[2]. اگر چه منظور نیمای جوان در آن مقدمه از «ساختمان» ساختار و فرم است اما کنایه‌های «ساختمانی» آن بسیارند:

«این ساختمان از اشخاص مجلس داستان تو پذیرایی می‌کند، چنان‌که دلت بخواهد.»[3] و اصرار می‌کند: «چیزی که بیشتر مرا به این ساختمان تازه معتقد کرده است همانا رعایت معنی و طبیعت خاص هر چیز است.»[4]

اما در نوشته‌های بعدی او اشاره‌های «ساختمانی» بیشتر و بیشتر می‌شود. می‌نویسد: «پیروان عنصری چه می‌کنند؟ بعد از آن که خانهٔ پدرشان خراب شد مثل گداهای بی‌خانه و سرگردان مانده‌اند و مثل دزد از اطراف دزدی می‌کنند، یا مثل پسرهای ناخلف از آخرین تکه‌های اثاثهٔ پدر می‌فروشند و با کلوخهٔ آجرها می‌خواهند آجرهای نو بسازند. این فقط طریقهٔ اضمحلال است.»[5]

و یا در نامه‌ای دیگر در ۱۳۰۷ که می‌نویسد: «من کمک شما هستم. راه‌ها را باز کرده‌ام. اینک حمله کنیم. اول به تخریب شعر بپردازیم زیرا این وجودی است که از همه چیز لطیف‌تر است و به‌هم زدن آن آسان‌تر از همه چیز. زورمان به هیچ‌چیز نمی‌رسد قافیه را منهدم کنیم... به خودم می‌گویم: تویی که بنیان ملیت مملکت کورها را خراب می‌کنی؟ پس از آن هر کلنگی که بر زمین می‌خورد می‌شنوم چه چیزها خراب می‌شود.

---

۱. مقدمهٔ نخستین چاپ *فریادها*، اسفند ۱۳۰۵.
۲. مجموعه آثار، ص ۳۹.
۳. همان‌جا.
۴. همان‌جا.
۵. نامه‌ها، ص ۲۲۲.

ذوق می‌کنم یک قاعدهٔ تازه است. هر خشتی که گذارده می‌شود می‌بینم یک قاعدهٔ تازه، یک شعر جدید است. من بنای شاعرانه‌ای را می‌سازم. خشت‌های کهنه‌ای که می‌شکنند صدای معاصرین من، صدایی است که از آن خشت‌ها بیرون می‌آید. به صدای آن‌ها اهمیت نمی‌دهم. این خشت‌های بی‌مصرف مانده به کنار راه پرتاب می‌شوند. عملهٔ بعضی از آن‌ها را در هم می‌کوبد، خشت‌های نو به قالب می‌زند. باقی را سپورها به دوچرخه‌هایشان ریخته می‌برند.»[1] نگاه نیما به «حمایت» تاریخ است: تاریخ همراه و همپای «بنا»ی جدید است. بنّاها و مهندسان قدیمی با مصالح کهنه‌شان به «زباله‌دان تاریخ» پرتاب می‌شوند.

۴. نیما و «ماتریالیسم تاریخی»

تا پایان دههٔ اول شاعری و سال ۱۳۱۰ نیما تحت تأثیر نوعی ماتریالیسم تاریخی هست. دیدگاهی که در بین روشنفکران نسل او و نسل بعد خریدار بسیار داشت و پدیده‌ها را به «زیر بنا» و «رو بنا» تقسیم می‌کرد. در نامه‌ای به تقی ارانی (۱۳۱۰) به او «رو بنا» بودن «روح» و پدیدهٔ روانشناسی را تذکر می‌دهد و همه را تابع عوامل «مادی» و «اقتصادی» می‌خواند. در اینجا وقتی به پدیدهٔ شعر هم می‌پردازد می‌نویسد:

«شعر امروزی در حقیقت یک سؤال اقتصادی است، برای تأمین اقتصادی شخصی. ولی من و شما باید به اندازهٔ خود کار کنیم. شاید بیش از مقدار زحمات شما در رشتهٔ خودتان، من هم در خصوص تجدید بنای پوسیده و بی‌فایدهٔ شعر و ادبیات فارسی زحمت کشیده و می‌کشم.»[2]

در ادامهٔ همین طرز فکر است که در نامه‌اش به خانلری (۱۳۱۰)

---

۱. همان اثر، صص ۲۶۲-۲۶۳.
۲. همان اثر، ص ۴۶۹.

می‌نویسد: «امروز نویسنده یا شاعر، قبل از آنکه قلم به دست بگیرد، باید وضعیات اقتصادی و اجتماعی را در نظر گرفته باشد. زمان و احتیاجات زمان خود را بشناسد... چنان‌که می‌بینیم بعلاوه قوانین قطعی مادی طبیعت به ما ثابت می‌کند که تمام مزیت در پیشرفت کردن است، یعنی غلبه بر موانع موجوده.»[۱]

و در جای دیگر می‌نویسد:

«برای اینکه این افکار و احساسات در هیچ طبقه و صنف تصادفی و نتیجهٔ خالص تفکر و فشار فکری خود افراد نیست. بلکه نتیجهٔ قضایا و وضعیات معین اجتماعی‌ست.»[۲]

در سال‌های اول این دهه نیما در آستارا و بعد گرفتار مشکل «آوارگی» است که در فصل‌های پیشین از آن نوشتم. اما نامهٔ او به هدایت (۱۳۱۵) نشان می‌دهد که در دیدگاه «مهندسی شعر و ادبیات» و شعر به مثابه ساختمان او تغییری داده نشده است. می‌نویسد:

«بالاخره کار من هنوز نمودی نخواهد داشت و تا مرگ من هم نمود نخواهد داشت. این کاری است که من برای آن تمام عمرم را گذاشته‌ام، بی‌خبر از این‌که دیگران چند ساعت را به مصرف رسانیده دیواری که من در تمام عمرم ساخته‌ام، در یک ساعت بهم زده و معلوم نیست چه جور باید ساخت و روزی ساختهٔ نحس آنها باید خراب شده به همین دیوار برگردند.»[۳]

اعتقاد به پیشرفت به تاریخ و تحول، اعتقاد به اینکه تاریخ تابع قوانین خاصی است که قابل کشف کردن هستند، ایمان به تحول ناگزیر و تغییرات فرهنگی و معنوی و ادبی آن‌همه از تأثیرات آن «رومانتیسم آلمانی» است

---

۱. همان اثر، ص۴۷۴.
۲. همان اثر، ص۵۳۴.
۳. همان اثر، ص۵۹۸.

که در فصل‌های پیشین نشان دادیم. هم رفعت و هم نیما هر دو از این رومانتیسم نیرومند تأثیر پذیرفته‌اند. این رومانتیسم چنان‌که نشان دادم نیاز به تجدد به عنوان تحولی وسیع و همه جانبه را کانون اصلی اندیشهٔ خود قرار داده بود. مشکل اصلی‌اش در میزان و مقدار وابستگی تجدد و تحول ادبی به تجدد و تحول سیاسی بود. اگر تحول و تجدد ادبی صرفاً تابع تحول اقتصادی و اجتماعی و سیاسی نبود پس چگونه و تا چه حد از آن تأثیر می‌پذیرفت و یا بر آن تأثیر می‌نهاد؟

به لحاظ «ماتریالیسم تاریخی» و همراه کردن شعر و ادبیات با تحول تاریخی زمانه، تأثیر رفعت بر نیما در بیان «تخریب بنای کهن و معماری بنای تازه» آشکار است. رفعت گفته بود خواستار «صنعت ادبی»‌ست طوری که «عصر ما آن را تفسیر و تعبیر می‌کند.» نیما هم چون رفعت به شعر به مثابه «صنعت» می‌نگرد. اما بین مطالبات و جواب به مسائل اجتماعی تمایزی مبهم قائل می‌شود. می‌نویسد: «... اما بعدها شعر با مسائل اجتماعی و اخلاقی و فلسفی و بعدها با مسائل علمی ارتباط پیدا کرد. تصور کنید همان‌طور که گفتم مردم خیال کردند شعر باید حتماً جواب به این مسائل بدهد یا حتماً جواب به احساسات ما بدهد. در صورتی‌که صنعت است... شعر باید با خودش ساخته و پرداخته شود. جز اینکه ابزاری است و باید استخدام شود برای آنچه می‌خواهیم و می‌طلبیم. شعر امروز جواب به طلبات ماست و طبیعتاً باید این‌طور باشد. شما هر قدر استاد ماهری باشید چه می‌کنید و این استادی در کجا باید به‌کار بخورد؟ آیا برای خود شما یا برای کسانی دیگر؟ این است که شعر با مسائل اجتماعی و زندگی ارتباط دارد. حتماً هر شاعری که حس می‌کند و غیرتی دارد، تمایلی به زندگی مردم نشان می‌دهد.»[1]

---

۱. *ارزش احساسات و پنج مقاله*، ص ۱۰۹.

این ارتباط با تاریخ و دورهٔ حاضر، نیازمند گسستگی با دوران پیش از خود نیز هست. تا پایان این دهه نیما از این گسستگی به روشنی می‌نویسد:

«آیا پیکرهٔ نوین اشعار ما رابطی بیش نیست؟ همچنین نه تقلیدی بیشتر؟ یا در آن نیروی ایجادی به‌کار رفته؟ آیا ساختمانی‌ست که رو به کمال خود می‌رود یا آغاز می‌کند؟ در صورت نخست، چه چیز آن را نقیصه‌دار می‌سازد؟ من از خود بارها این را می‌پرسم: آیا شکل؟ آیا طرز کار؟ آیا معنی؟ آیا تصور این نقیصه، مبهم و حاصل از پیوستگی با سنت‌های پوسیده در ادبیات نیست؟ میزانی که با آن سنجیده می‌شود از روی دقت شناخته شده؟ در صورت دوم، اگر آغاز می‌کند و باز می‌کوشد که آن را با کمال خود پیوسته دارد آیا نمونه‌ای از این کمال را می‌شناسد؟ خود را با کدام روشنی می‌سنجد که در جهان هنر وجود دارد تا جلوهٔ آن را بگیرد؟ درصورتی‌که نمی‌سنجد و نباید بسنجد، بی هیچ تشویش، از آنجا که عادت من است به هر کس که این حرف را در پیش روی من به زبان بیاورد خواهم گفت: «نمی‌سنجد و روزی هم نخواهد آمد که بسنجد.» اما کی انکار می‌کند که پیکر هنرهای دنیایی در زیر جلوهٔ زیورهای تازه نمی‌درخشد؟ زیرا ما در برابر فکرهای گوناگون زمان خود و زادهٔ تکامل‌های زیاد و پی‌درپی بسر می‌بریم. در دنبالهٔ حاصل زحمت و کار دیگران و چقدر شخصیت‌های شناخته شده و ساخته و پرداخته‌های آنها. ما ممکن است همه چیز را به هم مخلوط کرده و بپذیریم. و به همین واسطه، به عقیدهٔ من دورهٔ ما نباید با دورهٔ «ژوکوفسکی» و همکارهای او با قرن هفدهم و دورهٔ رومانتیسم در فرانسه برابر گذارده شود.»[1]

نگرانی او حالا ادامهٔ تفکر تقی رفعت و در نظریه‌پردازی دربارهٔ نه تنها

۱. *نامه‌ها*، صص ۶۱۰-۶۱۱.

شکل (ساختار) بلکه «زبان و اسلوب» نیز هست. دربارهٔ «احساسات» و «طبیعت» نوشتن نیما از نیاز به نظریه‌پردازی دربارهٔ زبان و اسلوب برمی‌خیزد. در این نظریات باید تأمل کنیم.

در نگاه معمارانهٔ بنیانگذار ادبیات نوین ما «عمارت» جایی ویژه دارد. عمارتی که باید از نو ساخت. بین «عمارت» و «خانه» و بین «خانه» با «وطن» نیز رابطه‌ای تنگاتنگ اگرچه نه چندان آشکار نهفته است. بستر تاریخی این نوسازی ادبی، نوسازی «وطن» نیز هست. اما «خانه» نماد حریم خصوصی در دنیای پرجنجال «عمومی» هم هست. برای معمار ما رابطهٔ خانه ـ زادگاه از خانه ـ وطن نیرومندتر است و یا به عبارت دیگر زادگاه (یوش) جانشین «وطن» است. زادگاه محل کودکی، معصومیت کودکی، امنیت، عشق پدر و مادر و جایی طلایی و روشن در گذشته است. گذشته‌ای که باز نمی‌گردد و بستر «نوستالژیای» نیمایی‌ست. این رابطهٔ گذشته، حال و آینده یکی از تنش‌های مهم در نظریه‌پردازی‌های نیما و شعر اوست. «خانه» نماد چهاردیواری امن (امن چون زهدان مادر) است تا ما را از مخاطرات «بیرون» حفظ کند. اما خانهٔ نیما برای او امن نبوده است. علاوه بر شکنجه‌های دوران کودکی، این مادر اوست که او را مجبور به ترک خانه، و زندگی در شهر هولناک (تهران مخوف) می‌کند.

مهمترین امتیاز خانه شاید ظرفیت آن در حفظ رؤیاپردازی آدمی است.[1] «خانه» نیرومندترین قدرت برای درهم آمیختن خاطرات، خواسته‌ها و رؤیاهای انسان است. خانه حافظ و حافظهٔ انسان رؤیاپرداز است. خانه اجازه می‌دهد که رؤیاپردازی در امنیت و آسایش شکل بگیرد و این کانون تنش دوم در نظریه‌پردازی نیماست. از یک‌سو اندیشهٔ عمومی نوسازی اجتماعی و تعهد به جمعیت و شاعری که باید «باغیرت» باشد

---
1. Gaston Bachelard, *The Poetics of Space*, pp. 60-61.

و «زندگی مردم»، این وجه عمومی، تمایل نشان دهد و از سوی دیگر نیاز به خانه، به حریم خصوصی و امنیتی که در آن خلاقیت و رؤیاپردازی امکان‌پذیر می‌شود. نیما از این خانه محروم بوده است. خانه‌ای که باید به ما تداوم ببخشد و بدونش انسان یک وجود آواره می‌شود. (آواره مانده از وزش بادهای سرد). هر خانه‌ای گهوارهٔ انسان است. مام وطن. در عواطف ما خانه، گهواره، مادر و مام وطن به هم پیوند می‌خورند. برای نیما «مام وطن» یوش است. اما «مادر» او را از یوش محروم کرده است، به «شهر مخوف» فرستاده و آواره کرده است:

«حالیه تجارب تلخ دنیا به من پختگی و دقت نظری بخشیده است که بدانم که مادر، دانسته یا ندانسته، از چه راهی فرزندش را در معرض بلا قرار داده است.»[1] برای او مفاهیم مادر، خانه، مام وطن، همه مفاهیمی از هم گسسته و متناقض هستند. خانه پشت صحنهٔ عمومی زندگی و جایی است که در آن برای اجرای نقش خود بر صحنهٔ عمومی استراحت یا تمرین می‌کنید. نیما برای رسیدن به این خانه به «انزوا» می‌گریزد. در نظریه‌پردازی شعری او و در زندگی واقعی، «انزوا» جای این خانهٔ گمشده را پر می‌کند. و «یوش» همیشه جانشین «وطن» می‌شود.

تنش دیگر نظریه‌پردازی نیما در دایره‌ای است که سیمای ایرانی رومانتیسم برای خود خلق کرده است. دایره البته شکل رایج رومانتیسم است.[2] اولویت در دایره با مرکز آن است. اما در دایرهٔ رومانتیسم ایرانی، مرکز، شکلی فرّار و ضعیف دارد. حرکت آن از «حال» به آینده و بازگشت به حال نیست بلکه از «حال» به گذشته و از گذشته به حال را نیز در خود دارد. در چنین حرکتی «حال» تنها نقطهٔ تلاقی دو دایرهٔ مماس و سرشار

۱. *نامه‌ها*، ص۱۰۶ و نیز ر ک: *افسانه و نیمای جوان*، صص ۱۴۰–۱۴۱.
2. Marshall Brown, *The Shape of German Romanticism*, pp. 27-79.

از تنش است: گذشته، حال، آینده.

نیمای «حال» می‌خواهد که از گذشته بگسلد اما همهٔ چیزهای «حال» حاضر را دوست ندارد. برای بخشی از «حال» خود می‌خواهد به گذشته بازگردد و یا نوستالژی آن گذشته را دارد. حتی نیمای جوان به صراحت می‌گوید: «همهٔ چیزهای جدید را دوست ندارم.»[1] برای بعضی چیزها می‌خواهد به گذشته بازگردد و آنها را به حال بیاورد و یا در حال نگاه دارد. اما شعر را متعلق به حال می‌داند ولی نگاهی هم به آینده دارد. آینده‌ای که حال را قضاوت خواهد کرد. در بازگشت به گذشته دو انگیزهٔ اصلی در نیما وجود دارد: یکی نوستالژیا و دیگر «واهمهٔ دفاع» است. دفاع در برابر حملاتی که متوجه شعر اوست. واهمه از برچسب این‌که شاعر شعر نو در عروض و قافیه و مهارت در شعر کلاسیک ناتوان است؛ واهمه از برچسب این‌که شعر او تنها «ترجمه»ای از شعر غربیان است. در این دفاع تلاشی است برای نشان دادن «اصالت» و تسخیر نشدن به‌وسیلهٔ غرب. اوست که باید نشان دهد شعر نیمایی ادامهٔ شعر گذشتگان است. «حرامزاده» نیست و اگر حافظ و سعدی زنده بودند آنها هم جور دیگر می‌سرودند. ولی از سوی دیگر باید «مطابق نیازهای زمانه» از این گذشته گسست داشته باشد. از حال به آینده نگاهش به آیندگانی است که شعر او را خواهند خواند و قدرش را خواهند دانست. آینده‌ای که نه شعر مناسب زمان خود بلکه شعر نیما، شعر «گذشته» خود را می‌خواهد. آینده‌ای که به «حال» (گذشته) بازگشت می‌کند.

این تنش در نظریه‌پردازی‌های نیما حضوری منظم و مداوم دارد. نیاز همزمان نیما به گذشته و گسستن از گذشته، آینهٔ رومانتیک‌های دیگر ایرانی هم هست که در کار نوسازی اجتماعی بودند.

---

۱. *نامه‌ها*، ص۱۱۹: «من به همهٔ چیزهای قدیم علاقه دارم، مگر سبک شعر قدیم و طرز تفکر قدیمی.»

نیما، هم از آن گذشتهٔ شعری می‌گسلد و هم خود را ادامهٔ اصیل آن گذشتهٔ درخشان می‌داند. تلاش برای برهم زدن ردیف و قافیه و مساوات مصرع‌ها از یک‌سو و حفظ وزن، اوزان عروضی و کوتاه و بلند کردنشان از سوی دیگر تبلور این تنش است.

تلاش برای نقد خُردکننده و بی‌رحمانهٔ گذشته و همزمان تأیید آثار درخشان گذشتگان و گاه در قالب‌های آنها طبع‌آزمایی کردن را باید در این چهارچوب درک کرد. مشکل مهم دیگر رفعت و نیما اصرار آنها برای وصل کردن ادبیات و تحول ادبی به تحول تاریخی و سیاسی جامعه است. آنها بر این اعتقادند که نوعی درک دقیق و علمی از تاریخ، گذشته و حال وجود دارد که بر پایهٔ آن می‌توان تحولی ادبی بنیان گذاشت.

از دیدگاه نیما شعر و ادبیات وابسته به تحولات تاریخی و اجتماعی است. چرا که از «احساسات» برمی‌خیزد و این «احساسات» همه تابع مناسبات تاریخی و اجتماعی هستند. می‌نویسد:

«در هیچ جای دنیا آثار هنری و احساسات نهفته و تضمین شدهٔ در آن، عوض نشده‌اند، مگر در دنبالهٔ عوض شدن شکل زندگانی‌های اجتماعی. ولی هر وقت که زندگانی اجتماعی قومی شکل خود را عوض کرده است برای فهم مطلب و دریافت میزان صحیح باید دید که آن قوم پیش از وقت [تحول] چه مناسباتی بین تودهٔ مردم وجود داشته است. این مناسبات چه چیزها را می‌توانسته است در فکر و احساسات آنها عوض کرده باشد؟ آیا وسایل زندگی، کار، ماشین، آلات هنری (صنعتی) و روی هم رفته وضعیت استحصال از چه قرار دیده می‌شده است.»[1]

به بیان روشنفکر نسل بعد، ادبیات «روبنا» بود و تحولات اقتصادی و مناسبات تولیدی جامعه زیربنا و تعیین کنندهٔ نهایی احساسات و عواطفی

---

۱. *ارزش احساسات*، ص ۳۶.

که ادبیات و هنر را خلق می‌کردند. از دیدگاه نیما در «ارزش احساسات» از فرانسه و انگلستان تا ژاپن و ایتالیا همهٔ تحولات ادبی و فرهنگی تابع همین قانون آهنین بود: «در ابتدای قرن حاضر که عقب‌افتادگی اقتصادی در ایتالیا ماشین و کارخانه را به سرعت به کار می‌انداخت، حالت سرعت و (دینامیکی) این وضعیت می‌بایست در احساسات هنرپیشگان و هنرهای زیبای آن سرزمین هم اثر خود را بخشیده باشد. از ادبیات و موسیقی گرفته تا کوچکترین دکور و میزانسن همه چیز می‌باید شکل خود را عوض کند و همین هم شد. در نتیجه به روی کار آمدن ماشین جدید و ترقی تکنیک، که شرایط پیدایش آن زیاد ولی عامل قوی آن ترقی علوم طبیعی در اروپا بود، مردم با سرعت و بیش از پیش به‌کار افتادند. به این جهت افکار و احساسات عمومی از خواب و سستی‌های رومانتیک صوفیانه (Mystique) که زادهٔ طرز زندگانی‌های دوره‌های گذشته بود، و ادبیات پیشین آن را قوت می‌بخشید، بیرون آمد.»[1]

اینجا شاهد تنشی دیگر در نظریه‌پردازی نیمای معتقد به «ماتریالیسم تاریخی» ادبیات هستیم. از سویی معتقد است که زندگی ما عوض شده و بنا به آن ذوق ادبی و ادبیات ما هم تغییر کرده و شعر به سبک جدید یک «ضرورت تاریخی» است. از سوی دیگر به‌خصوص هنگام نوشتن *ارزش احساسات* نسبت به پذیرش این «سبک تازه» از سوی مردم اطمینان ندارد:

«اگر شعری که از هر حیث تازگی داشته باشد، در ادبیات ما جلوه‌گر شود نباید رواج آن را، به‌واسطهٔ عقب‌ماندگی‌هایی که در ادبیات ما هست، در مقابل ذوق و احساسات عمومی چشم به‌راه بود... زیرا آن موافقت اساسی با ادبیات دنیایی که لازم است هنوز کامل نشده، بنابر قضایای

---
۱. همان اثر، ص ۴۱.

اجتماعی و طرز اقتباس و افادهٔ ما از دیگران در کار رشد و نمو است.»[1]

این تنش در نگاه او به «ترقی» و «پیشرفت» تاریخی و ادبیات نیز نیاز دارد.

در نظر نیما «شعر بازگشت» ایران قرن نوزدهم نیاز چیزی جز حاصل اوضاع اجتماعی کشور ما نبود: «قرن نوزدهم یک قرن تابناک از حیث عوض شدن ذوق و احساسات و میل به تکامل و ترقی هنر بود که شالودهٔ رشد بیشتر را برای قرن حاضر به‌یادگار گذاشت. در همان زمان که به مناسبت اوضاع اجتماعی ما ادبیات دورهٔ اخیر ما بازگشتی از روی عجز به‌طرف سبک‌های مختلف قدیم بود...»[2]

از محتوای نوشتهٔ *ارزش احساسات* خواننده هرگز نمی‌فهمد که چرا در بقیهٔ دنیا «بازگشتی از روی عجز» نبوده است. اوضاع اجتماعی ایران نیز مانند بقیهٔ دنیا در حال تحول بود و حتی قبل از پیروان «سبک بازگشت»، شاعران سبک هندی تحولی مهم در شعر ایران ایجاد کرده بودند. آنچه مسلم است اینکه رفعت و نیما هر دو در «ماتریالیسم تاریخی» خود به کلی‌گویی بسنده می‌کنند و چون معادلان اروپایی خود به سراغ نظریه‌های «ویکو» و فراز و نشیب تاریخ و «بازگشت‌های مداوم» و یا مارکسیست‌های نسل قبل نمی‌روند. روایت آنها از تاریخ بیشتر روایت از دیدگاه رنسانس است: ترقی و پیشرفت و چیرگی عقل و خرد، تاریخ تحول اجتماعی را می‌سازد. اما نیما بر پایهٔ روایت تاریخی رنسانس، جهان‌بینی «شبه رومانتیک» شعر ایران یا، شعر نیمایی، را بنا می‌کند و این تنش مهم دیگری در نظریه‌پردازی ادبی نیماست. مهمترین مشکل ماتریالیسم تاریخی رومانتیسم ایرانی کشیدن مرزی

---

۱. همان اثر، صص ۸۳-۸۴.
۲. همان اثر، ص ۴۰.

بین گذشته و حال بود. چرا که حداقل در حوزهٔ ادبیات بنا به اعتراف خود نیما، گذشته با ما زندگی می‌کرد. شعر سعدی و حافظ و مولوی شعر مسلط زمانه بود (و می‌توان ادعا کرد هنوز هم هست). گذشتهٔ ما حال ما بود. رومانتیک‌های ما می‌توانستند داشتن درک و نگاه متفاوت از «حال» را درک کنند. به تصور آنها «حال» هنوز شکل قطعی نیافته بود و از همین رو آبستن ادبیات جدید، شعر نیمایی بود. این «حال» برای داوری، زمان لازم داشت. آیندگان قدر نیما را بهتر می‌دانستند و این سبک جدید را بر کرسی واقعی‌اش می‌نشاندند. پس «طبیعی» بود که هر کسی «حال» را به فراخور خود و از منظر خود ببیند. اما گذشته نوعی استحکام داشت. برای آنها نگاه نسبی‌گرایانه به «تاریخ»، «روند تاریخ» و یا «پیشرفت» امکان‌پذیر نبود. امروز رایج است که تاریخ و روایت آن را تجزیه و تحلیل کنند، تاریخی را که بالادستان نوشته‌اند با تاریخی که زیردستان نقل کرده‌اند مقایسه کنند یا نقش روند تاریخ و پیشرفت و استحکام ماتریالیسم تاریخی را در تعیین‌کنندگی فرهنگ و ادبیات به چالش بکشند. اما چنان‌که در فصل‌های پیشین نشان دادیم گفتمان «عقب‌ماندگی ـ پیشرفت»، گفتمان مسلط این نسل از روشنفکران بعد از مشروطه بود. «ماتریالیسم تاریخی» برای نیما مسلح شدن شاعر به سلاح علم بود تا تحول ادبی را مناسب با «نیازهای زمانهٔ» خود شکل دهد. در چنین دیدگاهی نسبی‌گرایی «حال» تختهٔ پرش نظریه‌پردازی نیما بود اما نگاه تک‌ساحتی به گذشته و آینده و تداوم گذشتهٔ ادبی ما برای شاعر نابغه و تأثیرگذاری که خواستار «انقلاب ادبی» بود تناقضی دشوار می‌آفرید و از همین‌رو به سرعت امید خود را نسبت به «حال»، به دورهٔ معاصرش، از دست می‌داد:

«این دوره که ما در آن زندگی می‌کنیم، برزخی است میان قدیم و

جدید.»[1]

سنگینی و حضور مسلط «گذشته»، ناامیدی نسبت به «حال» و دور از دسترس بودن و مبهم بودن آینده، مصالح این «برزخ» بودند. «حال» نه تنها آیندهٔ آن گذشتهٔ درخشان نشده بود بلکه اهمیت و درخشش و ثباتی نیز نداشت. اهمیتش تنها در «دورهٔ گذار» بودن، در دوران صبر و انتظار بودن برای رسیدن به «جدید» بود. در این برزخ و زیر سنگینی و انتقاد این گذشته، نیما گاه دست به عصیان و جدل می‌زد. سنگینی این گذشتهٔ باشکوه ادبی و منتقدانی که با تکیه بر این گذشته در برابر او صف کشیده بودند و جدال و گفت‌وگو با این مدعیان، بن‌مایهٔ نظریه‌پردازی‌های این دهه و بخش مهمی از اشعار این دهه است. در این جدال‌ها مدعی همیشه کثیف و زهراگین است:

«من در اینجایم نشسته
از دل چرکین دم سرد هوای تیره با زهر نفس‌هاتان رمیده
دل به طرف گوشه‌ای خاموش بسته
راه برده پس برونِ تیرگی‌های نفس‌های به زهرآلوده‌تان در هر کجا، هر سو....

و یا در جای دیگر از همین شعر:

آن زمان که همچنان آب دهان مردگان،
آبریزان دروغ اشک‌هاتان می‌کند سرریز
روی سیمای خطرانگیز
وز ره دندانتان، همچون شعاع خنجر عفریت
برق خنده‌های باطل می‌جهد بیرون.

من لبخند

این رقیب و مدعی که «بوجهل» اوست به‌دنبال اوست تا خون او را

۱. *نامه‌ها*، ص۴۵۸.

بمکد و او را آزار دهد و جایش، محل زندگی‌اش زیر دم گاو، محلی آلوده و کثیف است:

زنده‌ام تا من مرا بوجهلِ من در رنج می‌دارد
جسته از زیرِ دمِ گاوی چه آلوده
چون مگس‌های سگان است و نه جز این بوده تا بوده...

می‌مکد بوجهلِ من خون از تنِ هر جانور در هر گذرگاه
نیست او از کارِ من آگاه
می‌پرد تا یابدم یک بار دیگر
من ولیکن می‌گریزم ز او
تا مرا گم کرده بنشیند
بر سر دیوار دیگر.

بوجهلِ من

اما نبوغ شاعر، او را از نظریه‌پردازی‌اش، از ماتریالیسم تاریخی و اطمینان به علم و پیشرفت و حقانیت خود و آلوده، عفریت و شیطانی خواندن مخالفانش نجات می‌دهد. آن‌گاه که در خلوت، خود را مورد سؤال قرار می‌دهد که آیا عملکردش درست بوده یا نه؟

«من ز راه خود به در بودستم آیا؟
فاش کردم رازهایی را
یا نگفتم آنچه کان شاید...
شمعی آیا بر سر بالین‌شان روشن شد از دستم؟
زیر کلۀ سرد شب در راه
لکۀ خونی به کس دادم نشانی؟

بازگردان تن سرگشته

این لحظهٔ تردید است که شعر نیما را به اوج می‌کشد. لحظه‌ای که تردید می‌کند آیا بین گذشته و حال مرزی وجود دارد؟ آیا شاعر موفق شده است که از چنگ آن گذشته بگریزد یا آن را فتح کند و یا این‌که گذشته، عفریت گذشته او را در آغوش خود کشیده:

سخت می‌ترسم که این خاموش فرتوت
سقف بشکافد
بر سرِ من!
خاکدان همچون دل عفریت مرده گنده دارد تن
در بَرِ من!
هر زمان اندیشم از من در جهان چیزی نماند غیر آهی
هم به همچند سری مو، راه جستن
در بساط خشک خارستان نیابم نقشهٔ راهی.

بازگردان تن سرگشته

در این تردید نسبت به خویش، نسبت به پیروزی گذشتهٔ «فرتوت» است که شعر شاعر اوج می‌گیرد. آنجا که دست درخواست یاری دراز می‌کند تا سفر این راه دشوار را تاب آورد و نامش را در این جدال و جست‌وجو ثبت کند:

ای رفیق روز رنج بینوایی!
از کدامین راه بر سوی فضای تیرگان این راه را دادی درازی؟
از همان ره رو به گلگشت دیاران بازگردان این تنِ سرگشته‌ات را
باشد آن روزی که وقتی از رهش چوپان پیری باز یابد کِشته‌ات را
و «سناور» که طلای زرد را مانَد به‌هنگامِ گل خود
بگسلد از خنده‌هایش بر مزار تو گلوبند.

بازگردان تن سرگشته

کتابنامه

الف) منابع فارسی

آتشی، منوچهر. *نیما را با هم بخوانیم*. تهران: انتشارات آمیتیس، ۱۳۸۲.

آرین‌پور، یحیی. *از صبا تا نیما*. تهران: شرکت سهامی کتابهای جیبی، ۱۳۵۳.

______. *از نیما تا روزگار ما*. تهران: انتشارات زوار، ۱۳۶۷.

آشوری، داریوش. «نیما و نوآوری هایش». تهران: *ایران‌نامه*، ش ۹، ۷۰- ۱۳۶۹.

آل‌احمد، جلال. *در خدمت و خیانت روشنفکران*. تهران: انتشارات رواق، ۱۳۵۷.

______ *غرب‌زدگی*. تهران: انتشارات رواق، ۱۳۴۱.

آیتی دسترنجی، عبدالمحمد. *در تمام طول شب*. تهران: انتشارات آهنگی دیگر، ۱۳۸۳.

اخوان ثالث، مهدی. *بدعت‌ها و بدایع نیما یوشیج*. تهران: انتشارات زمستان، ۱۳۷۶.

______. *عطا و لقای نیما یوشیج*. تهران: انتشارات پاییز، ۱۳۷۶.

اسلامیه، مصطفی. *زندگی‌نامهٔ نیما یوشیج*. تهران: انتشارات نیلوفر، ۱۳۹۱.

اسون، پل لوران. *واژگان فروید*. ترجمهٔ کرامت موللی، تهران: نشر نی، ۱۳۸۹.

باستانی پاریزی، محمدابراهیم. *حماسهٔ کویر*. تهران: انتشارات امیرکبیر، ۱۳۵۷.

براهنی، رضا. *طلا در مس*. تهران: انتشارات زمانه، ۱۳۴۰.

بهرنگی، صمد. *مجموعه مقالات*. تهران: انتشارات افراسیاب، ۱۳۷۸.

پارسی‌نژاد، ایرج. «نیما یوشیج و نقد ادبی». *سخن*. تهران: ۱۳۸۸.

پورنامداریان، تقی. *خانه‌ام ابری است*. تهران: انتشارات مروارید، ۱۳۹۱.

تقی‌زاده، سیدحسن. *زندگی طوفانی: خاطرات سیدحسن تقی‌زاده*. به کوشش ایرج افشار، انتشارات علمی.

جنتی عطایی، ابوالقاسم. *نیما یوشیج، زندگانی و آثار او*. تهران: بنگاه مطبوعاتی صفی‌علیشاه، ۱۳۳۴.

جورکش، شاپور. *بوطیقای شعر نو*. تهران: انتشارات ققنوس، ۱۳۹۰.

حمیدیان، سعید. *داستان دگردیسی، روند دگرگونی های شعر نیما یوشیج*. تهران: انتشارات نیلوفر، ۱۳۸۱.

خلیلی‌خو، محمدرضا. *توسعه و نوسازی ایران در دورهٔ رضاشاه*. تهران: مرکز انتشارات جهاد دانشگاهی ۱۳۷۳.
دستغیب، عبدالعلی. *نیما یوشیج*. تهران: انتشارات پازند، ۱۳۵۴.
دوستخواه، جلیل. «نیما یوشیج کیست و فرش چیست». تهران: *راهنمای کتاب*. ش۴، ۱۳۴۰.
زرین‌کوب، حمید. *چشم‌انداز شعر فارسی*. تهران: انتشارات توس، ۱۳۵۸.
شادمان، فخرالدین. *تسخیر تمدن فرنگی*. با مقدمهٔ عباس میلانی. تهران: انتشارات گام نو، چ۲، ۱۳۸۲.
شارق، بهمن. *نیما و شعر پارسی*. تهران: انتشارات طهوری، ۱۳۵۰.
شریعتی، علی. *حسین وارث آدم*. تهران: انتشارات کتاب سبز، ۱۳۹۳.
———. *شهادت* : انتشارات حسینیه ارشاد، ۱۳۵۱.
شمس لنگرودی، محمد. *نیما یوشیج*. تهران: نشر قصه، ۱۳۸۰.
شهری، جعفر. *تهران قدیم*. تهران: انتشارات معین، ۱۳۸۳.
صفا، ذبیح‌الله . *مختصری در تاریخ و تحول نظم و نثر فارسی*. تهران: انتشارات ققنوس، چاپ ۱۴، ۱۳۷۲.
ضیاءالدینی، علی. *جامعه‌شناسی شعر نیما*. تهران: انتشارات پگاه، ۱۳۸۹.
———. *کتاب مرتضی کیوان*. تهران: انتشارات کتاب نادر، ۱۳۸۲.
طاهباز، سیروس. *کماندار بزرگ کوهساران*. تهران: نشر ثالث، ۱۳۸۰.
———. *مجموعه کامل اشعار نیما*. تهران: انتشارات نگاه، ۱۳۷۱.
———. *نامه‌ها*. تهران: انتشارات دفترهای زمانه، ۱۳۶۸.
عامری، هوشنگ. *رضاشاه و تحولات ایران معاصر*. انتشارات فردوسی، ۱۳۹۳.
قائد، محمد. *عشقی سیمای نجیب یک آنارشیست*، تهران، نشر ماهی، ۱۳۹۴.
قراگوزلو، محمد. *همسایگان* درد. تهران: انتشارات نگاه، ۱۳۸۶.
قیصری، ابراهیم. *خلقیات نیما*. تهران: انتشارات مازیار، ۱۳۹۳.
کاتوزیان، محمدعلی. *اقتصاد سیاسی ایران*. ترجمهٔ محمدرضا نفیسی، انتشارات پاپیروس، ۱۳۶۶.
گلشیری، هوشنگ. *باغ در باغ*. تهران: انتشارات نیلوفر، ۱۳۸۰.
مختاری اصفهانی، رضا. *پهلوی اول از کودتا تا سقوط*. انتشارات پارسه، ۱۳۹۴.
مسکوب، شاهرخ. «افسانهٔ طبیعت». تهران: *کلک*. شماره های ۲۲، ۳۵ و ۳۶، ۱۳۷۱.
———. کتاب مرتضی کیوان. انتشارات کتاب نادر، ۱۳۸۲.
مکی، حسین. *دکتر مصدق و نطق‌های تاریخی او*. انتشارات علمی، ۱۳۶۴.
مهاجرانی، عطاءالله. *افسانهٔ نیما*. تهران: انتشارات اطلاعات، ۱۳۷۵.
میرسپاسی، علی؛ مهدی فرجی، *ماهنامهٔ بنیاد و سیاست‌زدایی از غرب‌زدایی*، ایران نارمک، سال ۲، شمارهٔ ۲، تابستان ۱۳۹۶.

میلانی، عباس. *تجدد و تجددستیزی در ایران*. تهران: نشر اختران، ۱۳۷۸.
نفیسی، محمدرضا. *شعر و سیاست و بیست و چهار مقالهٔ دیگر*. نشر یاران، ۱۳۹۹.
ـــــــــــ . *نگاهی به سیر اندیشه اقتصادی در عصر پهلوی*. طرحنو، ۱۳۷۱.
نوری، نورالدین. *نخستین کنگرهٔ نویسندگان ایران*. تهران: نشر اسطوره، ۱۳۸۵.
یوشیج، شراگیم. *یادداشت‌های روزانهٔ نیما یوشیج*. انتشارات مروارید، ۱۳۸۵.
یوشیج، نیما. *ارزش احساسات*. به کوشش سیروس طاهباز، تهران: انتشارات گوتنبرگ، ۱۳۵۱.
ـــــــــــ . *حرف‌های همسایه*. به کوشش سیروس طاهباز، تهران: انتشارات دنیا، ۱۳۵۱.

ب) منابع انگلیسی

Abrams, M.H. Natural Supernaturalism: Tradition and Revolution in Romantic Literature. W.W. Norton and Company. 1971.
Abrams, M.H. The Mirror and the Lamp: Romantic Theory and the Critical Tradition. Oxford University Press. 1971.
Auerbach, Eric. Mimesis: the Representation of Reality in Western Literature, Princeton, 1953.
Agamben, Giorgio. The Open: Man and Animal. Stanford University Press. 2004.
Atabaki, Touraj and Zorcher, Erik. Men of Order. I. B. Tauris 2004.
Bate, Jackson. The Burden of the Past and the English Poet. Harvard University Press. 1991.
Beiser, Frederick. The Romantic Imperative: the Concept of Early German Romanticism. Harvard University Press. 2003.
Berlin, Isaiah. The Roots of Romanticism. Princeton University Press. 1999.
Blanning, Tim. The Romantic Revolution. Random House. 2010.
Bloom, Harold. The Anxiety of Influence. Oxford University Press. 1973.
Bloom, Harold. A Map of Misreading. Oxford University Press. 1975.
Bloom, Harold. Romanticism and Consciousness: Essays in Criticism. W. W. Norton and Company. 1970.
Bloom, Harold. The Anatomy of Influence. Yale University Press. 2011.
Bloom, Harold. The Sublime, Bloom's Literary Themes. Bloom's Literary Criticism. 2010.
Blum, Howard. Dark Invasion: 1915 Germany's Secret War and the Hunt for the First Terrorist Cell in America. Harper Collins. 2014.
Brown, Laura. Homeless Dogs and Melancholy Apes. Cornell University. 2020.
Brown, Marshal. The Shape of German Romanticism. Cornell University Press. 1979.
Brown, Marshal. Turning Points. Essays in the History of Cultural Expressions. Stanford University Press. 1997.
Burke, Edmund. A Philosophical Enquiry into the Origin of our Ideas of

the Sublime and Beautiful. Routedge and Kegan Paul. 1958.
Casaliggi, Carmen. Romanticism: a Literary and Cultural History. Routledge. 2016.
Chambers, Frank. The History of Taste. Greenwood Press. 1971.
Collins, Billy. Bright Wings. Columbia University Press. 2010.
Derrida, Jacques. The Animal that Therefore I am. Fordham University Press. 2008.
Derrida, Jacques. The Beast and the Sovereign. Volume 1. University of Chicago Press. 2009.
Devos, Bianca, Werner Christoph. Culture and Cultural Politics Under Reza Shah: Pahlavi State, New Bourgeoisie and the Creation of a Modern Society in Iran. Routledge. 2013.
Empson, William. Some Versions of Pastoral. New Directions. 1974.
Farrell, John. Paranoia and Modernity. Cornell University Press. 2007.
Fenves, Peter. The Messianic Reduction: Walter Benjamin and the Shape of Time. Stanford University Press. 2011.
Ferber, Michael. Romanticism. Oxford University Press. 2010.
Ferguseon, Frances. Solitude and the Sublime. Romanticism and the Aesthetics of Individuation. Routledge. 1992.
Gray, Richard. Invention of Imagination: Romanticism and Beyond. University of Washington Press. 2011.
Gannon, Thomas. Skylark Meets Meadows: Reimagining the Birds in British Romantic and Contemporary Native American Literature. University of Nebraska Press. 2009.
Kleinberg, Ethan. Haunting History: For a Deconstructive Approach to the Past. Stanford University Press. 2017.
Kuntzel, Matthias. Germany and Iran: From the Aryan Axis to the Nuclear Threshold. Telos Press Publishing. 2014.
Kroeber, Karl. Romantic Poetry: Recent Revisionary Criticism. Rutgers University Press. 1993.
Layton, Kent. The Unseen Mauretania 1907: The Ship in Rare Illusterations. The History Press. 2015.
Lowy, Michael. Romanticism Against the Tide of Modernity. Duke University Press. 2001.
Lutwack, Leonard. Birds in Literature. University Press of Florida. 1994.

Marashi, Afshin. Nationalizing Iran: Culture, Power, and the State 1870--1940. University of Washington Press. 2008.
Mason, Travis. Ornithologies of Desire: Ecocritical Essays, Avian Poetics and Don McKay. Wilfrid Laurier University Press. 1977.
McGann, Jerome. The Romantic Ideology. The University of Chicago Press. 1983.
Metzger, Lore. One Foot in Eden. Modes of Postural in Romantic Poetry. University of North California Press. 1986.
Miller, Christopher. The Invention of Evening: Perception and Time in Romantic Poetry. Cambridge University Press. 2006.
Sedgwick, Mark. Against the Modern World: Traditionalism and the Secret Intellectual History of the Twentieth Century. Oxford University Press. 2004.
Shaw, Philip. The Sublime. Rouledge. 2009.
Smith, Steven. Modernity and Its Discontents: Making and Unmaking the Bourgeois from Machiavelli to Bellow. Yale University Press. 2016.
Steiner, George. Nostalgia for the Absolute. Anansi. 1974.
Stern, Fritz. The Politics of Cultural Despair: A Study in the Rise of the Germanic Ideology. Anchor Books. 1965.
Vahdat, Farzin. God and Juggernaut: Iran's Intellectual Encounter with Modernity. Syracuse University Press. 2002.
Vejdani, Farzin. Making History in Iran: Education, Nationalism and Print Culture. Stanford University Press. 2015.
Weiskel, Thomas. The Romantic Sublime. Johns Hopkins University Press. 1986.
Witcover, Jules. Sabotage at Black Tom: Imperial Germany's Secret War in America 1914--1917. Algonquim Books. 1989.

انتشارات آسمانا (تورنتو) منتشر کرده است:

پژوهش‌های علمی و دانشگاهی

- Whispers of Oasis: Likoo's Poetic Mirage, by M. Ganjavi, A. Fatemi and M. Alimouradi, 2024
- حافظ و بازگویی، تالیف رضا فرخفال، ۲۰۲۴
- زنان کُرد در بطن تضاد تاریخی فمینیسم و ناسیونالیسم، تالیف شهرزاد مجاب، ۲۰۲۳
- شورش دهقانان مکریان ۱۳۳۲ ـ ۱۳۳۱ : اسناد کنسولگری، مکاتبات دیپلماتیک و گزارش روزنامه‌ها، پژوهش امیر حسن‌پور، ۲۰۲۲

تصحیح انتقادی

- رستم در قرن بیست‌ودوم (تصحیح انتقادی و مصور)، تالیف عبدالحسین صنعتی‌زاده (ویرایش م. گنجوی و م. منصوری)، ۲۰۱۷

شعر

- شهروندان شهریور، غزل از سعید رضادوست، ۲۰۲٤
- آینه را بشکن، شعر از نانائو ساکاکی، ترجمه مهدی گنجوی، ۲۰۲۴
- عجایب یاد، شعر از امیر حکیمی، ۲۰۲۳
- کهکشان خاطره‌ای از غروب خورشید ندارد، شعر از مهدی گنجوی، ۲۰۲۳
- غریبه‌هایی که در من زندگی می‌کنند، شعر از مهدی گنجوی، ۲۰۲۱
- تبعیدی راکی، شعر از علی فتح‌اللهی، ۲۰۱۸

داستان

- فیل‌ها به جلگه رسیدند، رمان از کاوه اویسی، ۲۰۲٤
- مقامات متن، رمان از مرضیه ستوده، ۲۰۲۴
- انتظار خواب از یک آدم نامعقول، مجموعه داستان از مهدی گنجوی، ۲۰۲۰

برای ارتباط با نشر آسمانا:

Asemanabooks@gmail.com

Asemanabooks.ca

Dark Night and Phoenixes of the Ashes

Nima Yushij's Poetry from 1932 to 1942

Ramin Ahmadi

Asemana Books

2024

----------------------------Asemana Books----------------------------